物流服务与管理专业新形态一体化系列教材

国际货代实务

- ■ 主　编　王武剑　苏兆河
- ■ 副主编　孙明贺
- ■ 参　编　陆佳宜　刘文娟　孙宜彬　杜乐飞
　　　　　张　舒　潘　柠　侯慧微　李国栋
　　　　　许连群　朱静琴
- ■ 主　审　黄　浩　王妙娟

版权专有　侵权必究

图书在版编目（CIP）数据

国际货代实务 / 王武剑，苏兆河主编. — 北京：北京理工大学出版社，2021.11
　　ISBN 978-7-5763-0735-1

Ⅰ.①国… Ⅱ.①王… ②苏… Ⅲ.①国际货运－货运代理－高等学校－教材 Ⅳ.①F511.41

中国版本图书馆CIP数据核字（2021）第247983号

出版发行 /	北京理工大学出版社有限责任公司
社　　址 /	北京市海淀区中关村南大街5号
邮　　编 /	100081
电　　话 /	（010）68914775（总编室）
	（010）82562903（教材售后服务热线）
	（010）68944723（其他图书服务热线）
网　　址 /	http://www.bitpress.com.cn
经　　销 /	全国各地新华书店
印　　刷 /	河北佳创奇点彩色印刷有限公司
开　　本 /	889毫米×1194毫米　1/16
印　　张 /	14
字　　数 /	354千字
版　　次 /	2021年11月第1版　2021年11月第1次印刷
定　　价 /	53.00元

责任编辑 / 曾繁荣
文案编辑 / 代义国
责任校对 / 刘亚男
责任印制 / 边心超

图书出现印装质量问题，请拨打售后服务热线，本社负责调换

前言 PREFACE

一、编写背景

随着国际贸易往来的日益频繁，跨国经济活动的增加以及世界经济一体化进程的加快，国际货运代理行业在世界范围内迅速发展，国际货运代理队伍不断发展、壮大，并已成为促进国际经济贸易发展、繁荣运输经济、满足货物运输关系人服务需求的一支重要力量。国际货运代理业作为现代物流产业、生产制造业和服务贸易的重要组成部分，涉及环节多、产业链长、行业规模大，对国际贸易依赖性大。2020年，世界经济遭遇新型冠状病毒肺炎疫情的重创，全球经济陷入低迷。我国工业生产和经济率先恢复，逐渐走出低谷，复苏态势趋强，国际贸易持续回暖升温。受此影响，与国际贸易紧密相关的货代业也随之回稳。世界经济的复苏以及我国进出口贸易的大幅增长，也带动了我国货代业的迅速发展和壮大。与此同时，"一带一路"建设、中欧班列开通、国内国际双循环的大格局带来的互联互通加快、消费升级和国内城镇化的兴起，又给我国国际货代企业的国际化经营和拓展国内物流业务的拓展带来难得的机遇。

随着新一轮产业变革、科技革命的崛起，互联网、云计算、大数据等新型技术驱动了国际贸易新的商业模式，影响国际物流、货运代理的发展模式和运营模式。与此相适应，国际货代专业的教学理念、培养目标、培养方式、教学内容、教学方法等都需要进行优化和创新。

本书的编写遵循职业教育人才培养的认知规律，以学生为中心，以操作技能为导向。首先，教材注重学生综合素质的培养，充分利用信息化教学手段，探索教与学的新范式，采用情境导入、操作任务驱动、体验协作式、探究式学习激发学生的创造力。其次，教材还注重学生专业能力、职业能力和解决问题能力的培养，通过学习方法培养、操作技能训练和职业素养养成，贯彻"以能力为本位，以就业为导向"的职业教育办学方针，突出职业教育"做中学、做中教"职业教育特色。

PREFACE

二、主要内容

本书编写过程中,坚持以学生为中心,以学生认知能力为出发点,以国际货代工作岗位为支点,通过岗位职责和工作内容要求的知识和技能要领为框架,把国际物流中枢环节的国际货代工作任务串联起来。岗位工作内容包括从开始接洽潜在客户、报价获取合作,接着准备托运订舱、集港运输,然后缮制进出口运输单证,根据客户要求和货物情况报关、报检,货物出运或提货、配送;以及运输途中的异常处理和最后的国际货代风险防范。全书围绕货物进出口的主线,服务物流供应链上的供应商、客户的不同需求,形成一个完整的国际货运代理工作解决方案闭环。

每个模块都包含对全章节知识总览的"思维导图"、任务驱动的"案例导入"和关键知识点学习,掌握操作技能训练的"技能实训",同时对学有余力的学生补充"知识拓展"和"知识链接"拓展知识领域。引导学生在做任务的同时,理解和消化知识,培养操作技能,并在任务实施过程中拓展知识,激发学生学习能动性、培养学习能力。

三、编写特点

世界技能大赛是最高层级的世界性职业技能赛事,每两年举办一次,被誉为"世界技能奥林匹克",代表技能水平的最高层次。本书基于世界技能大赛货运代理项目竞赛的知识和能力要求进行编写,具有以下五个明显特点。

1. 本书以世界技能大赛货运代理项目的技术文件为依据,参考教育部颁布的《国际货运代理》教学大纲的要求,在国际货运代理跨国企业的作业流程的基础上以国际货运代理的实际业务流程为线索,体现货运代理的前瞻性、高技术代表性和国际货代发展和职业技能需求的趋势。

2. 针对职业学生的特点进行编写。每章节设置"思维导图"统揽章节重点和全貌,"案例导入"任务驱动教学模式,配置"知识拓展""知识链接"等拓展学生知识。同时提供大量实践操作案例,辅以"操作解析"进行详细操作讲解,步步深入,"技能实训"让学生简单训练、直观掌握知识点内容。体例新颖、简洁,采用案例、图表等形式将知识呈现,生动、直观。

PREFACE

3. 本书内容的编写联系工作实际，以工作职责为支点，以工作流程操作为核心。书中内容以国际货运代理的实际业务流程为线索，以国际货代工作岗位为支点，通过岗位职责和工作内容要求的知识与技能要领为框架，把国际物流中枢环节的国际货代工作任务串联起来。从开始接洽潜在客户、报价获取合作，接着准备托运订舱、集港运输，然后缮制进出口运输单证，根据客户要求和货物情况报关、报检，货物出运或提货、配送；以及运输途中的异常处理和最后的国际货代风险防范。全书围绕货物进出口国际物流的主线，服务物流供应链上的供应商、客户的不同需求，形成一个完整的国际货运代理工作解决方案闭环。本着"实用、适用、实践"的原则，教材精选教学内容，理论与实践相互衔接与渗透；适当降低理论难度，力求做到学以致用。

4. 本书体现"以学生为主体，以教师为主导"的教学理念。每章节都开发了任务实施的实训项目，让学生在"教中练、练中学"。增加了知识拓展内容，开阔学生视野，激发阅读兴趣，贴合专业特点。

5. 本书辅助动画和微课视频，有用有趣，从视觉效果上给学生冲击，符合职业学生的认知规律和心理特征。

四、使用建议

本书围绕国际货运代理工作的核心岗位的主要工作职责和技能要求为核心，全书共分为五章，第一章介绍国际货代从业应具备的货代企业运营、国际贸易和国际货代业务流程的基础知识；第二章阐述销售岗基于对货代服务产品的理解和国际货运路线规划的知识，如何揽货、向客户报价；第三章描述操作岗根据合同如何接受客户委托订舱、审核单证、排载业务的流程，以及航次和承运人的选择；第四章重点介绍单证岗根据合同、信用证等贸易单证缮制进出口的海运提单、航空运单和铁路运输单；第五章论述报关报检岗对一般货物进出口报关、报检处理程序及报关单、报检单的缮制和退关改配漏装处理程序等，五个章节构成一个完整的国际货代业务流程。

本课程建议学时为

PREFACE

64学时,其中第一章建议8学时,第二章建议8学时,第三章建议16学时,第四章建议16学时,第五章建议16学时。本书的技能实训可采用线上平台方式进行练习,让学生模拟竞赛方式进行训练,提升学生系统作业能力和竞赛知识。

五、编写团队

本书由王武剑、苏兆河担任主编。王武剑负责全书的整体设计、内容选定、样章编写和全书统稿;苏兆河参与内容筛选、负责样章编写。孙明贺担任副主编,参与内容筛选、负责资料收集、动画素材和微课制作。第一章由陆佳宜、刘文娟编写;第二章由孙宜彬、杜乐飞、张舒编写;第三章由潘柠、侯慧微编写;第四章由苏兆河、王武剑、李国栋编写;第五章由许连群、朱静琴编写。

本书的编写团队既有世界技能大赛货运代理项目中国技术指导专家,又有世界技能大赛货运代理项目中国教练,还有中华人民共和国第一届职业技能大赛货运代理项目裁判等专家。他们既有丰富的世界技能大赛竞赛经验,又有深耕职业教育教学一线的深厚底蕴,还有跨国顶尖货运代理企业实战操作经验,提供了诸多建设性建议和一线的案例和数据,将世界技能大赛的技术文件内涵、领先的技能水平要求和货代发展方向充分融合到教材的编写中,引领货运代理技能的高技能、高水准。

编写团队的大部分编者具有硕士研究生以上学历和高级职称。他们有扎根中职物流教育的高级教师、学科带头人,也有高职院校教授,还有具有丰富国际货代企业实践经验的企业高层管理者。编写团队的专业及职称结构合理,教学经验丰富,均在教学一线从事专业教学工作;能从学生学习知识和认知的角度出发,将企业的最新知识、领先技术和国际经典案例融入教材编写中。

本书在编写过程中,参考了大量的书籍和网络资料,在此对相关作者表示感谢,因疏漏没有列出或因网络引用出处不详之处,在此深表歉意。由于编者水平有限,书中难免存在不妥之处,敬请广大读者批评指正。针对全书内容选取、编排和教材使用等方面的批评和建议,请发邮件至29289887@qq.com。

编 者

目录

第一章 基础知识——认识国际货运代理 ... 1

第一节 国际货代基础知识 ... 2
任务一 国际货代的概念 ... 2
任务二 国际货代的意义与职能 ... 3

第二节 国际货代企业基础知识 ... 4
任务一 国际货代企业的主要业务及服务内容 ... 4
任务二 国际货代岗位及其职责 ... 6

第三节 国际贸易基础知识 ... 8
任务一 国际贸易基础操作流程 ... 8
任务二 国际贸易术语 ... 12
任务三 国际贸易合同及信用证支付 ... 19
任务四 国际货物运输保险及保险单据 ... 24
任务五 国际贸易常见单证及其作用 ... 27

第四节 国际货代业务基本流程 ... 29
任务一 国际海运业务基本流程 ... 29
任务二 国际空运业务基本流程 ... 31

第五节 技能实训 ... 34
任务一 国际贸易术语的选择 ... 34
任务二 国际贸易单据的准备 ... 35

目录

第二章 销售岗——国际货代营销与报价 ……………………………………… 37

第一节 国际货代市场营销基础知识 …………………………………………… 38
- 任务一 国际货代企业服务产品分析 ……………………………………… 38
- 任务二 国际货运路线规划 ………………………………………………… 39
- 任务三 国际货代企业揽货 ………………………………………………… 47

第二节 国际货代运价与运费 …………………………………………………… 49
- 任务一 国际集装箱海运运价与运费 ……………………………………… 49
- 任务二 国际空运运价与运费 ……………………………………………… 56
- 任务三 集装箱内陆运价及运费 …………………………………………… 60

第三节 国际货代报价 …………………………………………………………… 61
- 任务一 国际海运报价 ……………………………………………………… 61
- 任务二 国际空运报价 ……………………………………………………… 64

第四节 技能实训 ………………………………………………………………… 68
- 任务一 选择合适的海运路线，计算海运运费并报价 …………………… 68
- 任务二 选择合适的空运路线，计算空运运费并报价 …………………… 68

第三章 操作岗——国际货代的托运订舱及集港运输 ……………………… 70

第一节 国际货代托运订舱基础知识 …………………………………………… 72
- 任务一 国际海运相关基础知识 …………………………………………… 72
- 任务二 国际空运相关基础知识 …………………………………………… 75

第二节 国际货代订舱、装箱及集港业务流程 ………………………………… 77
- 任务一 国际海运托运订舱业务流程 ……………………………………… 77
- 任务二 国际海运装箱与集港业务流程 …………………………………… 80
- 任务三 国际空运托运订舱业务流程 ……………………………………… 83

第三节 国际多式联运 …………………………………………………………… 87
- 任务一 国际多式联运基础知识 …………………………………………… 87
- 任务二 国际多式联运业务流程 …………………………………………… 88

第四节 国际货代托运订舱单证缮制 …………………………………………… 90
- 任务一 国际海运托运订舱单证缮制 ……………………………………… 90

　　　　任务二　国际空运托运订舱单证缮制 …………………………………………… 98

　第五节　国际货运航次及承运人选择 ……………………………………………………… 105

　　　　任务一　国际海运班轮船期及主要承运人 ……………………………………… 105

　　　　任务二　国际空运航班及主要承运人 …………………………………………… 108

　　　　任务三　航班及承运人选择 ……………………………………………………… 110

　第六节　技能实训 …………………………………………………………………………… 113

　　　　任务一　选择集装箱箱型和数量 ………………………………………………… 113

　　　　任务二　制订集港运输计划 ……………………………………………………… 115

　　　　任务三　缮制海运和空运托运订舱单证 ………………………………………… 116

第四章　单证岗——海运单证、航空运输单证及多式联运单证 ……………………… 123

　第一节　国际海运提单和国际航空运单基础知识 ……………………………………… 124

　　　　任务一　国际海运提单 …………………………………………………………… 124

　　　　任务二　国际航空运单 …………………………………………………………… 128

　第二节　国际海运、空运单证缮制 ……………………………………………………… 131

　　　　任务一　国际海运提单缮制 ……………………………………………………… 131

　　　　任务二　国际航空运单缮制 ……………………………………………………… 144

　第三节　技能实训 …………………………………………………………………………… 158

　　　　任务一　正确缮制海运主提单 …………………………………………………… 158

　　　　任务二　正确缮制海运分提单 …………………………………………………… 161

　　　　任务三　正确缮制航空运单 ……………………………………………………… 164

第五章　报关报检岗——进出口报关与报检 ……………………………………………… 166

　第一节　进出口报关与报检基础知识 …………………………………………………… 168

　　　　任务一　进出口报关 ……………………………………………………………… 168

　　　　任务二　进出口报检 ……………………………………………………………… 170

　第二节　一般货物进出口报关程序 ……………………………………………………… 175

　　　　任务一　一般货物进口报关程序 ………………………………………………… 175

　　　　任务二　一般货物出口报关程序 ………………………………………………… 177

目 录

第三节 一般货物出入境报检的程序 ……178
- 任务一 一般货物出境报检程序 ……178
- 任务二 一般货物入境报检程序 ……179

第四节 报关单与报检单缮制 ……180
- 任务一 一般货物进出口报关单缮制 ……180
- 任务二 一般货物出入境报检单缮制 ……194

第五节 退关、改配、漏装处理一般程序 ……201
- 任务一 退关处理程序 ……201
- 任务二 改配处理程序 ……201
- 任务三 漏装处理程序 ……201

第六节 技能实训 ……202
- 任务一 正确缮制进口货物报关单 ……202
- 任务二 正确缮制出口货物报关单 ……206
- 任务三 正确缮制入境货物报检单 ……208
- 任务四 正确缮制出境货物报检单 ……211

参考文献 ……214

第一章
基础知识——认识国际货运代理

【知识目标】

○ 掌握国际货代的定义
○ 了解国际货代的职能
○ 了解国际货代企业的服务内容
○ 掌握国际货代企业的岗位职责
○ 熟悉国际贸易的基础操作流程
○ 掌握常用国际贸易术语
○ 熟悉国际贸易合同条款及信用证结算流程
○ 了解国际货物运输保险及保险单据的分类
○ 掌握国际贸易常见单证及其作用
○ 了解国际海运业务基本流程
○ 了解国际空运业务基本流程

【技能目标】

◇ 能根据具体案例选择合适的国际贸易术语
◇ 能根据具体案例选择用于结汇的正确单据

【思维导图】

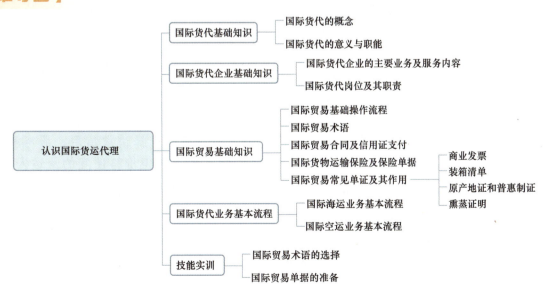

第一节 国际货代基础知识

任务一 国际货代的概念

一、货运代理

"货运代理人"一词来源于英语"Freight Forwarder"和"Forwarding Agent"两个词组，目前为止具体含义还没有统一。货运代理指货主与承运人之间的中间人、经纪人和运输组织者，简称"货代"。

FIATA（国际货运代理协会联合会）规定："货运代理人是指根据客户的指示，并为客户的利益而揽取货物运输的人，其本身不是承运人。"

根据以上描述，可对货运代理作以下定义：货代是具有专门的知识，拥有自己的网络，并能根据客户的指示，为客户的利益而揽取货物，保证安全、迅速、经济地运送货物并控制货物运输全过程的人。货运代理被认为是国际货物运输的组织者和设计师。

二、国际货运代理

国际货运代理（International Freight Forwarder）简称"国际货代"，是服务性行业中的一种类型，国际货代是完全独立的行业。

《中华人民共和国国家标准：物流术语》（GB/T 18354—2021）定义："国际货运代理 International forwarder 是接受进出口货物收货人或发货人的委托，以委托人或自己的名义，为委托人办理国际货物运输及相关业务的服务方式或经济组织。"可以简明地说，国际货运代理是进出口收货人或发货人与承运人之间的中间人、经纪人或运输业务服务组织者。

【知识拓展】

在网络化服务竞争方面，许多本土国际货代公司的大多数终端市场份额（直接客户）仍掌握在本土公司手中，但关键是如何保持这种市场地位的优势。

从实际经营来看，想在网络化服务竞争中保持优势，一方面，要充分发挥熟悉本地市场的优势，努力做到细致到位地服务和市场渗透；另一方面，要从价值网络观的高度，打破从自身内部找寻资源能力优势的思维框架，利用承运人等各个相关价值网络成员自身的服务网络来实现竞争优势。

对于众多中小型的国际货代公司而言，利用外部服务网络比建立一个自身的网络或谋求正式加盟更为实际有效。因此，对于外部网络资源的选择和关系的维护是中小型国际货运代理公司的工作重点。一般，风险效用体系相近的公司容易彼此吸引并达成合作，例如，比较重视信用和服务品质的高风险效用的国际货代公司，会相应地选择讲求信用、服务稳定周到的承运人合作；而低风险效用的公司则倾向于选择即使服务欠佳但价格便宜的承运人合作。

（1）货代与船代有什么区别？
（2）国际海运实践中，为什么会出现货代这一角色？

任务二　国际货代的意义与职能

一、国际货代的意义

国际货运代理的主要工作是接受委托人的委托或授权，代办各种国际贸易、货物运输所需要的业务。国际货运代理企业通晓国际贸易环节，精通各种运输业务，熟悉有关法律、法规，业务关系广泛，信息来源准确，与各种承运人、仓储经营人、保险人、港口、机场、车站、堆场、银行等相关企业以及海关、商检、卫检、动植检、进出口管制等有关政府部门存在着密切的业务关系。不论是对于进出口货物的收、发货人，还是对于承运人和港口、机场、车站、仓库经营人，国际货运代理都有重要的桥梁和纽带作用。国际货运代理不仅可以促进国际贸易和国际运输事业发展，而且可以为国家创造外汇来源，对于本国国民经济发展和世界经济全球化都有重要的推动作用。

二、国际货代的职能

（一）组织协调作用

国际货运代理人历来被称为"运输的设计师"、"门到门"运输的组织者和协调者，他凭借拥有的运输知识及其他相关知识组织运输活动，不仅可以帮助委托人设计运输路线、选择运输方式和承运人（或货主），还可以协调货主、承运人及其与仓储保管人、保险人、银行、港口、机场、车站、堆场经营人和海关商检、卫检、动植检、进出口管制等有关当局的关系，最大限度地帮助委托人节省时间，减少许多不必要的麻烦，从而专心致力于主营业务。

（二）专业服务作用

国际货运代理人的本职工作是利用自身的专业知识和经验，为委托人提供货物的承揽、拼装、集运、接卸、交付服务，或接受委托人的委托，办理货物的保险、清关、商检、卫检、动植进出口管制等手续，有时，甚至要代理委托人支付、收取运费，垫付税金和政府规费。

（三）沟通控制作用

国际货运代理人拥有广泛的业务关系、发达的服务网络、先进的信息技术手段，可以随时保持货物运输关系人之间，货物运输关系人与其他有关企业、部门的有效沟通，对货物运输的全过程进行准确跟踪和控制，保证货物安全、及时运抵目的地，顺利办理相关手续，准确送达收货人，并应委托人的要求提供全过程的信息服务及其他相关服务。

（四）咨询顾问作用

国际货运代理人通晓国际贸易全部环节，精通各种运输业务，熟悉有关法律、法规，了解世界各地的有关情况，信息来源准确、及时，可以就货物的包装、储存、装卸和照管，货物的运输方式、运输路线和运输费用，货物的保险、进出口单证和价款的结算，领事、海关、商检、卫检、动植检、进出口管制等有关当局的要求等向委托人提出明确、具体的咨询意见，协助委托人设计、选择适当处理方案，避免或减少不必要的风险、周折和浪费。

（五）降低成本作用

国际货运代理人掌握货物的运输、仓储、装卸、保险市场行情，与货物的运输关系人、仓储保管人、港口、机场、车站、堆场经营人和保险人有着长期、密切的友好合作关系，拥有丰富的专业知识、业务经验、有利的谈判地位以及娴熟的谈判技巧。通过国际货运代理人的努力，可以选择货物的最佳运输路线、运输方式，最佳仓储保管人、装卸作业人和保险人，争取公平、合理的费率，甚至可以通过集运效应使所有相关各方受益，从而降低货物运输关系人的业务成本，提高其主营业务效益。

（六）资金融通作用

国际货运代理人与货物的运输关系人、仓储保管人、装卸作业人及银行、海关当局等相互了解，关系密切，并且保持长期合作，彼此信任。国际货运代理人可以代替收、发货人支付有关费用、税金，提前与承运人、仓储保管人、装卸作业人结算有关费用，凭借自己的实力和信誉向承运人、仓储保管人、装卸作业人及银行、海关当局提供费用、税金担保或风险担保，可以帮助委托人融通资金，减少资金占压，提高资金利用效率。

第二节　国际货代企业基础知识

任务一　国际货代企业的主要业务及服务内容

一、国际货代企业的主要业务

从国际货运代理人的基本性质看，货代主要是接受委托方的委托，从事有关货物运输、转运、仓储、装卸等事宜。一方面，它与货物托运人订立运输合同，另一方面又与运输部门签订合同。因此，对货物托运人来说，他也是货物的承运人。目前，大部分的货物代理人掌握着各种运输工具和储存货物的库场，在经营其业务时还办理包括海、陆、空在内的货物运输。

国际货运代理企业作为代理人或者独立经营人从事经营活动，其经营范围主要包括以下内容：

（1）揽货、订舱（含租船、包机、包舱）、托运、仓储、包装；
（2）货物的监装、监卸、集装箱装拆箱、分拨、中转及相关的短途运输服务；
（3）报关、报检、报验、保险；
（4）缮制签发有关单证、交付运费、结算及交付杂费；
（5）国际展品、私人物品及过境货物运输代理；
（6）国际多式联运、集运（含集装箱拼箱）；
（7）国际快递（不含私人信函）；
（8）咨询及其他国际货运代理业务。

二、国际货代企业的服务内容

根据服务对象的不同，国际货代所从事的业务主要有以下几种。

（一）为发货人服务

货代替发货人承担在不同货物运输中的任何一项手续，具体包括：
（1）以最快、最省的运输方式，安排合适的货物包装，选择合适的运输路线；
（2）向客户建议仓储与分拨；
（3）选择可靠、效率高的承运人，并负责缔结运输合同；
（4）安排货物的计重和计量；
（5）办理货物保险；
（6）办理货物的拼装；
（7）在装运前或在目的地分拨货物之前把货物仓储；
（8）安排货物到港口的运输，办理海关和有关单证的手续，并把货物交给承运人；
（9）代表托运人支付运费、关税税费；
（10）办理有关货物运输的任何外汇交易；
（11）从承运人处取得提单，并交给发货人；
（12）与国外的代理联系，监督货物运输进程，并使托运人知道货物的行踪、去向。

（二）为海关服务

当货运代理作为海关代理办理有关进出口商品的海关手续时，它不仅代表客户，而且代表海关当局，负责申报货物确切的金额、数量、品名，以使商品的进出口符合相关法律、法规要求。

（三）为承运人服务

货运代理向承运人及时订舱，议定对发货人、承运人都公平合理的费用，安排适当时间交货以及以发货人的名义解决和承运人的运费账目等问题。

（四）为航空公司服务

货运代理在空运业中不仅充当航空公司的代理，利用航空公司的货运手段为货主服务，并接受航空公司支付的佣金，同时，它还通过提供适于空运的服务方式为发货人或收货人服务。

（五）为班轮公司服务

货运代理与班轮公司的关系，随业务的不同而有变化。由货运代理提供的整箱或拼箱服务建立了他们与班轮公司及其他承运人之间较为密切的联系。

（六）提供拼箱服务

随着国际贸易中集装箱运输的增加，引进了集运和拼箱的服务。在这种服务中，货代担负着委托人的作用。集运和拼箱的基本含义是，把一个始发地的若干发货人发往另一个目的地的若干收货人的小件货物集中起来，作为一个整件运输的货物发往目的地的货代，并通过它把单票货物交给各个收货人。货代签发提单（即分提单）或其他类似收据交给每票货的发货人；货代目的港的代理，凭初始的提单交给收货人。拼箱的收、发货人不直接与承运人联系。对承运人来说，货代是发货人，而货代在目的港的代理是收货人。因此，承运人给货代签发的是全程提单或货运单。如果发货人或收货人有特殊要求，货代也可以在始发地和目的地从事提货和交付的服务，提供门到门的服务。

（七）提供多式联运服务

随着集装箱化介入多式联运，货运代理充当了主要承运人，并承担了组织一个单一合同下，通过多种运输方式进行"门到门"的货物运输。多式联运代理人可以以当事人的身份，与其他承运人或其他服务提供者分别谈判并签订分拨合同。但是，这些分拨合同不会影响多式联运合同的执行，也就是说，多式联运合同不会影响发货人的义务，也不会影响发货人对货物缺损和灭失所承担的责任。

任务二　国际货代岗位及其职责

根据自身业务发展的需要，不同货代公司下的同部门会有不同的岗位设置。一般来说，常见的岗位有销售员、操作员、单证员、客服员和报关员。

一、销售员

（一）岗位职责

主要是产品销售、推广服务，进行电话开发及客户拜访，与客户进行沟通、协商，对国内外报价，开拓市场、获取客户。

（二）岗位要求

（1）英语听、说、读、写能力良好；
（2）熟悉海运出口流程，了解航线各主要港口的基本情况，有航线经营意识，有较强的沟通能力和责任心；
（3）熟悉业务流程，事业心强，善于沟通，敢于挑战。

二、操作员

（一）岗位职责

（1）与船公司确认运价，提供国内外报价支持，回复代理邮件；
（2）接收委托书，向船公司订舱，协调舱位，联络客户出货事宜，跟进工厂备货进度；
（3）安排车队提箱、重箱进场或到门服务，收集报关资料及审单（包括商检、熏蒸、产证等），盯箱/查箱，确认货柜是否上船。

（二）岗位要求

（1）英语听、说、读、写熟练；
（2）了解国际贸易流程及相关单证的制作；
（3）语言表达能力强，头脑灵活，认真严谨，服务意识强，有责任心；
（4）熟练使用各种办公软件。

三、单证员

（一）岗位职责

（1）发进舱通知书；

（2）与仓库联络及对货，联络客户出货事宜；
（3）输入及制作成本收入往来账单；
（4）收取各式保函，制作提单等相关文件；
（5）与代理确认文件，安排电放；
（6）制作收支汇总表。

（二）岗位要求

（1）英语听、说、读、写能力良好；
（2）熟悉国际贸易流程及相关单证的制作；
（3）品行端正，工作严谨细致，主动、细心，有责任心和担当，服从上级指示；
（4）有较强的学习能力及沟通能力，吃苦耐劳。

四、客服员

（一）岗位职责

（1）处理客户的投诉；
（2）整理、分析、生成客户关注热点的资料，给予销售部门作市场分析，特别是定期制作运价备案及了解市场价格行情；
（3）跟进客户，协同处理棘手问题，同时联络出货，后期电话回访；
（4）跟客户沟通，帮助业务员或协调其他部门跟踪订单，服务客户。

（二）岗位要求

（1）熟悉外贸及货代操作、单证部门的业务及相关知识；
（2）善于沟通，发展、保持各企业及货运代理公司的良好关系；
（3）英语听、说、读、写能力良好；
（4）品行端正，性情温和，主动、细心，有责任心和担当，服从上级指示。

五、报关员

（一）岗位职责

（1）申报并办理填制报关单；
（2）申请办理缴纳税费和退税、补税事宜；
（3）申请办理加工贸易合同备案（变更）等事宜；
（4）申请办理进出口货物减税、免税等事宜；
（5）协助海关办理进出口货物的查验、结关等事宜。

（二）岗位要求

（1）熟悉海关进出口报关业务流程和法律法规；
（2）熟悉国家进出口贸易政策；
（3）熟悉相应的外贸流程和货代操作程序；
（4）熟悉海关通关、查验、放行各个工作环节及相应的通关单证；
（5）品行端正，工作积极、认真、负责，思维敏捷，有良好的沟通及适应能力。

第三节　国际贸易基础知识

任务一　国际贸易基础操作流程

【案例导入】

浙江 AAA 国际货运代理有限公司是一家大型国际物流企业，主营国际海运整箱、国际海运拼箱、国际空运、国际铁路、国际多式联运等进出口代理业务，提供仓储、陆运、订舱、代理报关报检、制单等多项服务。

顾佳是 AAA 国际货运代理有限公司的新员工，公司要求他在入职前结合以下几个问题，自学国际贸易基础操作流程的相关知识。

（1）国际贸易按照商品移动方向可以分为哪几类？

（2）出口贸易的基础操作流程是怎样的？

（3）进口贸易的基础操作流程是怎样的？

一、国际贸易按商品移动方向的分类

国际贸易的分类方式有很多，按照商品移动方向的不同，可以分为以下几种。

（一）进口贸易

进口贸易（Import Trade）是指将其他国家生产或加工的商品输入本国的市场销售。

一个国家生产的商品有限，无法完全满足本国民众的需求，因此，只有通过进口贸易引进商品，才能满足国内生产和人民生活的需要。

（二）出口贸易

出口贸易（Export Trade）是指将本国生产或加工的商品输出到其他国家的市场销售。

出口贸易能为我国外贸企业取得外汇收入，这些外汇收入能用来进口我国经济发展所需要的先进生产设备、国内紧缺的原材料，购买用于满足人民群众日益增长的美好生活需要的进口商品。

（三）过境贸易

商品由生产国运往消费国途中，若途经其他国家，则对于途经国家来说，即为过境贸易。

商品入境后不存放海关仓库就直接运出国境的，称为直接过境贸易；若存放海关仓库后未经加工整理又运往另一国的，称为间接过境贸易。

因为过境贸易是对商品的再转口，会增加商品的运输费用，也会增加商品的报关费用，将大大提升成本，对国际贸易有阻碍作用，所以，WTO 成员之间互不从事过境贸易。

二、出口贸易的基础操作流程

在实际的出口贸易中，涉及的环节众多，手续繁杂。

一般情况下，我们可以把出口贸易的基础操作流程概括为三个阶段：出口交易磋商前的准备阶段、出口交易磋商和合同订立阶段、出口合同的履行阶段。

（一）出口交易磋商前的准备阶段

1. 调研目标市场

由于出口贸易的交易双方分属不同国家（地区），政治制度、经济制度、法律体系都有所不同，也有不同的文化背景、价值观和民族习惯，因此，出口交易磋商前的第一步就是要做好市场调研，主要调研进口国的对外政治、经济政策，生产力、消费水平，关税、商检等对外贸易政策，产品的生产和消费等情况。

2. 选择出口交易对象

在选定目标市场后，必须通过各种方式对客户的企业组织情况、诚信度、贸易经验、资信情况、经营范围、经营能力和往来银行名称等情况进行了解和分析，从而选择合适的客户，作为出口交易对象。

3. 制订出口商品经营方案

出口商在目标市场调研的基础上，需针对选定的具体客户（客户群）制定出口商品经营方案。出口商品经营方案是指为了完成某种商品的出口任务而确定的经营意图，需达到的最高、最低目标和为实现该目标所应采取的策略、步骤和做法。商品经营方案主要包含货源供给、市场供求、出口地区和合作伙伴、国际市场经营情况、经营计划和措施等，是后续交易磋商的主要依据和影响因素。

4. 组织货源

组织货源就是要在制定出口商品经营方案的同时，按照不同商品的具体情况和特点，及时根据方案与生产、供货单位落实货源，以保障交易磋商成功后的商品供应。

（二）出口交易磋商和合同订立阶段

出口贸易是以出口贸易合同为中心进行的。出口交易磋商是合同订立的依据，订立出的出口贸易合同是交易磋商的结果。

1. 出口交易磋商

出口交易磋商（Export Business Negotiation）是指出口商为出口某种货物与国外客户就各项交易条件进行洽商，以期达成协议的过程。

出口交易磋商的形式可分为口头和书面两种。交易磋商的主要内容是货物的质量、数量、包装、价格、交货条件和支付条件，还会协商关于检验、争议的解决、不可抗力和仲裁条件等其他内容。出口交易磋商的一般程序可概括为询盘、发盘、还盘和接受四个环节。

2. 合同订立

在出口贸易中，进出口双方就交易条件经过磋商，当任何一方提出的发盘为另一方接受，合同即告成立，双方必须分别履行其所承担的合同义务。但是在国际贸易实践中，买卖双方还需签订一份正式的书面合同。书面合同既是合同成立的证据，又是合同生效的条件，还是合同履行的依据。

我国外贸企业所采用的书面合同形式，主要有合同、确认书、协议，也可以采用备忘录、意向书、订单和委托订购单等。

书面合同的内容一般包括约首、主体、约尾三部分。约首是合同的首部，包括合同名称、合同编号、买卖双方的名称和地址、合同签订的日期和地点等；主体是合同的主要组成部分，包括品名、质量、数量、包装、价格、运输、保险、支付、检验、索赔、不可抗力、仲裁等各项内容；约尾是合同的尾部，包括合同正本份数、附件及其效力、买卖双方当事人代表签字等。

（三）出口合同的履行阶段

国际贸易买卖合同的订立，表达了双方当事人达成交易的愿望，只有履行了所订立的合同，才能真实实现当事人的经济目标。

我国大多数出口合同都采用 CIF 或 CFR 贸易术语，并选用信用证支付方式，在履行这类出口合同时，必须做好货（备货、报检）、证（催证、审证、改证）、船（租船订舱、办理货运手续）、款（制单结汇）等环节的工作。

1．准备货物

（1）备货。备货是指出口方根据出口合同和信用证规定，按时、按质、按量准备好应交付的货物，并做好报检工作，以保证按时出运，如约履行。备货工作的主要内容包括及时向生产、加工或供货单位下达任务；安排生产、加工、收购和催交；备齐货物后及时对货物的数量、品质规格或花色品种进行核实，或进行必要的加工整理或包装、刷唛；根据进出口商品检疫检验法规要求申报检验检疫，准备出口货物必需的文件。

卖方在备货工作中应注意：货物的品质必须与出口合同的规定一致；必须按照合同规定的包装方式交付货物；交付货物的数量必须符合出口合同规定；货物备妥时间应与合同和信用证的装运期限相适应。

（2）报检。针对不同商品的情况和出口合同规定，对出口货物进行检验，也是准备货物环节的重要内容。出口商品的检验有四方面的要求：一是法定检验的要求，被列入《商检机构实施检验的进出口商品种类表》的商品，货物备齐后必须向商检机构申请检验；二是输入国家或地区规定必须凭检验检疫证书才准入境的；三是有关国际公约、协议规定必须检验检疫的；四是申请签发原产地证书或普惠制原产地证书的。

2．落实信用证

落实信用证一般包括催证、审证、改证三项内容。

（1）催证。在采用信用证方式结算货款的交易中，按时开立信用证是进口商必须履行的最重要义务。催开信用证，是通过信件或其他电信工具，催促对方及时办理开立信用证的手续，并将信用证送达我方，以便我方及时装运货物出口。

（2）审证。审核信用证是指出口商要对进口商通过银行开来的信用证内容进行仔细、全面的审核，以确定是接受还是修改。审证的依据是出口合同和《跟单信用证统一惯例》（UCP600）。

（3）改证。修改信用证是指对已开立的信用证中的某些条款进行修改的行为。如果出口商（受益人）提出要求修改，则应征得进口商（开证申请人）同意，向开证行提出修改，由开证行发出修改通知书，并通过原通知行转告受益人，经各方接受修改书后，修改才生效。

3．货物出运

备妥货物和落实信用证后，出口商应按出口合同和信用证规定，履行装运货物的义务。

（1）托运。出口商一般会委托国际货运代理办理出口货物的运输事宜，称为托运。

（2）订舱。国际货运代理在收到出口企业的货运代理委托书后，将查询航运信息，并选择合适的船舶，向船公司或其代理在船舶截单期前订好舱位，称为订舱。

（3）报关。出口货物在装船出运前，须填写出口货物报关单，向海关办理报关手续，必要时提供相关证明文件。海关查验放行后，才能装船出口。

（4）投保。按照贸易术语成交时，出口商要根据贸易术语要求，在装运前作为投保人向保险公司办理投保手续，并从保险公司取得货运保险单据。

（5）装运。

4．制单结汇

出口商必须按照信用证的规定缮制各种单据，并在信用证规定的交单有效期内递交银行，办理结汇手续。

三、进口贸易的基础操作流程

一般情况下，我们可以把进口贸易的基础操作流程概括为三个阶段：进口交易磋商前的准备阶段、进口交易磋商和合同订立阶段、进口合同的履行阶段。

（一）进口交易磋商前的准备阶段

1．调研国内外市场

开展进口交易前，必须对国内外市场进行调查，包括有关进口商品的产、供、销和客户情况，尤其要弄清主要生产国和生产企业的供应情况、商品的价格趋势和供应商的资信情况。

在充分调查研究的基础上，安排订购市场，编制进口计划，制定进口经营方案，建立客户关系。

2．进口成本核算

进口商在开展进口交易磋商前，必须核算好进口成本，以便进行经济效益分析，提升企业的经济效益。进口成本=供应商报价+各项进口费用。以FOB术语成交的进口贸易为例，进口费用包含国外运费、保险费、卸货费、进口税、检验费、银行费用、报关提货费、国内运费、仓租费、利息支出等。

3．进口货物许可证的申领

根据我国现行的货物进口管理制度，国家对货物进口的管理分为四类：禁止进口的货物、限制进口的货物、自由进口的货物和关税配额管理的货物。对于限制进口的货物，进口商应在进口前按规定向指定发证机构申领进口许可证，海关凭进口许可证接受申报和验放。

4．委托代理进口

对于接受国内企业委托进口货物的进口商，还要在货物实际进口前与国内的实际买家签订委托代理进口合同，以保护自己的利益。

（二）进口交易磋商和合同订立阶段

进口交易磋商与合同订立阶段与出口交易磋商和合同订立阶段的流程基本相同。

1．进口交易磋商

进口交易磋商的一般程序可概括为询盘、发盘、还盘和接受四个环节。

2．合同订立

为更好地明确买卖双方责任，履行各自义务，在实际业务中，进口交易磋商达成后，还要签订有一定格式的书面合同。

（三）进口合同的履行阶段

我国大多数进口合同都采用FOB贸易术语，并选用信用证支付方式。在此贸易术语下，在履行进口合同时，应该做好开立信用证、租船订舱、接运货物、办理货物保险、审单付款、报关提货、验收与交付货物和办理索赔等环节的工作。

1. 信用证的开立和修改

进口合同签订后，进口商应按合同规定，及时向银行提交开证申请书和进口合同副本，要求银行对外开证。

出口商收到信用证后，如果提出修改信用证的请求，经进口商同意，可由进口商向银行办理改证手续。

2. 安排运输和保险

（1）租船、订舱和催装。在FOB贸易术语下，进口商需订舱配船，安排装运。在办妥租船订舱手续后，应及时将船名、船期通知出口商，以便对方备货装船。进口商备妥船后，应做好催装工作。

（2）保险。在FOB、CFR贸易术语下，由进口商办理投保手续。货物装船后，出口商及时向进口商发出装船通知，以便进口方及时办理保险和接货等工作。进口货物运输保险的投保，一般采用逐笔投保和预约投保两种形式。

3. 审单和付款

开证行或付款行收到出口商的汇票和全套单据后，对照信用证规定，核对单据的份数和内容。如符合"单证一致、单单一致"的原则，即由开证行或付款行进行即期付款；如审核发现证、单不符时，应做出适当处理。

4. 进口报关与提货

进口报关是指进口货物的收货人或其代理人，向海关交验有关单证，办理进口货物的申报手续。海关查验货、证无误，才能放行。此时，进口商可自行或由货运代理提取货物并拨交给订货部门。

5. 进口货物检验

货到目的港后，港务局要进行卸货核对。对于法定检验的或行政法规定或有关国际公约、协议规定必须检验检疫的进口商品，必须在合同规定期限内向商检机构报验。检验合格后，进口商可接受货物，拨交订货部门。

6. 进口索赔

在进口贸易中，如果出现出口商不交货、不按期交货、原装数量不足、品质与合同不符、包装不良使货物受损等情况，进口商应及时向出口商提出索赔；如果进口商收到的货物数量少于运输单据的数量或由于承运人的过失造成货物残损和遗失，应向承运人提出索赔；由于自然灾害、意外事故和其他外来原因造成的货物损失，应考虑向保险公司提出索赔。

任务二　国际贸易术语

【案例导入】

浙江AAA国际货运代理有限公司是一家大型的国际物流企业，主营国际海运整箱、国际海运拼箱、国际空运、国际铁路、国际多式联运等进出口代理业务，提供仓储、陆运、订舱、代理报关报检、制单等多项服务。

顾佳是AAA国际货运代理有限公司的新员工，公司要求他在入职前结合以下几个问题，自学国际贸易术语的相关知识。

（1）什么是国际贸易术语？

(2) 有关贸易术语的国际惯例有哪些？
(3)《2020年国际贸易术语解释通则》下的11种贸易术语分别表示什么含义？

一、国际贸易术语的定义与作用

在国际贸易谈判和签约时，买卖双方往往通过使用国际贸易术语来确定成交条件。

贸易术语（Trade Terms）也称为贸易条件、价格术语，是指用一个简短的概念或三个英文缩写字母，来表明交易货物的价格构成，交货地点和买卖双方有关责任、风险、费用的划分问题的专门用语。

贸易术语在国际贸易中有以下几个方面的作用：
(1) 简化国际贸易的交易手续，缩短双方洽商的时间，节约交易费用；
(2) 对成本、运费和保险费由谁负担做出明确界定，买卖双方较容易核算价格和成本；
(3) 有利于解决履约当中的争议，对买卖双方在交易中的争议，可通过贸易术语相关的国际贸易惯例解释。

二、有关贸易术语的国际贸易惯例

国际贸易中由于各国文化、政治等方面的差异，各国对贸易术语有不同的解释和做法，导致出现大量国际贸易争议和纠纷。为了避免各国因此发生争议，国际商会、国际法协会等国际组织、商业团体，经过长期的努力，制定了用于解释贸易术语的国际贸易惯例。

国际贸易惯例是指经过长期的国际贸易实践后逐步形成的某些通用的习惯做法，经有关国际组织加以编撰整理和解释而制定出的规则。它不是法律，不具有普遍的法律约束力，但国际贸易中的当事人有选择适用国际贸易惯例的自由，一旦当事人在合同中规定采用某项惯例，它对双方当事人就具有了法律约束力。

目前通用的《2020年国际贸易术语解释通则》（以下简称《2020通则》）（表1-1）是国际商会（ICC）根据国际货物贸易的发展对《2010年国际贸易术语解释通则》修订的版本，2020年1月1日开始在全球范围内实施。

表1-1 《2020通则》贸易术语一览表

适用的运输方式	缩写	英文全称	中文全称
适用于任何运输方式	EXW	Ex Works	工厂交货
	FCA	Free Carrier	货交承运人
	CPT	Carriage Paid To	运费付至
	CIP	Carriage and Insurance Paid To	运费保险费付至
	DPU	Delivered At Place Unloaded	卸货地交货
	DAP	Delivered At Place	目的地交货
	DDP	Delivered Duty Paid	完税后交货
仅适用于水上运输方式	FAS	Free Alongside Ship	船边交货
	FOB	Free on Board	装运港船上交货
	CFR	Cost and Freight	成本加运费
	CIF	Cost Insurance and Freight	成本、保险费加运费

三、《2020通则》下的11种国际贸易术语

（一）EXW 术语

EXW 术语的英文全称是 Ex Works（...named place of delivery），中文意思是工厂交货（……指定交货地）。

EXW 术语的含义见表1-2。

表1-2　EXW 术语的含义

项目	EXW 的含义
交货地点	卖方所在地（工厂、仓库等）
风险划分界限	货交买方后
买卖双方责任、费用划分	一切责任和费用均由买方承担

（二）FAS 术语

FAS 术语的英文全称是 Free Alongside Ship（...named port of shipment），中文意思是船边交货（……指定装运港）。

FAS 术语的含义见表1-3。

表1-3　FAS 术语的含义

项目	FAS 的含义
交货地点	指定的装运港船边
风险划分界限	装运港船边
买卖双方责任、费用划分	出口报关由卖方办理，卖方承担费用；国际运输、国际货运保险、进口报关均由买方办理，买方承担费用

（三）FOB 术语

FOB 术语的英文全称是 Free on Board（...named port of shipment），中文意思是装运港船上交货（……指定装运港）。

FOB 术语的含义见表1-4。

表1-4　FOB 术语的含义

项目	FOB 的含义
交货地点	指定的装运港船上
风险划分界限	装运港船上
买卖双方责任、费用划分	出口报关卖方办理，卖方承担费用；国际运输、国际货运保险、进口报关均由买方办理，费用由买方承担
价格构成	出口商品国内总成本

采用 FOB 术语时，买卖双方应承担的义务见表 1-5。

表 1-5 采用 FOB 术语时，买卖双方应承担的义务

卖方义务	买方义务
1. 在合同规定的时间，在指定的装运港将符合合同的货物交到买方所指定的船上； 2. 装船完成后，及时通知买方； 3. 承担货物装上船之前的一切风险和费用； 4. 办理出口清关手续； 5. 提供商业发票和证明货物已装上船的运输单据等有关单据	1. 租船订舱、付运费； 2. 将船名、船到达时间、要求装货时间等船的信息通知买方； 3. 承担货物装上船之后的一切风险和费用； 4. 办理进口清关手续； 5. 接受单据，受领货物并支付货款

（四）FCA 术语

FCA 术语的英文全称是 Free Carrier（...named place of delivery），中文意思是货交承运人（……指定交货地）。

FCA 术语的含义见表 1-6。

表 1-6 FCA 术语的含义

项目	FCA 的含义
交货地点	指定地点，一般在出口国境内
风险划分界限	货交承运人
买卖双方责任、费用划分	出口报关由卖方办理，卖方承担费用；国际运输、国际货运保险、进口报关均由买方办理，费用由买方承担
价格构成	出口商品国内总成本

采用 FCA 术语时，买卖双方应承担的义务见表 1-7。

表 1-7 采用 FCA 术语时，买卖双方应承担的义务

卖方义务	买方义务
1. 在合同规定的时间，在指定的地点将符合合同的货物交到买方所指定承运人； 2. 货交给承运人后，及时通知买方； 3. 承担货交承运人之前的一切风险和费用； 4. 办理出口清关手续； 5. 提供商业发票和证明货物已交承运人的运输单据等有关单据	1. 订立自指定地承运货物的运输合同，付运费； 2. 将承运人名称及有关情况通知买方； 3. 承担货交承运人之后的一切风险和费用； 4. 办理进口清关手续； 5. 接受单据，受领货物并支付货款

（五）CFR 术语

CFR 术语的英文全称是 Cost and Freight（...named port of destination），中文意思是成

本加运费（……指定目的港）。

CFR 术语的含义见表 1-8。

表 1-8　CFR 术语的含义

项目	CFR 的含义
交货地点	指定的装运港船上
风险划分界限	装运港船上
买卖双方责任、费用划分	出口报关、国际运输由卖方办理，卖方承担费用；国际货运保险、进口报关由买方办理，买方承担费用
价格构成	出口商品国内总成本＋国际运输费

采用 CFR 术语时，买卖双方应承担的义务见表 1-9。

表 1-9　采用 CFR 术语时，买卖双方应承担的义务

卖方义务	买方义务
1. 租船订舱、付运费； 2. 在合同规定的时间，在指定的装运港将符合合同的货物交到买方所指定的船上； 3. 装船完成后，及时通知买方； 4. 承担货物装上船之前的一切风险； 5. 办理出口清关手续； 6. 提供商业发票和证明货物已装上船的运输单据等有关单据	1. 承担货物装上船之后的一切风险； 2. 办理进口清关手续； 3. 接受单据，受领货物并支付货款

（六）CIF 术语

CIF 术语的英文全称是 Cost Insurance and Freight（…named port of destination），中文意思是成本、保险费加运费（……指定目的港）。

CIF 术语的含义见表 1-10。

表 1-10　CIF 术语的含义

项目	CIF 的含义
交货地点	指定的装运港船上
风险划分界限	装运港船上
买卖双方责任、费用划分	出口报关、国际运输、国际货运保险均由卖方办理，卖方承担费用；进口报关由买方办理，买方承担费用
价格构成	出口商品国内总成本＋国际运输费＋国际保险费

采用 CIF 术语时，买卖双方应承担的义务见表 1-11。

表1-11　采用CIF术语时，买卖双方应承担的义务

卖方义务	买方义务
1. 租船订舱、付运费； 2. 在合同规定的时间，在指定的装运港将符合合同的货物交到买方所指定的船上； 3. 装船完成后，及时通知买方； 4. 办理国际货物运输保险，支付保险费； 5. 承担货物装上船之前的一切风险； 6. 办理出口清关手续； 7. 提供商业发票和证明货物已装上船的运输单据等有关单据	1. 承担货物装上船之后的一切风险； 2. 办理进口清关手续； 3. 接受单据，受领货物并支付货款

（七）CPT术语

CPT术语的英文全称是Carriage Paid To（…named place of destination），中文意思是运费付至（……指定目的地）。

CPT术语的含义见表1-12。

表1-12　CPT术语的含义

项目	CPT的含义
交货地点	指定地点，一般在出口国境内
风险划分界限	货交承运人
买卖双方责任、费用划分	出口报关、国际运输由卖方办理，卖方承担费用；国际货运保险、进口报关由买方办理，买方承担费用
价格构成	出口商品国内总成本＋国际运输费

采用CPT术语时，买卖双方应承担的义务见表1-13。

表1-13　采用CPT术语时，买卖双方应承担的义务

卖方义务	买方义务
1. 负责订立自指定地承运货物的运输合同，付运费； 2. 在合同规定的时间，在指定的地点将符合合同的货物交到买方所指定承运人； 3. 货交给承运人后，及时通知买方； 4. 承担货交承运人之前的一切风险； 5. 办理出口清关手续； 6. 提供商业发票和证明货物已交承运人的运输单据等有关单据	1. 承担货交承运人之后的一切风险； 2. 办理进口清关手续； 3. 接受单据，受领货物并支付货款

（八）CIP 术语

CIP 术语的英文全称是 Carriage and Insurance Paid To（…named place of destination），中文意思是运费保险费付至（……指定目的地）。

CIP 术语的含义见表 1-14。

表 1-14　CIP 术语的含义

项目	CIP 的含义
交货地点	指定地点，一般在出口国境内
风险划分界限	货交承运人
买卖双方责任、费用划分	出口报关、国际运输、国际货运保险由卖方办理，卖方承担费用；进口报关由买方办理，买方承担费用
价格构成	出口商品国内总成本＋国际运输费＋国际保险费

采用 CIP 术语时，买卖双方应承担的义务见表 1-15。

表 1-15　采用 CIP 术语时，买卖双方应承担的义务

卖方义务	买方义务
1．负责订立自指定地承运货物的运输合同，付运费； 2．在合同规定的时间，在指定的地点将符合合同的货物交到买方所指定的承运人； 3．货交给承运人后，及时通知买方； 4．办理国际货物运输保险，支付保险费； 5．承担货交承运人之前的一切风险； 6．办理出口清关手续； 7．提供商业发票和证明货物已交承运人的运输单据等有关单据	1．承担货交承运人之后的一切风险； 2．办理进口清关手续； 3．接受单据，受领货物并支付货款

（九）DPU 术语

DPU 的英文全称是 Delivered At Place Unloaded（…named place of delivery），中文意思是卸货地交货（指定交货地）

DPU 术语的含义见表 1-16。

表 1-16　DPU 术语的含义

项目	DPU 的含义
交货地点	指定目的地或终点港，在进口国内
风险划分界限	目的地或终点港货交买方处置后
买卖双方责任、费用划分	出口报关、国际运输、国际货运保险由卖方办理，卖方承担费用；进口报关由买方办理，包括从运输工具上收取货物所需的一切卸货费用，费用由买方承担

（十）DAP 术语

DAP 术语的英文全称是 Delivered At Place（…named place of destination），中文意思

是目的地交货（……指定目的地）。

DAP 术语的含义见表 1-17。

表 1-17　DAP 术语的含义

项目	DAP 的含义
交货地点	指定目的地，在进口国内
风险划分界限	目的地货交买方处置后
买卖双方责任、费用划分	出口报关、国际运输、国际货运保险由卖方办理，卖方承担费用；进口报关由买方办理，费用由买方承担

（十一）DDP 术语

DDP 术语的英文全称是 Delivered Duty Paid（…named place of destination），中文意思是完税后交货（……指定目的地）。

DDP 术语的含义见表 1-18。

表 1-18　DDP 术语的含义

项目	DDP 的含义
交货地点	买方所在地（工厂、仓库等）
风险划分界限	货交买方后
买卖双方责任、费用划分	一切责任和费用均由卖方承担

任务三　国际贸易合同及信用证支付

【案例导入】

浙江 AAA 国际货运代理有限公司是一家大型的国际物流企业，主营国际海运整箱、国际海运拼箱、国际空运、国际铁路、国际多式联运等进出口代理业务，提供仓储、陆运、订舱、代理报关报检、制单等多项服务。

顾佳是 AAA 国际货运代理有限公司的新员工，公司要求他在入职前结合以下几个问题，自学国际贸易合同及信用证的相关知识。

（1）国际贸易合同中有哪些方面的条款？

（2）如果国际贸易采用信用证支付方式，卖方应如何开展业务以安全收汇？

一、国际贸易合同条款

（一）品名、品质、数量、包装条款

1. 品名条款

品名条款是指在合同开头所列明的买卖双方要交易的商品名称。

《联合国国际货物销售合同公约》(以下简称《公约》)规定:国际贸易中,如果卖方所交货物不符合约定的品名规定,则买方有权索赔,乃至拒收货物、撤销合同。在规定品名条款时,内容必须十分明确、具体,文字表达清楚,尽可能采用国际通用的名称,还要考虑品名与运费、品名与有关国家进出口限制的关系。

2. 品质条款

商品的品质是指商品内在素质和外观形态的综合。合同中的品质条款是买卖双方交接货物的依据。

《公约》规定:卖方所交货物必须符合约定的质量,否则买方有权要求损害赔偿、修理或交付替代货物,乃至拒收货物、撤销合同。

3. 数量条款

商品的数量是指以一定的度量衡表示出商品的重量、个数、长度、面积、体积、容积的量。按规定数量交货是卖方的义务,因此,数量条款也是买卖双方交接货物的重要依据。

《公约》规定:如果卖方交付的货物数量多于合同规定的数量,买方可以收取也可以拒绝多交部分货物;如果少于约定数量,则卖方应在规定交货期内补交货物,即使如此,买方依然有保留损害追偿的权利。

4. 包装条款

《公约》规定:卖方必须按照合同规定的方式装箱或者包装。合同里的包装条款,主要包括包装材料、包装方式、包装费用和运输标志等内容。

(二)价格条款

合同中的价格条款一般包括两项内容——单价和总金额。单价由计价数量单位、单位价格金额、计价货币和贸易术语四要素组成,这些要素必须书写正确、清楚。按照习惯做法,还可以合理运用佣金和折扣来促进贸易达成。

(三)装运条款

装运条款的具体内容包括运输方式、装运时间、起运地和目的地、装运方式、能否分批装运与转运、装船通知、滞期和速遣条款等。

其中,装运期是买卖合同的主要条件,如果违反这一条件,卖方有权撤销合同。合同中规定装运期要注意,应明确规定装运的具体期限,但又不宜定得太短、太死。

(四)保险条款

为保障国际贸易的货物在遭受损失时能得到一定补偿,买卖双方会在合同中约定运输保险的相关规定。

保险条款应明确由哪方投保,明确投保加成率、投保险别,明确按照什么保险条款投保;明确保险条款的生效日期等。

(五)支付条款

在国际贸易中选择正确的支付方式,对于买卖双方都是十分重要的。合同中的支付条款会因为不同的结算方式而有所不同。常用的结算方式有汇付、托收和信用证三种。

如选用汇付方式,则支付条款应明确规定汇付的时间、具体的汇付方法和金额;如选用托收方式,则支付条款应明确规定交单条件和付款、承兑责任以及付款期限等;如选用信用证方式,则支付条款应明确规定开证时间、开证银行,信用证的受益人、种类、金额、装运期、到期日等。

(六) 检验、不可抗力、索赔及仲裁条款

1. 检验条款

商品检验检疫是指商品检验机构对商品的品质、规格、数量、重量、包装、卫生、安全等项目进行的检验、检疫、鉴定和惯例工作。检验条款一般包括有关检验权的规定、检验依据、检验时间和地点、检验机构、检验证书和检验标准等。

2. 不可抗力条款

不可抗力条款一般包括不可抗力事故的范围、不可抗力事故的法律后果、出具事故的证明机构和事故发生后通知对方的期限。

遭受不可抗力事件的一方可免除履行合同的责任或推迟履行合同，因此，不可抗力条款是一项免责条款。

3. 索赔条款

为使索赔和理赔有据可依，合同中一般都订有索赔条款。索赔条款有异议索赔条款和罚金条款两种形式。异议索赔条款一般是针对卖方交货不符合合同规定而制定的，在一方违约后另一方提出索赔依据、索赔期限和索赔金额；罚金条款是针对卖方延期交货或买方延期接货而制定的，在一方违反合同规定的义务时应向另一方支付约定金额作为损失的赔偿。

4. 仲裁条款

仲裁条款一般包括仲裁地点、仲裁机构、仲裁程序、仲裁费用承担等这些内容。

二、信用证支付

(一) 信用证的含义及当事人

信用证（LETTER OF CREDIT，L/C）是银行（开证行）依照进口商（开证申请人）的要求和指示，对出口商（受益人）发出的、授权进口商签发以银行或进口商为付款人的汇票，保证在将来符合信用证条款规定的汇票和单据时，必定承兑和付款的保证文件。

因此，信用证涉及六位当事人，分别是开证申请人（Applicant，一般是进口商）、受益人（Beneficiary，一般是出口商）、开证行（Issuing bank）、通知行（Advising bank）、议付行（Negotiating bank）和付款行（Paying bank，一般是开证行或其指定银行）。

(二) 信用证支付的结算程序

以跟单信用证为例，信用证业务的结算程序包括信用证的开立、信用证的通知、受益人的审证、信用证的履行、银行审核单据、信用证的结算等。操作的流程如图1-1所示。

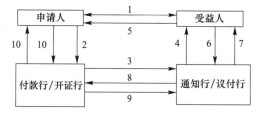

图1-1 信用证业务流程

（1）买卖双方在贸易合同中规定使用跟单信用证支付。

（2）买方通知当地银行（开证行）开立以卖方为受益人的信用证。

（3）开证行请求另一银行通知或保兑信用证。

（4）通知行通知卖方信用证已开立。

（5）卖方收到信用证，并确保其能履行信用证规定的条件后，按照约定装运货物。

（6）卖方将单据向指定银行提交，该银行可能是开证行，或是信用证内指定的付款、承兑或议付银行。

（7）该银行按照信用证审核单据，如单据符合信用证规定，银行将按信用证规定进行支付、承兑或议付。

（8）开证行以外的银行将单据寄送开证行。

（9）开证行审核单据无误后，以事先约定的形式，对已按照信用证付款、承兑或议付的银行偿付。

（10）开证行在买方付款后交单，然后买方凭单取货。

（三）信用证主要内容及格式

1．信用证主要内容

（1）信用证的说明。如信用证的种类、性质、金额、有效期及到期地点等。

（2）货物的说明。如货物的名称、品种规格、价格、数量、包装等。

（3）运输的说明。如装运的最后期限、起运港、目的港、运输方式、可否分批及可否转船等。

（4）单据的说明。如商业发票、提单、保险单等。

（5）特殊条款。根据每一笔具体业务的需要做出的规定。

（6）责任条款。开证行对受益人及汇票持有人保证付款的文句。

2．信用证格式

国际贸易中常用信用证格式如下：

ISSUING BANK：...BANK LTD，LARNAKA

开证行：拉纳卡（塞浦路斯）某银行

ADVISING BANK：BANK OF CHINA，SHANGHAI BRANCH

通知行：中国银行上海分行

FORM OF DOC. CREDIT×40A：IRREVOCABLE

信用证种类：不可撤销信用证

DOC. CREDIT NUMBER×20：...

跟单信用证号码：……

DATE OF ISSUE 31C：200105

开证日期：2020年1月5日

EXPIRY×31D：DATE 200229 PLACE CHINA

到期时间和地点：2020年2月29日在中国到期

APPLICANT×50：...LARNAKA，CYPRUS

开证申请人：塞浦路斯拉纳卡某公司名称及地址

BENEFICIARY×59：...SHANGHAI，CHINA

受益人：中国上海某公司名称及地址

AMOUNT×32B：USD AMOUNT 61150.00

POS./NEG. TOL.（%）39A：05/05

信用证最高金额：61 150美元，允许多交、少交金额以5%为限

DRAFT AT … 42C：AT SIGHT

DRAWEE×42D：...

汇票的期限：即期，付款人是……

PARTIAL SHIPMENT 43P：ALLOWED
TRANSSHIPMENT 43T：ALLOWED
是否允许分批装运和转运：允许
LOADING IN CHARGE 44A：SHANGHAI PORT
FOR TRANSPORT TO.... 44B：LIMASSOL PORT
LATEST DATE OF SHIP. 44C：200214
起运港、目的港和最迟装运日：上海港、利马索尔港、2020年2月14日
DESCRIPT. OF GOODS 45A：WOODEN FLOWER STANDS AND WOODEN FLOWER POTS AS PER S/C NO. ... .
CFR LIMASSOL PORT，INCOTERMS 2020
货描：商品的名称、合同号、贸易术语及其遵守的惯例
DOCUMENTS REQUIRED 46A：
单据的说明：
+COMMERCIAL INVOICE IN QUADRUPLICATE ALLSTAMPED AND SIGNED BY BENEFICIARY.
——商业发票一式四份，由受益人签名盖章。
+FULL SET OF CLEAN ON BOARD BILL OF LADING MADE OUT TO ORDER OF SHIPPER AND BLANK ENDORSED，MARKED FREIGHT PREPAID AND NOTIFY APPLICANT.
——全套清洁已装船提单，以托运人为指示抬头，空白背书，注明运费预付，并通知开证申请人。
+PACKING LIST IN TRIPLICATE SHOWING PACKING DETAILS SUCH AS CARTON NO. AND CONTENTS OF EACH CARTON.
——装箱单一式三份，显示包装细节，如箱号和每箱的内容。
+CERTIFICATE STAMPED AND SIGNED BY BENEFICIARY STATING THAT THE ORIGIAL INVOICE AND PACKING LIST HAVE BEEN DISPATCHED TO THE APPLICANT BY COURIER SERVISE 2 DAYS BEFORE SHIPMENT.
——由受益人盖章和签署的受益人证明，表明原始发票和装箱单已在装船前2天通过快递送达开证申请人。
ADDITIONAL COND. 47A：
特殊条款：
+INSURANCE IS BEING ARRANGED BY THE BUYER.
——保险由买方安排。
+A USD50.00 DISCREPANCY FEE，FOR BENEFICIARY'S ACCOUNT，WILL BE DEDUCTED FROM THE REIMBURSEMENT CLAIM FOR EACH PRESENTATION OF DISCREPANT DOCUMENTS UNDER THIS CREDIT.
——50美元的不符点费，由受益人承担，将从每次提交不符点单据的偿付要求中扣除。
DETAILS OF CHARGES 71B：ALL BANK CHARGES OUTSIDE CYPRUS ARE FOR THE ACCOUNT OF THE BENEFICIARY.
费用详情：塞浦路斯以外的所有银行费用由受益人承担。
PRESENTATION PERIOD 48：WITHIN 15 DAYS AFTER THE DATE OF SHIPMENT BUT WITHIN THE VALIDITY OF THE CREDIT.

交单期：装运日期后 15 天内但在信用证有效期内。

（四）信用证特点

1. 信用证是独立文件

信用证虽以贸易合同为基础，但它一经开立，就成为独立于合同之外的契约。开证行和受益人以及参与信用证业务的其他银行必须按信用证的规定办事，不受合同约束。

2. 信用证是银行信用，开证行负第一付款责任

开证行以自己的信用进行付款保证，对受益人的付款责任是首要的、独立的。即使开证申请人失去偿付能力，只要受益人提交的单据符合信用证条款，开证行也必须承担付款责任。

3. 信用证是纯单据业务

《跟单信用证统一惯例》（UCP600）规定，在信用证业务中，各有关方面处理的是单据，而不是与单据有关的货物、服务及（或）其他行为。只要受益人提交的单据与信用证严格相符，银行就得凭单据付款。因此，在选择信用证支付的情况下，受益人要想安全、及时收到货款，必须做到单证一致、单单一致。

（五）信用证的作用

1. 付款担保作用

开证行担保付款，解决了卖方担心因对买方信誉和支付能力的不了解造成收汇困难的问题。

2. 融资作用

卖方在信用证到期前若急需用款，可将信用证质押，从第三方处取得贷款；买方也可申请银行垫款。

3. 便利作用

双方的资信调查，对担保登记或质押办理、付款的安排等都被信用证简化了，方便了买卖双方。

任务四　国际货物运输保险及保险单据

【案例导入】

浙江 AAA 国际货运代理有限公司是一家大型的国际物流企业，主营国际海运整箱、国际海运拼箱、国际空运、国际铁路、国际多式联运等进出口代理业务，提供仓储、陆运、订舱、代理报关报检、制单等多项服务。

顾佳是 AAA 国际货运代理有限公司的新员工，公司要求她在入职前结合以下几个问题，自学国际货物运输保险的相关知识。

（1）如何进行国际货物运输保险？

（2）国际货运保险单据有哪些类别？记载了什么内容？

一、国际货物运输保险

国际货物运输保险是指被保险人向保险公司按一定金额对国际贸易货物运输过程中的

货物损失投保一定险别、缴纳一定保险费,由保险公司对被保险人货物遭受损失承担责任范围内的损失给予一定的经济补偿。

(一)国际货物运输保险的类型

国际货物运输保险可以按运输工具种类的不同分为四类:海洋运输货物保险、陆上运输货物保险、航空运输货物保险、邮包保险。对某些特殊商品,还配备海运冷藏货物,陆运冷藏货物,海运散装桐油及活牲畜、家禽的海陆空运输保险等。

(二)国际货物运输保险承保的风险

1. 海上货物运输保险承保的风险

海上货物运输保险承保的风险分为海上风险和外来风险两种。

(1)海上风险分自然灾害和意外事故两种。一是由于自然界变异造成的自然灾害,如恶劣气候、雷电、洪水、流冰、地震、海啸以及其他人力不可抗拒的灾害;二是因意外原因造成的意外事故,如船舶搁浅、触礁、碰撞、爆炸、火灾、沉没、船舶失踪或其他类似事故。

(2)外来风险分一般外来风险和特殊外来风险两种。一般外来风险指由于偷窃、短量、破碎、雨淋、受潮、受热、发霉、串味、渗漏、钩损和锈损等造成的损失;二是由于军事、政治、国家政策法令和行政措施等原因所致的损失,如战争、罢工拒绝收货等。

2. 陆上运输货物保险承保的风险

陆上运输货物保险承保的风险分陆运险和陆运一切险两种。

(1)陆运险。承保货物在运输途中遭受自然灾害,如洪水、地震、雷电、暴风雨等,或由于运输工具遭受碰撞倾覆、出轨,或遭受隧道坍塌、崖崩、失火、爆炸等意外事故造成的全部或部分损失。

(2)陆运一切险。除包括上述陆运险责任外,还包括承保运输途中由于外来原因(如偷窃、货物残损、短少、渗漏、雨淋、生锈、发霉等)所致的全部或部分损失。

3. 航空运输货物保险承保的风险

航空运输货物保险承保的风险一般分航空运输险和航空运输一切险两种,此外,还有航空运输货物战争险等附加险。

(1)航空运输险。航空运输险的承保范围包括承保货物在运输途中因遭受雷电、火灾、爆炸或由于飞机遭遇恶劣天气或遇难被抛弃,以及飞机发生碰撞、倾覆、坠落、失踪等意外事故所造成的全部或部分损失。

(2)航空运输一切险。除航空运输险责任外,还包括由于外来原因(如偷窃、短少等)所致的全部或部分损失。

4. 邮包保险

承担被保险邮包在运输途中由于恶劣气候、雷电、海啸、地震、洪水等自然灾害或由于运输工具遭受搁浅、触礁、沉没、碰撞、倾覆、失踪或由于失火爆炸意外事故所造成的损失。

如图1-2所示为国际货物运输承保风险。

图 1-2 国际货物运输承保风险

二、保险单据

(一) 保险单据的定义

保险单据是保险人与被保险人之间订立保险合同的书面证明。它反映了保险人与被保险人之间的权利、义务及责任，也是保险人的承保证明。当发生保险责任范围内的损失时，它又成为保险索赔和理赔的主要依据。

(二) 保险单据的内容

1. 声明事项

声明事项是将保险人提供的重要资料列载于保险合同之内，作为保险人承保危险的依据，如被保险人的姓名及地址、保险标的名称及所在地址、保险金额、保险期限、已缴保费数额、被保险人对有关危险所作的保证或承诺事项。

2. 保险事项

保险事项是指保险人应承担的保险责任。

3. 除外事项

除外事项是将保险人的责任加以适当的修改和限制。保险人对除外不保的危险所引起的损失，不负赔偿责任。

4. 条件事项

条件事项是指合同双方当事人为享受权利所需履行的义务，多指被保险人为获得赔偿而必须履行的义务，如事故发生以后被保险人的责任，申请索赔的时效，代位求偿权的行使，保单内容的变更、转让、取消以及赔偿选择等。

5. 其他事项

其他事项包括诸如解决赔偿争议的公断条款、时效条款等。

（三）保险单据的分类

1. 保险单

保险单是一种正规的保险合同，除载明被保险人（投保人）的名称、被保险货物（标的物）的名称、数量或重量、唛头、运输工具、保险的起讫地点、承保险别、保险金额、出单日期等项目外，还在保险单的背面列有保险人的责任范围，以及保险人与被保险人各自的权利、义务等方面的详细条款，它是最完整的保险单据。

保险单是一份独立的保险单据，可由被保险人背书，随物权的转移而转让。

2. 保险凭证

有保险单正面的基本内容，但它没有保险单反面的保险条款，是一种简化的保险合同。

3. 联合保险凭证

联合保险凭证是我国保险公司特别使用的一种更为简化的保险单据，由保险公司在出口公司提交的发票上加上保险编号、承保险别、保险金额、装载船只、开船日期等，并加盖保险公司印章即可。这种单据不能转让。

4. 预约保险单

预约保险单是一种长期的货物保险合同。凡属于预约保险单范围内的进出口货物，一经起运，即自动按保险单所列条件承保。但被保险人在获悉每批保险货物起运时，应立即将货物装船的详细情况（包括货物名称、数量、保险金额、运输工具种类和名称、航程起讫地点、开船日期等）通知保险公司和进口商。

任务五　国际贸易常见单证及其作用

【案例导入】

浙江 AAA 国际货运代理有限公司是一家大型的国际物流企业，主营国际海运整箱、国际海运拼箱、国际空运、国际铁路、国际多式联运等进出口代理业务，提供仓储、陆运、订舱、代理报关报检、制单等多项服务。

顾佳是 AAA 国际货运代理有限公司的新员工，公司要求她在入职前结合以下问题，自学国际贸易常见单证的相关知识。

（1）商业发票、装箱清单、信用证、原产地证、熏蒸证明等单据分别有什么作用？

（2）为什么不同业务所需要的单证种类不同？

一、商业发票

（一）商业发票的定义

商业发票（COMMERCIAL INVOICE），简称发票（INVOICE），是出口商向进口商开立的发货价目清单。

商业发票一般由货主自行缮制，内容包含发票编号、出票日期、合同号码、发货人名称和地址、收货人名称和地址、装运工具、起运地和目的地、包装和包装标志、品名、数量、付款条件、单价和总金额等。

（二）商业发票的作用

（1）是全部单据的中心，是出口商装运货物并表明是否履约的总说明；
（2）便于进口商核对已发货物是否符合合同条款规定；
（3）是出口商和进口商记账的依据；
（4）是出口地和进口地作为报关缴税的计算依据；
（5）在不用汇票的情况下，发票替代汇票作为付款的依据。

二、装箱清单

（一）装箱清单的定义

装箱清单（PACKINGLIST）是发票的补充单据，它列明了信用证或合同中买卖双方约定的有关包装事宜的细节，便于国外买方在货物到达目的港时供海关检查和核对货物。

（二）装箱清单的作用

（1）是买方收货时核对货物品种、花色、尺寸和海关验收的主要依据；
（2）是发货人向承运人提供的集装箱内所装货物的明细清单；
（3）是集装箱船舶进出口报关时向海关提交的载货清单的补充资料；
（4）是发货人、集装箱货运站与集装箱码头之间的货物交接单；
（5）是发生货损时处理索赔事故的原始依据之一。

三、原产地证和普惠制证

（一）原产地证的定义

原产地证（CERTIFICATE OF ORIGIN）是出口国的特定机构出具的证明其出口货物为该国家或地区原产的一种证明文件。申领办理原产地证需要以下材料：原产地证申请书一份；缮制正确、清楚并经申请单位手签人员手签和加盖公章的原产地证一式四份；出口商的商业发票副本一份；含有进口成分的产品还得提交产品成本明细单等。

（二）原产地证的作用和种类

原产地证的作用：一是核定关税的依据；二是确定采用何种非关税措施的依据；三是国家贸易统计和制定政策的依据；四是对特殊行业的特殊产品进出口监管的依据。中国为出口货物签发的原产地证主要分为三类：优惠原产地证、非优惠原产地证和专用原产地证。

1. 优惠原产地证

优惠原产地证是能使出口产品在进口国海关享受关税减免待遇的证明产品原产国/地区的官方证书。常用的有以下几种。

（1）普惠制证（FORM A）：适用于对40个发达国家出口的符合给惠国相关规定的产品，包括欧盟27国、英国挪威、瑞士、新西兰、列支敦士登、土耳其、俄罗斯、白俄罗斯、乌克兰、哈萨克斯坦、日本、加拿大和澳大利亚。注意：美国除外。

（2）《中国—东盟自由贸易协定》原产地证（FORM E）：适用于对印尼、泰国、马来西亚、越南、菲律宾、新加坡、文莱、柬埔寨、缅甸、老挝等国出口并符合相关规定的产品。

（3）《中国—智利自由贸易协定》原产地证（FORM F）：适用于出口到智利的《中国—

智利自贸区协定》项下的产品享受智利给予的关税优惠待遇。

（4）《亚太贸易协定》原产地证：适用于对印度、韩国、孟加拉国和斯里兰卡出口并符合相关规定的产品。

2. 非优惠原产地证

（1）一般原产地证（CERTIFICATE OF ORIGIN，CO）。出口产品在进口国/地区通关所需，是进口国进行贸易统计等的依据。CO 证书对所有独立关税区的国家（地区）都可签发。

（2）加工装配证书（CERTIFICATE OF PROCESSING），适用于在中国进行简单的加工装配，未取得中国原产资格的产品。

（3）转口证书（CERTIFICATE OF RE-EXPORT），适用于仅在中国进行转口，未经过任何加工的货物。

3. 专用原产地证

专用原产地证是专门针对一些特殊行业的特殊产品，如农产品、葡萄酒、烟草等，根据进出口监管的特殊需要而产生的原产地证书。这些特殊行业的特殊产品只有符合一定的原产地规则才能合法进出口。专用原产地证主要包括金伯利进程证和输欧盟农产品原产地证。

（1）金伯利进程证是用于证明进出口毛坯钻石合法来源地的证明书。

（2）输欧盟农产品原产地证是欧盟委员会为进口农产品而专门设计的原产地证书。如蘑菇罐头证书。

四、熏蒸证明

（一）熏蒸证明的定义

熏蒸证明（INSPECTION CERTIFICATE OF FUMIGATION）是用于证明出口粮谷、油籽、豆类、皮张等商品，以及包装用木材与植物性填充物等，已经过熏蒸灭虫的证书。

（二）熏蒸证明的作用

在国际贸易中，各国为保护本国资源，对某些进口商品实行强制检疫制度。

木质包装熏蒸是为了防止有害病虫危害进口国森林资源，因此，含有木质包装的出口货物，必须在出运前对木质包装物进行除害处理，熏蒸是除害处理的一种方式。

对于我国出口美国、加拿大、欧盟、英国、日本及澳大利亚的，采用木质包装的商品，尤其是美国、加拿大，必须出具官方熏蒸证书。

第四节　国际货代业务基本流程

任务一　国际海运业务基本流程

【案例导入】

浙江 AAA 国际货运代理有限公司是一家大型的国际物流企业，主营国际海运整箱、国际海运拼箱、国际空运、国际铁路、国际多式联运等进出口代理业务,提供仓储、陆运、订舱、代理报关报检、制单等多项服务。

顾佳是 AAA 国际货运代理有限公司的新员工,接到公司客户杭州迅捷实业有限公司张经理的咨询电话,迅捷实业有限公司第一次接到欧洲客户的询价,但张经理不了解出口流程,咨询顾佳二个问题:

(1)进出口业务中,海上货物运输有哪些特点?
(2)国际海运进出口的业务流程有哪些环节?

一、国际海上货物运输

国际海上货物运输是指使用船舶通过海上航道在不同国家和地区的港口之间运送货物的一种运输方式。

国际海上货物运输具有以下几个特点。

(一)运输量大

国际货物运输是在全世界范围内进行的商品交换,地理位置和地理条件决定了海上货物运输是国际货物运输的主要手段。国际贸易总运量的 75% 以上是利用海上运输来完成的,我国的对外贸易中,海上运输占总运量的 90% 以上,其主要原因是船舶向大型化发展,如 50 万—70 万吨的巨型油船,16 万—17 万吨的散装船,以及集装箱船的大型化,船舶的载运能力远远大于火车、汽车和飞机,是运输能力最大的运输工具。

(二)通过能力大

海上运输利用天然航道,四通八达,不像火车、汽车要受轨道和道路的限制,因而其通过能力要超过其他运输方式。如果政治、经济、军事等条件发生变化,还可随时改变航线驶往有利于装卸的目的港。

(三)运费低廉

船舶的航道天然构成,船舶运量大,港口设备一般均为政府修建,船舶经久耐用,且节省燃料,因此货物的单位运输成本相对低廉。据统计,海运运费一般约为铁路运费的 1/5、公路运费的 1/10、航空运费的 1/30,这为低值大宗货物的运输提供了有利的竞争条件。

(四)对货物的适应性强

海上货物运输基本上适应各种货物的运输,如石油井台、火车、机车车辆等超重大货物,其他运输方式是无法装运的,船舶一般都可以装运。

(五)运输的速度慢

由于商船的体积大,水流的阻力大,加之装卸时间长等其他各种因素的影响,海运的运输速度比其他运输工具慢。

(六)风险较大

由于船舶在海上航行受自然气候和季节的影响较大,并且海洋环境复杂,气象多变,随时都有遇上狂风、巨浪、暴风、雷电、海啸等人力难以抗衡的海洋自然灾害袭击的可能,遇险的可能性比陆地、沿海要大。同时,海上运输还存在社会风险,如战争、罢工、贸易禁运等风险。为转嫁损失，海上运输的货物、船舶保险尤其应引起重视。

二、国际海运货代的业务流程

（一）询价

（1）货主询价，引发货运流程；
（2）货代向船公司询价；
（3）货代向货主报价；
（4）货主订舱委托，即货主与货代的委托契约。

（二）货代订舱

（1）货代审核委托单，为货主选择合适的船期航次；
（2）货代缮制订舱委托书，向船公司订舱；
（3）船公司给货代发订舱确认书、配载回单，确认船名、航次、提单号等信息。

（三）装箱进堆场

（1）根据配载回单做好装箱计划；
（2）按计划安排拖车提空箱去工厂装箱并运到堆场，或者工厂提货后在堆场装箱。

（四）报关、商检等环节

（1）货代向当地商检进行报检；
（2）在海关系统预录入报关资料；
（3）货代准备好报关委托书、报关单、合同、发票、装箱单等报关资料向海关申请报关；
（4）海关审核报关单据，根据情况查验，签单放行。

（五）船公司安排上船

（1）确认提单内容及发放形式，跟踪场站收据，确保配载上船；
（2）缮制提单，核对费用；
（3）货物上船，开船后由船公司签发海运提单；
（4）和客户核对并确认航次费账单，通常情况下包括海运费、码头费、文件费、封志费、打单费、燃油附加费、港杂费等；
（5）提单、发票发放；
（6）费用结算，及时返还货主核销退税单；
（7）提交报关单、场站收据、提单、装箱单等复印件资料，海关退税。

任务二　国际空运业务基本流程

【案例导入】

浙江 AAA 国际货运代理有限公司是一家大型的国际物流企业，主营国际海运整箱、国际海运拼箱、国际空运、国际铁路、国际多式联运等进出口代理业务，提供仓储、陆运、订舱、代理报关报检、制单等多项服务。

顾佳是AAA国际货运代理有限公司的新员工，接到公司客户杭州迅捷实业有限公司张经理的电话，其欧洲客户要求迅捷实业尽可能快的速度将货物送到目的地。张经理就空运进出口业务咨询顾佳如下相关问题：

（1）航空货物出口的业务程序包括哪些环节？

（2）迅捷实业的部分零备件需要从美洲进口，航空货物运输的进口的业务流程都有哪些环节？

国际航空货物运输的业务流程指的是为了满足货物运输消费者的需求而进行的从托运人发货到收件人收货的整个全过程的物流、信息流的实现和控制管理的过程。

国际航空货物运输的业务流程主要包含国际航空货物运输的出口业务流程和进口业务流程两大环节。

一、国际航空货物运输的出口业务流程

（一）空运出口业务流程

国际航空货物运输的出口业务流程指的是从托运人发货到承运人把货物装上飞机的物流、信息流的实现和控制管理的全过程。

国际航空货物运输的出口业务流程从流程的环节来看主要包含航空货物出口运输代理业务程序和航空公司出港货物的操作程序两大部分。

作为代理人主要从事航空货物出口运输代理业务。在这一工作程序中，货运代理必须了解和掌握制备有关单证、办理必要手续、通过相关流程的环节。虽然代理人不直接进行航空公司出港货物的操作的程序，但只有熟悉航空公司出港货物的操作程序，才能清楚货物在航空公司运输及转运的过程，了解哪些环节容易出现问题。

航空货物出口运输代理业务流程如图1-3所示。

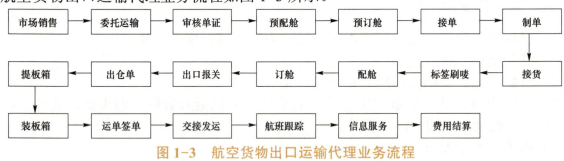

图1-3　航空货物出口运输代理业务流程

（二）主要环节的业务程序

1. 委托运输

由托运人自己填写货运托运书，托运书包括托运人、收货人、始发站和目的地机场、要求的路线/申请订舱、供运输用和供海关用的声明价值、保险金额、处理事项、货运单所附文件、实际毛重、运价类别、计费重量、费率、货物品名及数量、托运人签字、日期等。

2. 审核单证、预配舱并预订舱

代理人汇总所接受的委托和客户的预报，系统内计算出各航线的件数、重量、体

积，按照客户的要求和货物的重、抛情况，根据各航空公司不同机型对不同板箱的重量和高度要求，制定预配舱方案，并给每票货配上运单号。根据预配舱方案向航空公司预订舱。

3. 配舱和订舱

核对货物的实际件数、重量、体积等信息，按照各航班机型、板箱型号、高度、数量进行配载，并填写订舱单。订舱后，航空公司签发舱位确认书（舱单），同时给予装货集装器领取凭证，以表示舱位订妥。

4. 出口报关、出仓单

报关单信息在海关系统预录入，然后将报关单与发票、装箱单和货运单等资料向海关申报；海关审核无误后签章放行。制订配舱方案后就可编制出仓单：出仓单和承运航班的日期、装载板箱形式及数量、货物进仓顺序编号、总运单号、件数、重量、体积、目的地三字代码和备注。

5. 签单、交接发运

货运单在海关加盖放行章后须交由航空公司签单，然后将单、货交给航空公司安排运输，并做好航班跟踪，如有异常情况及时处理。

二、国际航空货物运输的进口业务流程

航空货物进口运输代理业务程序是指代理公司对于货物从入境到提取或转运整个流程的各个环节所需办理的手续及准备相关单证的全过程。具体流程如下。

（一）代理预报

在国外发货前，由国外代理公司将运单、航班、件数、重量、品名、实际收货人及其地址、联系电话等内容发给目的地代理公司。

（二）接单接货

航空货物入境时，与货物有关的单据（运单、发票和装箱单等）也随机到达。航空公司的地面代理公司从飞机卸货后，将货物存入其海关监管库内，同时根据运单上的收货人及地址寄发取单提货通知。

（三）货物驳运进仓

一级航空货运代理公司与机场货运站单货交接手续办理完毕后，即根据货量安排运输工具，驳运至该一级货运代理公司自行使用的海关监管仓库内。

（四）单据录入和分类

为便于用户查询和统计货量，需将每票空运运单的货物信息及实际入库的相关信息，通过终端输入海关监管系统内。一般按照不同发货代理、不同实际收货人、收货人所在的特殊监管区域（如出口加工区、保税区等）进行单证分类，可分为集中托运货物和单票直单货物。

（五）发到货通知单

单据录入后，根据运单或合同上的发货人名称及地址寄发到货通知单。到货通知单一般发给实际收货人，告知其货物已到空港，催促其速办报关、提货手续。

（六）制报关单并预录入

制单就是缮制"进口货物报关单"。制单的依据是运单、发票及证明货物合法进口的有关批准文件。在手工完成制单后，将报关单的各项内容通过终端输入海关报关系统内，并打印出报关单一式多联（具体份数视不同贸易性质而定）。完成计算机预录入后，在报关单右下角加盖申报单位的"报关专用章"。然后将报关单连同有关的运单、发票、装箱单、合同，并随附批准货物进口的证明和批文正式向海关申报。

（七）进行商品的相关检验

根据进口商品的种类和性质，按照进口国家的有关规定，对其进行商品检验、卫生检验、动植物检验等。

（八）进口报关

进口报关就是向海关申报办理货物进口手续的过程。报关是进口程序中最关键的环节，任何货物都必须在向海关申报并经海关放行后才能提出海关监管仓库或场所。把报关称为一个过程，是因为其本身还包含许多环节，大致可分为初审、审单、征税、验放四个阶段。

（九）送货或转运

货物无论送到进境地当地还是转运到进境地以外的地区，收货人或其货运代理公司、报关行都必须首先完成清关或转关手续，然后才能从海关监管仓库或场所提取货物。

航空货运代理公司可以接受货主的委托送货上门或办理转运。航空货运代理公司在将货物移交货主时，办理货物交接手续，并向其收取货物进口过程中所发生的一切费用。

第五节 技能实训

任务一 国际贸易术语的选择

【案例导入】

浙江AAA国际货运代理有限公司是一家大型的国际物流企业，主营国际海运整箱、国际海运拼箱、国际空运、国际铁路、国际多式联运等进出口代理业务，提供仓储、陆运、订舱、代理报关报检、制单等多项服务。

2020年3月11日，顾佳接到客户杭州乐乐国际贸易有限公司的来电咨询，该公司欲委托我司将一批机械设备出口到加拿大蒙特利尔，由于机械设备贵重，买方要求选用DDP术语。该客户向顾佳咨询相关委托事项。顾佳应该如何答复？

根据客户咨询背景资料，正确记录表1-19"客户售前咨询记录单"。

表 1-19　客户售前咨询记录单

客户售前咨询记录单				
客户名称			咨询时间	
客户地址			咨询人	
咨询方式	□来访　□来电　□来函 □邮件　□其他 _____		联系电话	
咨询内容（时间、人物、事件）				
受理经办人				
分析关键点				
分析过程				
回复内容（解决方案）记录				
建议： 理由： 方案： 理由：				

任务二　国际贸易单据的准备

【案例导入】

浙江 AAA 国际货运代理有限公司是一家大型的国际物流企业，主营国际海运整箱、国际海运拼箱、国际空运、国际铁路、国际多式联运等进出口代理业务，提供仓储、陆运、订舱、代理报关报检、制单等多项服务。

2020 年 3 月 15 日，顾佳接到客户杭州乐乐国际贸易有限公司的来电咨询，该公司欲委托我司将一批机械设备出口到加拿大蒙特利尔。客户采纳了顾佳的建议，与客户商定采用 FOB 术语替代 DDP 术语，并且采用信用证支付。交流中，顾佳了解到机械设备采用的是木质包装。该客户向顾佳咨询应该准备哪些单据才能安全收汇，顾佳应该如何答复？

根据客户咨询背景资料，正确记录表1-20"客户售前咨询记录单"。

表1-20　客户售前咨询记录单

客户售前咨询记录单				
客户名称			咨询时间	
客户地址			咨询人	
咨询方式	□来访　□来电　□来函 □邮件　□其他_____		联系电话	
咨询内容（时间、人物、事件）				
受理经办人				
分析关键点				
分析过程				
回复内容（解决方案）记录				
建议：				

第二章 销售岗——国际货代营销与报价

【知识目标】

○ 了解国际货代企业服务产品分析
○ 掌握国际货运主要航线、港口、空运航线
○ 熟悉国际货运联运路线规划
○ 掌握国际货代企业揽货基本程序
○ 熟悉常用揽货方式
○ 掌握国际海运运价与运费
○ 掌握国际空运运价与运费
○ 熟悉集装箱内陆运价、运费及附加费
○ 掌握国际海运报价
○ 掌握国际空运报价

【技能目标】

◇ 选择合适运输路线，计算海运运费并报价
◇ 选择合适运输路线，计算空运运费并报价

【思维导图】

第一节 国际货代市场营销基础知识

任务一 国际货代企业服务产品分析

【案例导入】

浙江AAA国际货运代理有限公司是一家大型的国际物流企业，主营国际海运整箱、国际海运拼箱、国际空运、国际铁路、国际多式联运等进出口代理业务，提供仓储、陆运、订舱、代理报关报检、制单等多项服务。

顾佳是AAA国际货运代理有限公司销售岗的新员工，销售部刘经理要求顾佳结合以下几个问题，自学国际货代企业服务产品分析的知识，为下一步国际货运路线规划工作做好准备。

(1) 国际货代市场营销的含义是什么？
(2) 国际货代市场营销的特点有哪些？
(3) 国际货代企业服务产品有哪些？

一、国际货代市场营销

（一）国际货代市场营销的含义

国际货代市场营销是以国际运输业务客户的欲望和需求为导向，通过计划和执行关于货代企业的产品和服务的货运解决方案，创造符合货代企业目标的价值，并传递给客户，以实现潜在交换获取盈利为目的的一系列过程。

（二）国际货代市场营销的特点

（1）国际货代市场营销的对象为货运解决方案和货代服务。市场营销的对象是活动、制度与过程，针对国际货运代理行业来说，"制度与过程"就是为委托人准备的货运解决方案；"活动"就是国际货运代理企业提供的舱位及报关、报检、仓储、拖车等附加货代服务。

（2）国际货代市场营销是包含调研、细分、定位、开发、设计、定价、分销、促销以及售后服务、信息反馈等在内的一系列过程。

（3）国际货代市场营销的核心是交换。

（4）国际货代市场营销不等于推销或销售。

二、国际货代企业服务产品

所谓产品，是指能够提供给市场以满足需求的任何东西。国际货代企业服务产品主要包含以下几种：

（1）揽货、订舱（含租船）、包机、包舱、托运、仓储、包装；
（2）货物的监装、监卸、集装箱拼装拆箱、分拨、中转及相关的短途运输服务；
（3）报关、报检、报验、保险；

(4)缮制签发有关单证、交付或收取运费、结算及交付或收取杂费；
(5)国际展品、私人物品及过境货物运输代理；
(6)国际多式联运、集运（含集装箱拼箱）；
(7)国际快递（不含私人信函）；
(8)咨询及其他国际货运代理业务。

想一想

(1)国际货代企业服务产品有哪些？
(2)作为货代销售员，如何提高企业的市场占有率？

国际货运代理企业提供的服务还包含定期对运输相关指令和变更做出反应；提供容易使用、先进的货运 IT 技术；为客户印制标签和扫描货物包装上的条码以产生库存、收货清单；实力强的国际货代企业甚至提供直接上货架（Retail-Ready）的货运方案等。

任务二　国际货运路线规划

【案例导入】

浙江 AAA 国际货运代理有限公司是一家大型的国际物流企业，主营国际海运整箱、国际海运拼箱、国际空运、国际铁路、国际多式联运等进出口代理业务，提供仓储、陆运、订舱、代理报关报检、制单等多项服务。

顾佳是 AAA 国际货运代理有限公司销售部的新员工，销售部刘经理要求顾佳结合以下几个问题，学习国际货运路线规划的相关知识，为下一步货代企业揽货工作做好准备。

(1)国际海运的主要港口有哪些？
(2)国际海运的主要航线有哪些？
(3)国际海运路线规划需考虑哪些要素？

一、国际主要海运港口

全球航线星罗棋布，但是船公司经常挂靠的基本港，一定是吞吐量大、贸易繁忙、港区较深、设备设施较为先进的港口。下面分区域介绍几个常用的基本港。

（一）亚洲地区主要港口

1. PORT KOBE（神户，日本）

神户港是日本最大的集装箱港口。自古以来，神户就是日本的重要交通枢纽，公路、铁路及航空都非常发达。它是日本主要的国际贸易中心，是日本最大的工业中心之一，也是阪神工业区的核心之一。

2. PORT YOKOHAMA（横滨，日本）

横滨港是日本第二大港口，也是世界亿吨大港之一，并且是世界十大集装箱港口之一。横滨港是京滨工业区的核心之一，横滨的工业产值仅次于东京和大阪，居日本第三位。

3. PORT PUSAN（釜山，韩国）

釜山港是韩国最大的港口，始建于1876年，在20世纪初由于京釜铁路的通车而迅速发展起来。它是韩国海、陆、空交通的枢纽，又是金融和商业中心，在韩国的对外贸易中发挥重要作用。釜山港的造船、轮胎生产居韩国首位，水产品的出口在出口贸易中占有重要位置。

4. PORT SINGAPORE（新加坡港，新加坡）

新加坡港位于新加坡共和国的新加坡岛南部沿海，西临马六甲海峡的东南侧，南临新加坡海峡的北侧，是亚太地区最大的转口港，也是世界最大的集装箱港口之一。该港扼太平洋及印度洋之间的航运要道，战略地位十分重要。

5. PORT KELANG（巴生港，马来西亚）

巴生港为东南亚国家马来西亚的最大港口，位于马六甲海峡的东北部，是马来西亚的海上门户。巴生港位于马来半岛西海岸，巴生市西南方约6千米，首都吉隆坡西南方约38千米处。

6. PENANG（槟城，马来西亚）

槟城港位于马来半岛西部沿海，濒临马六甲海峡东北侧的入口处，是马来西亚的第二大港，又是著名的转口贸易港。它是西马来西亚北部主要物资集散中心，有两个港区：槟榔屿的乔治港区和大陆的北海港区，港区主要码头泊位有8个，岸线长1 411 m，最大水深为12.8 m。

7. HAIPHONG（海防，越南）

海防港位于东南亚的越南北部，是首都河内重要的门户和中转站，也是越南北部最大、最重要的海港。

除以上港口外，还有柬埔寨的金边，泰国的曼谷和林查班，缅甸的仰光，菲律宾的马尼拉，印度尼西亚的雅加达、三宝垄和泗水等。

（二）欧洲地区主要港口

欧洲地区主要港口分为欧洲基本港和欧洲内陆点。

1. 欧洲基本港

欧洲基本港是行业内一种约定俗成的对欧洲最重要的几个大港的统一称呼。欧洲基本港是指船公司到欧洲后最常挂靠的几大港口，地理位置极其重要。所有到欧洲的船公司均挂靠欧洲基本港后再转入相应的其他港口或者欧洲内陆点。

欧洲基本港主要包括以下港口。

（1）ROTTERDAM（鹿特丹，荷兰），位于莱茵河与马斯河两大河流入海汇合处所形成的三角洲上，是欧洲最大的港口，是连接欧、美、亚、非、澳五大洲的重要港口，素有"欧洲门户"之称。

（2）HAMBURG（汉堡，德国），位于德国北部易北河下游，始建于1189年，是德国最大港口，欧洲第二大港，世界最大自由港，是欧洲最重要的中转海港。同时也是德国铁路和航空枢纽，德国的造船工业中心，被誉为"德国通往世界的大门"。

（3）ANTWERP（安特卫普，比利时），欧洲第三大港，是排名鹿特丹港和汉堡港之后的欧洲大港。比利时全国海上贸易的70%通过安特卫普港完成。安特卫普港以港区工业高度集中而著称。

（4）FELIXSTOWE（弗利克斯托，英国），是英国最大的集装箱港，是英国—大西洋航线集装箱船的装卸码头。它还是英国至欧洲大陆和斯堪的纳维亚的汽车渡船码头。

（5）SOUTHAMPTON（南安普顿，法国），位于濒英吉利海峡中的索伦特峡，泰斯特与伊钦两河口湾之间，是英国重要的远洋贸易港和客运港，有铁路和公路直通伦敦，起伦敦外港的作用。

（6）LE HAVRE（勒阿佛尔，法国），位于塞纳（SEINE）湾的东侧，是法国第二大港和最大的集装箱港，也是塞纳河中下游工业区的进出口门户。

2. 欧洲内陆点

在行业内，欧洲内陆点特指欧洲基本港之外的属于欧洲地区的所有港口。这里所指的港口也包括了一些内陆地区，海运无法直接到达的遍布于欧洲各个国家内陆的地方。到欧洲内陆点的海运运费为到欧洲基本港的运费之上加上中转的费用。

欧洲内陆点港口有 908 个，其中重要港口有 ZEEBRUGGE（泽布吕赫）、BREMERHAVEN（不来梅港）、MARSEILLES（马赛）、PORTSMOUTH（朴次茅斯）、DUBLIN（都柏林）、FREDRIKSTAD（腓特烈斯塔）、LISBON（里斯本）、STOCKHOLM（斯德哥尔摩）。

（三）北美地区主要港口

北美主要港口包括美国以及加拿大的港口。

1. 美国地区港口

美国（USA）的主要港口按地理位置分为美东（指美国东海岸）以及美西（指美国西海岸）两部分。

（1）美东的主要港口（基本港）有 NEW YORK（纽约）、SAVANNAH（萨凡纳）、MIAMI（迈阿密）、NORFOLK（诺福克）、JACKSONVILLE（杰克逊维尔）、CHARLESTON（查尔斯顿）；

（2）美西的主要港口（基本港）有 LOS ANGELES（洛杉矶）、LONG BEACH（长滩）、SEATTLE，WA（西雅图）、OAKLAND（奥克兰）。

2. 加拿大地区港口

加拿大位于北美洲北部，东临大西洋，西濒太平洋，西北部邻美国阿拉斯加州，东北部与格陵兰（丹）隔戴维斯海峡遥遥相望，南接美国本土，北靠北冰洋达北极圈。加拿大海岸线长 24 万多千米，是世界上海岸线最长的国家。

加拿大线最重要的港口有 VANCOUVER（温哥华）、TORONTO（多伦多）、MONTREAL（蒙特利尔）。

（四）南美地区主要港口

1. 南美西地区港口

南美洲位于西半球的南部，东濒大西洋，西临太平洋，北濒加勒比海，南隔德雷克海峡与南极洲相望，一般以巴拿马运河为界同北美洲相分，大致范围为大陆东至布朗库角，南至弗罗厄德角，西至帕里尼亚斯角，北至加伊纳斯角。南美西航线主要指南美西岸的国家港口航线。

南美西航线的主要港口有 BUENAVENTURA（布埃纳文图拉）、CALLAO（卡亚俄）、GUAYAQUIL（瓜亚基尔）、IQUIQUE（伊基克）、VAL PARAISO（瓦尔帕莱索）、SAN ANTONIO（圣安东尼奥）。

2. 南美东地区港口

南美东航线主要指南美东岸的国家港口航线。

南美东航线的主要港口有 BUENOS AIRES（布宜诺斯艾利斯）、MONTEVIDEO（蒙得维的亚）、SANTOS（桑托斯）、PARANAGUA（巴拉那瓜）、RIO GRANDE（里奥格兰德）、RIO DE JANEIRO（里约热内卢）、ITAJAI（伊塔雅伊）、ASUNCION（亚松森）、PECEM（培森）。

（五）澳新地区主要港口

1. 澳大利亚

澳大利亚位于南太平洋和印度洋之间，由澳大利亚大陆和塔斯马尼亚岛等岛屿和海外

领土组成。它东濒太平洋的珊瑚海和塔斯曼海，西、北、南三面临印度洋及其边缘海，海岸线长约 3.67 万千米，是世界上唯一独占一个大陆的国家。

澳大利亚线的主要港口有：ADELAIDE（阿德莱德）、BRISBANE（布里斯班）、FREMANTLE（弗里曼特尔）、MELBOURNE（墨尔本）、SYDNEY（悉尼）。

2．新西兰

新西兰属于大洋洲，位于太平洋南部，澳大利亚东南方，是位于太平洋西南部的一个岛国。

新西兰线的主要港口有：AUCKLAND（奥克兰）、WELLINGTON（惠灵顿）。

（六）中国的主要港口

1．宁波舟山港

宁波舟山港是我国最大的港口，也是世界第一大港口。宁波舟山港是一个集内河港、河口港和海港于一体的多功能、综合性的现代化深水大港，主要经营进口铁矿砂、内外贸集装箱、原油成品油、液体化工产品、煤炭以及其他散杂货装卸、储存、中转业务。

2．上海港

上海港是我国第二大港口，也是世界第二大港口。上海港航道包括长江口南航道和黄浦江航道，可同时靠泊万吨级船舶 60 余艘。上海港进出口货物主要有钢铁、粮食、煤炭、化肥、石油等，是我国主要的外贸港口之一，外贸吞吐量占全港的 20%。上海港也是我国最大的集装箱运输港。

3．大连港

大连港位于西北太平洋的中枢，是转运远东、南亚、北美、欧洲货物最便捷的港口。大连港自由水域 346 平方千米，陆地面积 10 余平方千米，拥有集装箱、原油、成品油粮食、煤炭、散矿、化工产品、客货滚装等 80 多个现代化专业泊位，其中万吨级以上泊位 40 多个。

4．秦皇岛港

秦皇岛港以能源输出闻名于世，主要将来自山西、陕西、内蒙古、宁夏、河北等地的煤炭输往华东、华南等地及美洲、欧洲、亚洲等地区，年输出煤炭占全国煤炭输出总量的 50% 以上，是我国北煤南运的主要通道。秦皇岛港目前拥有全国最大的自动化煤炭装卸码头和设备较为先进的原油、杂货与集装箱码头。

5．天津港

天津港地处渤海湾西端，是我国华北、西北和京津地区的重要水路交通枢纽，拥有各类泊位 140 余个，其中公共泊位 76 个，岸线总长 14.5 千米，万吨级以上泊位 55 个。

此外，还有深圳港、广州港、青岛港、湛江港、连云港、烟台港、南通港等主要港口。

二、国际主要海运航线

（一）北大西洋航线

世界上有 1/3 的商船航运在这条航线上。美国、加拿大东海岸经过大西洋北线入波罗的海，可延伸到中欧和北欧诸国，南线至西欧或地中海到达南欧、北非各国。

（二）远东—地中海—欧洲航线

远东—地中海—欧洲航线：东亚、横滨、上海、香港等地区穿过台湾、巴士等海峡，历经东南亚（新加坡、马尼拉等）、马六甲海峡，经过印度洋（南亚科伦坡、孟买、加尔各答、卡拉奇等），穿越红海、苏伊士运河到达地中海地区，然后绕过直布罗陀海峡、英吉利（多佛尔）海峡，到达西欧各国。

（三）北太平洋航线

北太平洋航线由亚洲东部、东南部经过太平洋到达北美西海岸（旧金山、洛杉矶、温哥华、西雅图等），是亚洲与北美洲各国间的航线。随着东亚经济的发展，这条航线上的贸易量不断增加。

（四）北美—巴拿马运河航线

北美—巴拿马运河航线由北美洲东海岸经过巴拿马运河到达北美洲西海岸各港口。它是沟通大西洋和太平洋的捷径，对美国东西海岸的联络具有重要意义。

三、中国主要海运航线

海上运输以海洋航线为运输线。按其距离本国陆地的远近，海运航线又分为近洋航线和远洋航线。

（一）近洋航线

（1）港澳线：到香港、澳门地区。

（2）新马线：到新加坡、马来西亚的巴生港（PORT KELANG）、槟城（PENANG）和马六甲（MALACEA）等港。

（3）暹罗湾线：又称为越南、柬埔寨、泰国线，到越南海防（HAIPHONG）、柬埔寨的磅逊（KAMPONG SAON）和泰国的曼谷（BANGKOK）等港。

（4）科伦坡、孟加拉国湾线：到斯里兰卡的科伦坡（COLOMBO）和缅甸的仰光（YANGON），孟加拉国的吉大港（CHITTAGONG）和印度东海岸的加尔各答（CALCUTTA）等港。

（5）菲律宾线：到菲律宾的马尼拉港（MANILA）。

（6）印度尼西亚线：到爪哇岛的雅加达（JAKARTA）、三宝垄（SEMARANG）等。

（7）澳大利亚、新西兰线：到澳大利亚的悉尼（SYDNEY）、墨尔本（MELBOURNE）、布里斯班（BRISBANE）和新西兰的奥克兰（AUCKLAND）、惠灵顿（WELLINGTON）。

（8）巴布亚新几内亚线：到巴布亚新几内亚的莱城（LAE）、莫尔兹比港（PORT MORESBY）。

（9）日本线：到日本九州岛的门司（MOJI）和本州岛神户（KOBE）、大阪（OSAKA）、名古屋（NAGOYA）、横滨（YOKOHAMA）和川崎（KAWASAKI）、东京（TOKYO）等港口。

（10）韩国线：到韩国的釜山（PUSAN）、仁川（INCHON）等港口。

（11）波斯湾线：又称阿拉伯湾线，到巴基斯坦的卡拉奇（KARACHI），伊朗的阿巴斯（BANDAR ABBAS），霍拉姆沙赫尔（KHORRAMSHAHR），伊拉克的巴士拉（BASRAH），科威特的科威特港（KUWAIT），沙特阿拉伯的达曼（DAMMAM）。

（二）远洋航线

（1）地中海线：到地中海东部黎巴嫩的贝鲁特（BEIRUT）、的黎波里，以色列的海法（HAIFA）、阿什杜德（ASHDOD），叙利亚的拉塔基亚（LATTAKIA），地中海南部埃及的塞得港（PORT SAID）、亚历山大（ALEXANDRIA），突尼斯的突尼斯，阿尔及利亚的利马索尔，地中海北部意大利的热内亚（GENOA）、那不勒斯（NAPLES），地中海西线西班牙的巴塞罗那（BARCELONA）、瓦伦西亚（VALENCIA）等港。

（2）西北欧线：到比利时的安特卫普（ANTWERP），荷兰的鹿特丹（ROTTERDAM），德国的汉堡（HAMBURG）、不来梅（BREMEN），法国的勒阿弗尔（LE HAVRE），英国的伦敦（THAMESPORT）、利物浦（LIVERPOOL），丹麦的哥本哈根（COPENHAGEN），挪威的奥斯陆（OSLO），瑞典的斯德哥尔摩（STOCKHOLM）和哥德堡（GOTEBORG），芬兰的赫尔辛基（HELSINKI）等港。

（3）美国、加拿大线：包括加拿大西海岸港口温哥华（VANCOUVER），美国西岸港口西雅图（SEATTLE）、长滩（LONG BEACH）、波特兰（PORTLAND）、旧金山（SAN FRANCISCO）、洛杉矶（LOS ANGELES），加拿大东岸港口蒙特利尔（MONTREAL）、多伦多（TORONTO），美国东岸港口纽约（NEW YORK）、波士顿（BOSTON）、费城（PHILADELPHIA）、巴尔的摩（BALTIMORE）和美国墨西哥湾港口的莫比尔（MOBILE）、新奥尔良（NEW ORLEANS）、休斯敦（HOUSTON）等港口。美国墨西哥湾各港也属美国东海岸航线。

（4）南美洲西岸线：到秘鲁的卡亚俄（CALLAO），智利的阿里卡、伊基克（IQUIQUE）、瓦尔帕莱索（VALPARAISO）、安托法加斯塔等港。

四、国际主要空运航线

（一）国际主要航空港

1. 美国芝加哥奥黑尔国际机场

世界上最大的飞机场，距离芝加哥市 27 千米，共有 6 个跑道，并且有高速公路穿梭其中，美国所有的航空公司在这都有自己的登机口。这里平均不到 3 分钟就有一班航班起降。这里也是全球第五大航空公司——美国联合航空公司的总部之一。

2. 美国亚特兰大哈兹菲德国际机场

距离亚特兰大市 19 千米，是世界上登机口最多的机场，共有 6 个航站楼，拥有将近 100 个近机位。这里是全球拥有飞机数量最多的航空公司——美国达美航空公司的总部。

3. 美国纽约约翰·肯尼迪国际机场

距离纽约市 27 千米，是世界上最繁忙的机场。它由美国达美航空公司、美国西北航空公司、美国航空公司、美国大陆航空公司、美国环球航空公司五大航空公司、英国航空公司及其他国际航空公司的一共 7 个候机厅组成。它是全球第九大航空公司——美国西北航空公司和美国大陆航空公司的总部。

4. 英国伦敦希斯罗国际机场

距伦敦市中心 20 千米，是世界第一大航空公司——英国航空公司的总部。另外，英国米特兰航空公司、英国不列颠航空公司、英国 AIR 2000 航空公司的总部也在这里。

5. 日本东京成田国际机场

距离东京市区 68 千米，是世界上离城市最远的大机场，是整个亚洲的航空枢纽，也是日本航空和全日空的总部。

6. 法国巴黎查尔斯·戴高乐国际机场

距离巴黎市 23 千米，是全球第二大航空公司——法国航空公司的总部。

7. 美国洛杉矶国际机场

距离洛杉矶市区20千米，是太平洋上的航空枢纽，平均不到2分钟就有一班航班起降的频率使得它成为世界上第二繁忙的机场。它是美国联合航空公司和美国航空公司的总部。

8. 德国法兰克福国际机场

欧洲航空枢纽，共有两个航站楼，两个航站楼之间以轨道连接，是德国最大的机场。

9. 中国香港赤鱲角国际机场

外貌呈"丫形的国际机场客运大楼"不但是全球最大的单一机场客运大楼，更是世界上最大的室内公众场所，客运大楼的天花板由139个组件组合而成，如有需要，随时可以改组、扩建。

10. 荷兰阿姆斯特丹斯西霍普国际机场

距离阿姆斯特丹市区15千米，是世界上距离市中心第二近的大型国际机场，是荷兰皇家航空公司的所在地。

（二）国际主要航空线路

国际航空线主要有"远东⇌北美"的北太平洋航线、"西欧⇌北美"的北大西洋航线和"西欧⇌中东⇌远东"航线。

1. "远东⇌北美"的北太平洋航线［含远东⇌美东的北极航线］

主要连接远东的香港（HKG）、广州（CAN）、上海（PVG&SHA）、北京（PEK）、台北（TPE）、东京（NRT）、首尔（SEL）、仁川（ICN），经北太平洋上空，至北美西海岸的温哥华（YVR）、西雅图（SEA）、旧金山（SFO）、洛杉矶（LAX）……并可延伸至北美中东部的纽约（JFK&EWR）、芝加哥（ORD）、蒙特利尔（YMQ）、多伦多（YYZ）等。太平洋中部夏威夷的火奴鲁鲁（HNL）是该航线的主要中继加油站。

值得注意的是，远东到北美西海岸(美西)如洛杉矶（LAX）、旧金山（SFO）、西雅图（SEA）、温哥华（YVR）都是飞越北太平洋，但是远东到北美东海岸(美东)如纽约(JFK&EWR)、底特律（DTW）、多伦多(YYZ)、蒙特利尔(YMQ)等大部分飞的是北极航线。

2. "西欧⇌北美"的北大西洋航线

该航线主要连接西欧的伦敦（LHR&LGW）、巴黎（CDG）、柏林（TXL）、法兰克福（FRA）、慕尼黑（MUC）、布鲁塞尔（BRU）、阿姆斯特丹（AMS）、苏黎世（ZRH）、维也纳（VIE）等航空枢纽，和北美的蒙特利尔（YMQ）、多伦多（YYZ）、温哥华（YVR）、纽约（JFK&EWR）、芝加哥（ORD）、西雅图（SEA）、旧金山（SFO）、洛杉矶（LAX）、丹佛（DEN）、休斯顿（HOU）、亚特兰大（ATL）、迈阿密（MIA）、墨西哥城（MEX）等之间的北大西洋航线运输。

3. "西欧⇌中东⇌远东"航线

主要连接西欧--伦敦（LHR&LGW）、巴黎（CDG）、柏林（TXL）、法兰克福（FRA）、慕尼黑（MUC）、布鲁塞尔（BRU）、阿姆斯特丹（AMS）、苏黎世（ZRH）、维也纳（VIE）等城市，途径希腊雅典（ATH）、埃及开罗（CAI）、以色列特拉维夫（TLV）、沙特利雅得（RUH）、卡塔尔多哈（DOH）、阿联酋迪拜（DXB）、伊朗德黑兰（THR）等中东航空枢纽进行中转，至远东的香港（HKG）、广州（CAN）、上海（PVG&SHA）、北京（PEK）、台北（TPE）、东京（NRT）、首尔（SEL）等航空枢纽的亚欧大陆航线。

五、国际货运联运路线规划

（一）海上航线的主要影响因素

影响海上航线的主要因素如图 2-1 所示。

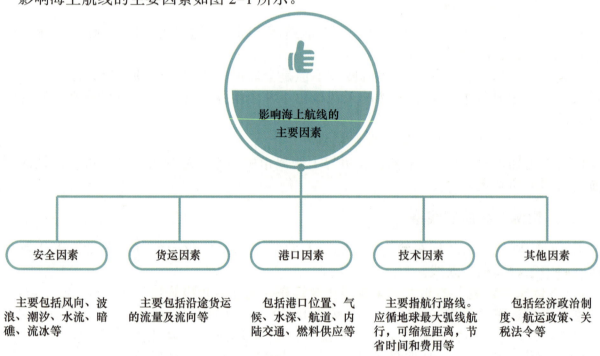

图 2-1　影响海上航线的主要因素

- **安全因素**：主要包括风向、波浪、潮汐、水流、暗礁、流冰等
- **货运因素**：主要包括沿途货运的流量及流向等
- **港口因素**：包括港口位置、气候、水深、航道、内陆交通、燃料供应等
- **技术因素**：主要指航行路线。应循地球最大弧线航行，可缩短距离，节省时间和费用等
- **其他因素**：包括经济政治制度、航运政策、关税法令等

（二）国际货物运输的主要影响因素

国际货物运输涉及地域广，环节多，路线长，情况复杂。国际物流运输方式和运输质量的选择主要有以下影响因素：运输成本、运行时效、货物特点及性质、货物数量和沿线物流基础设施条件。

（三）国际多式联运线路规划

国际多式联运的线路选择直接关系到货物运输的费用、时间和运输质量，也是多式联运经营人的服务能否使货主或托运人满意的最关键因素。在进行多式联运路线选择时，需要考虑以下几个因素。

1．运输费用

运费高低决定着多式联运经营企业的竞争力，是线路选择的决定性因素。运输费用包括各区段的运输费用、中转费用以及必要时候的仓储费用等。

2．运输方式

根据货源结构、运输时间、运输批量、运输的出发地和目的地，确定该运输线路的主要运输方式以及与其配套的区段运输方式。例如，货物价值高、批量小、运送时间要求快的货物，主要运输方式可选用航空运输，多式联运的全程运输可选取陆—空—陆运输。

3．运输时间

在运输途中，同一运输区段上两条线路的运输时间不仅包括各区段的运输时间，还包括中转站的中转时间、必要时候的仓储时间。

4. 运输质量

运输质量主要是指有没有货损和货物灭失，运输途中，由于天气、海浪等不可抗力因素，货物会或多或少地受到损坏。而运输质量较高的路线可以减少货物损失。

5. 服务水平

运输线路的服务水平主要包括过境口岸设施条件，手续便捷程度，运输信息的畅通程度和港口、场站的服务质量等方面。途中滞留的时间越长，货物运输过程中的成本就越高，企业竞争力下降。

多式联运最显著的优点便是快速的运输、优质的服务，不仅为货主节省了时间，降低了成本；也提高了多式联运企业的效益，实际业务中多式联运路线规划需在定性分析中加上定量计算，使得线路选择更加科学合理、高效。表 2-1 列出了不同国际货运运输方式的对比。

表 2-1　国际货运运输方式对比

货物属性	空运	海运	铁路	公路
时限	短	无时限要求	长	中
货物价值	高价值	低价值	均可	均可
体积/重量	轻货	均可	均可	均可
运输距离	600 km 以上	长距离	200 km 以上	中短程

在实际业务中，货主在进行多式联运选择时，多数会从运输时间和运输费用的角度去考虑。对于紧急的货物，首选运输时间满足要求的；对于时间宽裕的货物，首选运输费用最低的。当然，这些都须建立在其他条件满足的基础上，如航线、停靠港口等。

想一想

（1）国际海运主要港口有哪些？
（2）国际海运主要航线有哪些？

任务三　国际货代企业揽货

【案例导入】

浙江 AAA 国际货运代理有限公司是一家大型的国际物流企业，主营国际海运整箱、国际海运拼箱、国际空运、国际铁路、国际多式联运等进出口代理业务，提供仓储、陆运、订舱、代理报关报检、制单等多项服务。

顾佳是 AAA 国际货运代理有限公司单证部的新员工，单证部刘经理要求顾佳结合以下几个问题，自学国际货代企业揽货的相关知识。

（1）国际货代企业揽货需要具有哪些素质？
（2）国际货代企业揽货包括哪些基本程序？

一、货代企业揽货

（一）揽货的含义

揽货是通过与客户直接洽谈或通过电话、传真、互联网、广告等各种方式从客户那里争取货源，承揽货载的行为。

（二）揽货的常用方式

1．电话联系

销售员通过电话沟通的方式，和客户建立联系，为客户解决货运难题。

2．上门拜访

提前和客户进行沟通，预约登门拜访客户，面对面和客户沟通交流。

3．网络

借助网络通信方式寻找客户，和客户沟通交流。

4．关系营销

通过客户推荐、口碑营销等，搭建客户关系网，开发潜在客户。

二、国际货代企业揽货的基本程序

（一）开发新客户

（1）客户是推销之本。要挑出可能接受或需要服务的准客户，从准客户中再选出推销效率最佳的，最后对这群推销效率最佳的准客户展开销售。

（2）需要与客户建立长期业务关系。国际货代企业要与广大客户建立长期业务关系，力求稳定货源、保持货运量和市场份额。

（二）接触前的准备

（1）与客户初次进行电话沟通。

（2）进一步了解客户要求。

（3）销售员根据客户询价进行报价。

（三）电话预约

在客户开发过程中，需要和客户或潜在客户保持不间断的联系，通过建立客户群，使你在客户心中的熟悉度、服务水平和优势等，能够在众多货代企业中形成特色。

在和客户保持联系的过程中，要多拜访、沟通。需要注意的是，要提前进行电话预约，在约定好的时间去拜访客户。

（四）业务洽谈

（1）把握关键点，通过交谈应知道客户最需要的是什么，如运价优惠、通关能力强、服务好、信用高等。

（2）单证业务能力要强，要能帮助客户了解、解释单据，甚至帮助客户做单据。

（3）制造气氛，很好的谈话氛围是面谈取得效果的关键。要善于把握谈话的气氛，适时调整自己，与客户面谈时应注意称呼、穿着、举止、交谈距离等。

（4）情感激发，销售员可以先在情感上稳住客户，使其在情感上靠近销售员，继而使其在情感上对销售员感兴趣，然后再进行市场营销活动。

（五）建立合约关系

（1）和船公司保持良好的关系。有些船公司可以免除洗箱费和修箱费，这样可以为客户提供更好的服务，增加良好的印象。

（2）多业务办理。一些客户可能对进出口权、报关、报检等相关业务缺乏了解，那么，销售员在揽货过程中，要为客户提供专业的帮助，解决客户问题，从而扩大货代企业的业务范畴。

（3）与保险公司建立良好的合作关系，为客户提供便捷的"一站式"服务。

（4）与海关建立良好的合作关系。

（六）售后服务

1．发货后的售后服务

货物操作完成，安排物流发货后，需及时提供相关单号给客户，并进行跟踪，以防物流途中有变化，直至客户收到货物为止。客户最关心的是货物能否准时、无损送达，因此，销售员应及时跟踪，如果有问题，第一时间解决，以免造成不必要的后果。

2．售后追单

业务结束后，要时刻关注客户动态，掌握客户的正常下单频率，如果客户长期未下单，需及时了解原因，答疑解惑，跟进下一单销售任务。

3．售后保障

操作过程中，一旦货物出现问题，如损坏、丢失等，需及时和客户汇报，不隐瞒，按照正常流程进行理赔，积极面对、沟通，第一时间提供售后服务，以便与客户建立良好的长期合作关系。

想一想

（1）常见的揽货方式有哪些？要成为一个好的销售员，应具备什么样的条件？

（2）国际货代企业揽货的基本程序是什么？

第二节　国际货代运价与运费

任务一　国际集装箱海运运价与运费

【案例导入】

浙江AAA国际货运代理有限公司是一家大型的国际物流企业，主营国际海运整箱、国际海运拼箱、国际空运、国际铁路、国际多式联运等进出口代理业务，提供仓储、陆运、订舱、代理报关报检、制单等多项服务。

顾佳是AAA国际货运代理有限公司销售岗的新员工，销售部刘经理要求顾佳结合以下问题，自学国际集装箱海运运价与运费知识，为下一步国际空运运价与运费工作做准备。

（1）国际集装箱海运运费由哪些基本运费构成？

（2）国际集装箱海运运费如何计算？

一、集装箱运费构成

（一）运费和运价

运费（Freight）是指承运人根据运输契约完成货物运输后从托运人处收取的报酬。

集装箱运价（Freight rate）是指集装箱运输费用的单位价格，是包括费率标准、计收办法、承托双方责任、费用、风险划分等在内的一个综合价格体系。

$$运费 = 运价 \times 运量$$

集装箱运费是指完成托运人货物海运运输委托，托运人支付给承运人的报酬。一般包括货物从装运港到目的港的运输费，以及附加费、装卸费和港务费。运费分为预付运费和到付运费，预付运费在承运人接受货物或签发提单前交付；到付运费在船舶到达目的港后交付货物时支付。预付运费不论船舶与货物灭失与否，概不退还，运费的风险在托运人；到付运费如货物中途灭失，托运人不承担支付的责任，运费的风险在船舶所有人。

（二）集装箱运费基本构成

集装箱运输产生之前，海运运输是由海运运价构成，是建立在"港—港"交接基础上的，仅包括货物的海上运费、装运港船边装船费用和目的港卸船费用，一般把这三项费用统称为海运运费。

在国际多式联运下，集装箱货物交接从港口向内陆延伸，交接地点延伸至内陆港口、货运站、货主工厂或仓库等内陆地点，实现了"门—门"的运输，这使得集装箱运费构成不仅包括集装箱海运运费，还包括发货地运输费、装货港港区服务费、海运运费、卸货港港区服务费、收货地疏运费等。集装箱运费基本结构如图2-2所示。集装箱运输构成见表2-2。

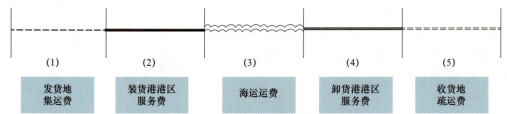

图 2-2　集装箱运费基本结构

表 2-2　集装箱运输运费构成

费用种类		计收方法	运费构成	支付方
集装箱海运运费		按运价本和租船合同计收	基本运费及各种附加费	托运人
集装箱堆场服务费		包干费	接收、分类堆存、搬运、装卸	船方
货运站服务费	出口装箱	包干费	运输、交接、堆存、理货、搬运、装箱、制单签单等	根据情况向船方或托运人计收
	进口拆箱	包干费	提箱、交接、理货、拆箱、堆存、搬运、签单、空箱回运等	

1. 内陆运输费

内陆运输费或装运港市内运输费主要包括区域运费、无效托运费、变更装箱地点、装箱时间与延迟费和清扫费等。内陆或港口市内运输可以由承运人负责，也可以由货主自理。通常情况下，在出口地发生的费用由发货人负责，在进口地发生的费用由收货人负责。

2. 堆场服务费

堆场服务费也称码头服务费，包括在装船港堆场接受来自货主或集装箱货运站的整箱货和堆存、搬运至装卸桥下的费用，以及在卸货港从装卸桥下接收进口箱，将箱子搬运到堆场和在堆场的堆存费用。堆场服务费还包括在装卸港的有关单据费用。

3. 拼箱服务费

拼箱服务费包括拼箱货在货运站至堆场之间空箱或重箱的运输、理货、装箱、拆箱、封箱、做标记，在货运站内货物的正常搬运与堆存，以及签发场站收据、装箱单，必要的分票、理货与积载等费用。

由于拼箱货物在集装箱交接及运作上与整箱货物不同，故在实际拼箱货物运输操作中常把其集装箱运费结构分为海运运费及拼箱服务费两大块。

4. 海运运费

集装箱海运运费是指海上运输区段的费用，除基本运费外，集装箱货物还要加收附加费。附加费的标准根据船公司、航线、货种不同而有不同的规定。集装箱海运运费一般包括基本海运运费及各类海运附加费，是集装箱运费收入中最主要的部分。

5. 集散运费

集装箱集散运输又称为支线运输，是对集装箱远洋干线运输而言的，是国际集装箱运输的一种运输组织方式。集散运费包括发货地集运费和收货地疏运费。经由水路和陆路的集散运费分别称为水路支线运费和内陆运输费。

（1）水路支线运费。水路支线运费是指将集装箱货物由收货地经水路（内河、沿海）集散港运往集装箱堆场的集装箱运费，或由集装箱堆场经水路（内河、沿海）集散港运往交货地的集装箱运费。

（2）内陆运输费。内陆运输费是指经陆路（公路或铁路）将集装箱货物运往装船港口的运输费用，或将集装箱货物经陆路（公路或铁路）运往交货地之间的运输费用。

集装箱集散运费构成见表2-3。

表2-3 集装箱集散运费构成

费用种类		计收方法	运费构成	支付方
集装箱集散运费	水路支线运费	运价表	基本运费及各种附加费	托运人
		干线船公司		
		支线船公司		
		集装箱联运		
	内陆运输费	干线船公司	区域运费、无效托运费、变更装箱地点、装箱延迟费、清扫费等	
		地方运输公司		
		多式联运分包承运人		
		货主自行运输	装卸费、超期使用费	

（三）不同交接方式下运费构成

集装箱不同交接方式下运费构成见表2-4。

表2-4 集装箱不同交接方式下运费构成

交接方式	交接形态	发货地集运费	装港货运站服务费	装货港堆场服务费	海运运费	卸货港堆场服务费	卸港货运站服务费	收货地疏运费
门到门（Door-Door）	FCL/FCL	✓		✓	✓	✓		✓
门到场（Door-CY）	FCL/FCL	✓		✓	✓	✓		
门到站（Door-CFS）	FCL/LCL	✓		✓	✓	✓	✓	
场到门（CY-Door）	FCL/FCL			✓	✓	✓		✓
场到场（CY-CY）	FCL/FCL			✓	✓	✓		
场到站（CY-CFS）	FCL/LCL			✓	✓	✓	✓	
站到门（CFS-Door）	LCL/FCL		✓	✓	✓	✓		✓
站到场（CFS-CY）	LCL/FCL		✓	✓	✓	✓		
站到站（CFS-CFS）	LCL/LCL		✓	✓	✓	✓	✓	

二、集装箱海运运费计算标准

（一）集装箱海运运费计算标准

杂货运费计算时，根据不同货物属性，班轮运费计收标准通常分为下列几种。

（1）按重量计收，称为重量吨，运价表内用"W"表示，以每公吨为计算单位。

（2）按货物体积/容积计收，称为尺码吨，运价表内用"M"表示，一般按1 m³或40 ftm³等于1 M作为计算单位。

（3）按体积或重量从高计收，即由船公司选择其中收费较高的一种作为计费标准，运价表内用"W/M"表示。

（4）按货物FOB价值的一定百分比作为运费计收，称为从价运费，运价表内用"Ad. Val"或"A.V."表示。

（5）按货物的重量、体积或其FOB价收取一定百分比计收，即在重量吨、尺码吨和从价运费中选择最高的一种标准计收，称为混合标准计收，运价表内用"W/M"或"A.V."表示。

（6）按货物的重量或体积，再加上从价运费计算，即先按货物重量吨或尺码吨中收费较高者计算，然后加收一定比例的从价运费，运价表内用"W/M plus A.V."表示。

（7）按货物件数或个数计收，如活动物按头、车辆按辆计收。

（8）对于大宗商品，如粮食、矿石、煤炭等农副产品、矿产品，因运量较大、货价较低、容易装卸等，船公司为了争取货源，可与货主另行商定运价，称为议定运价，运价表内用"Open"表示。

(二)集装箱海运运费计算标准

目前,大多数国家对整箱货运输都是按箱计费。大多数班轮公司的集装箱海运运价中,整箱货一般都采用包箱费率(Box Rates),包箱费率一般包括集装箱海上运输费与在装、卸港的码头装卸费用。集装箱港口装卸费一般也是以箱为单位计收的,大多采用包干费形式,如装卸包干费与中转包干费。

此外,集装箱在运输全程中,在起运地、中转地、终到地堆场存放超过规定的免费堆存期限时收取的滞期费一般都是按箱以天数计收。

如表 2-5 所示为中远集团集装箱包箱费率运价表。

表 2-5 中远集团集装箱包箱费率运价表

中远集团第一号运价表 COSCO GROUP TARIFF NO.1			
中国—日本航线集装箱费率表 CHINA-JAPAN CONTAINER SERVICE			美元 IN USD
上海—神户,大阪,名古屋,横滨,四日市,门司 SHANGHAI-KOBE, OSAKA, NAGOYA, YOKOHHAMA, YOKKAICHI, MOJI			
宁波—神户,横滨 NINGBO-KOBE, YOKOHAMA		温州—横滨 WENGZHOU-YOKOHAMA	
等 级 CLASS	LCL W/M	CY/CY	
		20′	40′
1～7	55.00	770.00	1 460.00
8～10	58.00	820.00	1 560.00
11～15	61.00	870.00	1 650.00
16～20	64.00	920.00	1 750.00
CHEMICALS, N.H.	61.00	870.00	1 650.00
SEMI-HAZARDOUS	68.00	1 200.00	2 280.00
HAZARDOUS		1 650.00	3 100.00
REEFER		2 530.00	4 800.00

(三)海运运费计算步骤

(1)选择相关的运价本。

(2)根据货物名称,在货物分级表中查到运费计算标准(Basis)和等级(Class)。

(3)在等级费率表的基本费率部分,找到相应的航线、起运港、目的港,按等级查到基本运价。

(4)订有换算重量的货物,按"货物重量换算表"中的规定计算。

(5)从附加费部分查出所有应收(付)的附加费项目、数额(百分比)及货币种类。

(6)根据基本运价和附加费算出实际运价。

(7)计算运费,计算公式如下:

$$运费 = 运价 \times 计费重量 \times (1 + 各种附加费率)$$

三、集装箱运费计算

（一）拼箱货海运运费计算

拼箱货运费计算沿用件杂货运费计算方法，以每运费吨为计算单位，加上相应的附加费。

1. 班轮收费标准

班轮收费标准分别为"W""M""W/M""A.V.""W/M plus A.V."或者特殊货物计算单位等，根据班轮计费规则选择计费标准。

2. 拼箱货运费计收要点

拼箱货运费计收应注意以下几个要点。

（1）拼箱货运费计算是与船公司或其承运人承担的责任和成本费用一致，承运人的责任从装箱的 CFS 开始到拆箱的 CFS 为止。

（2）承运人在运费中加收拼箱服务费等常规附加费后，不再加收件杂货码头收货费用。

（3）拼箱货起码运费按每份提单收取，一般计费时不足 1 t 部分按 1 t 收费。

（4）承运人通常不接受拼箱运输货主选港和变更目的港的要求，无变更目的港附加费。

（5）各公司的 W/M 费率多数采用等级费率。

（二）整箱货海运运费计算

整箱货运费计收，分为采用班轮公司的运价本和船公司运价本。目前，整箱货海运运费计算基本有两种方法。

1. 类同普通杂货班轮运费计算方法

对具体的航线按货物的等级确定相应基本费率，并按规定的计费标准计算运费。

2. 按航线以每一个集装箱作为计算单位计算包箱运费

大多数国家整箱货运输都是按箱计费，实行包箱费率（Box Rates）。包箱费率是船公司根据自身情况以不同类型的集装箱为计费单位，确定整箱货的不同航线包干费。

目前包箱费率主要有以下三种具体形式。

（1）FAK 包箱费率（Freight for all kinds）计收。FAK 包箱费率只分箱型而不分箱内货物种类（指普通货物），不计箱内所装货物重量（在箱型规定的重量限额内）统一收取的包箱基本运价。FAK 包箱费率一般适用于短程特定航线和以 CY to CY、CFS to CFS 方式交接的货物运输。

（2）FCS 包箱费率（Freight for Class）计收。FCS 包箱费率是按不同货物种类和等级制定的包箱费率，一般将货物分为普通货物、非危险化学品、半危险货物、危险货物和冷藏货物等几大类，其中普通货物与件杂货一样分为 1—20 级。

（3）FCB 包箱费率（Freight for Class/Basis）计收。FCB 包箱费率是指按不同货物的类别、等级（Class）及计算标准（Basis）制定的包箱费率，选择其中收费较高的一种计收。

海运运费计算公式如下：

$$运费 = 基本运费 + 附加费总和$$

（三）集装箱海运附加费

（1）燃油附加费（BUNKER ADJUSTMENT FACTOR，BAF）。在燃油价格突然上涨

时加收。

（2）货币贬值附加费（CURRENCY ADJUSTMENT FACTOR，CAF）。在货币贬值时，船方为了实际收入不致减少，按基本运价的一定百分比加收的附加费。

（3）转船附加费（TRANSHIPMENT SURCHARGE）。凡运往非基本港的货物，需转船运往目的港，船方收取的附加费，包括转船费和二程运费。

（4）直航附加费（DIRECT ADDITIONAL）。当运往非基本港的货物达到一定的货量，船公司可安排直航该港而不转船时所加收的附加费。

（5）超重附加费（HEAVY LIFT ADDITIONAL）、超长附加费（LONG LENGTH ADDITIONAL）和超大附加费（SURCHARGE OFBULKY CARGO）。当货物的毛重、长度或体积超过或达到运价本规定的数值时加收的附加费。

（6）港口附加费（PORT ADDITIONAL OR PORT SUECHARGE）。有些港口由于设备条件差、装卸效率低、收费高等原因导致运输成本增加，船公司加收的附加费。

（7）港口拥挤附加费（PORT CONGESTION SURCHARGE）。主要指港口拥挤或集装箱进出不平衡，导致船舶停泊时间增加而加收的附加费。

（8）选港附加费（OPTIONAL SURCHARGE）。货方托运时尚不能确定具体卸货港，要求在预先提出的两个或两个以上港口中选择一个港口卸货，船方加收的附加费。

（9）变更卸货港附加费（ALTERNATIONAL OF DESTINATION CHARGE）。改变货物既定卸货的港口产生的费用，仅适用于整箱货，由提出变更要求一方承担。

（10）绕航附加费（DEVIATION SURCHARGE）。由于正常航道受阻不能通行，船舶必须绕道才能将货物运至目的港时，船方所加收的附加费。

（11）旺季附加费（Peak Season Surcharge）大多数航线在运输旺季时因供求关系紧张，船公司舱位不足所征收的一种附加费。

（四）海运运费计算方法

例：上海运往肯尼亚蒙巴萨港口"门锁"（小五金）一批，计100箱，每箱体积为 0.2 m×0.3 m×0.4 m，每箱重量为25 kg，当时燃油附加费为40%，蒙巴萨港口拥挤附加费为10%，试计算运费。

【计算解析】

（1）查阅货物分级表。门锁属于小五金类，其计收标准为W/M，等级为10级。

（2）计算货物的体积和重量。

100箱的体积为：（0.2 m×0.3 m×0.4 m）×100箱 = 2.4 m^3

100箱的重量为：25 kg×100箱 = 2.5 t

由于2.4 m^{3}小于2.5 t，因此计收标准为重量。

（3）查阅"中国—东非航线等级费率表"，10级费率为443港元，则基本运费为：

$$443 \times 2.5 = 1\ 107.5（港元）$$

（4）附加运费为：

$$1\ 107.5 \times (40\% + 10\%) = 553.75（港元）$$

（5）上海运往肯尼亚蒙巴萨港100箱门锁，其应付运费为：

$$1\ 107.50 + 553.75 = 1\ 661.25（港元）$$

【知识拓展】

海运运价又称"海运运费率"，指的是用于计算海运运费的单价或费率，是海上货物运输承运人为完成货物运输所提供服务的单价。

海运运价水平的变动受许多因素影响，这些因素主要包括以下几类。

1．运输成本

影响海上运输成本的因素较多，结构复杂。一般认为，应包括购买船舶的实际成本、船舶的营运成本以及船舶为从事特定航次的运输所发生的费用等。

2．航运市场结构

航运市场结构是影响海运运价的主要因素之一。不同的市场结构对运价产生不同的影响。班轮运输市场曾是寡头垄断的市场，市场运价长期由班轮公会所垄断。现在班轮公会内部控制力已明显削弱，再加上集装箱运输的普遍开展，这种市场已走向消亡。

3．承运的货物种类

货物种类、数量也是影响海运运价水平的重要因素。不同货物具有不同的性质与特点，从而影响船舶载重量和舱容的利用，因而运价标准也就不同。另外，货物装卸的特殊要求、货物受损的难易程度也会在运价中得到反映。

4．航线和港口状况

不同的航线有着不同的航行条件，对船舶运输成本的影响也就不同。航线距离、气象条件、安全性等也会在运价中得到反映。对海运运价构成影响的港口条件包括港口的装卸费率、港口使费、港口装卸设备、泊位条件、装卸效率、管理水平、拥挤程度以及安全性等。

> **想一想**
> （1）集装箱海运运费由哪些基本费用构成？
> （2）集装箱海运运费的计算标准有哪些？
> （3）集装箱整箱货海运运费有哪几种计算方法？

任务二　国际空运运价与运费

【案例导入】

浙江AAA国际货运代理有限公司是一家大型的国际物流企业，主营国际海运整箱、国际海运拼箱、国际空运、国际铁路、国际多式联运等进出口代理业务，提供仓储、陆运、订舱、代理报关报检、制单等多项服务。

顾佳是AAA国际货运代理有限公司销售岗的新员工，销售部刘经理要求顾佳结合以下几个问题，自学国际空运运价与运费知识，为下一步集装箱内陆运价及运费工作做好准备。

（1）国际航空运价的种类有哪些？

（2）国际航空计费重量如何界定？

一、航空运价与运费

（一）航空运价

航空运价（RATE）又称费率，是指承运人对所运输的每一重量单位货物（千克kg或磅lb）所收取的自始发地机场至目的地机场的航空费用。货物的航空运价一般以运输始发地的本国货币公布，有的国家以美元代替本国货币公布。

（二）航空运费

货物的航空运费（Weight Charge）是指航空公司将一票货物自始发地机场运至目的地机场所应收取的航空运输费用。该费用根据每票货物所适用的运价和货物的计费重量计算而得。每票货物是指使用同一份航空货运单的货物。由于货物的运价是指货物运输起讫地点间的航空运价，因此，航空运费就是指运输始发地机场至目的地机场间的运输货物的航空费用，不包括其他费用。

（三）其他费用

其他费用（Other Charges）是指由承运人、代理人或其他部门收取的与航空货物运输有关的费用。

在组织一票货物自始发地至目的地运输的全过程中，除了航空运输外，还包括地面运输、仓储、制单、国际货物的清关等环节，提供这些服务的部门所收取的费用即为其他费用。

二、空运计费重量

计费重量（Chargeable Weight）是指用以计算货物航空运费的重量。货物的计费重量是选择货物的实际毛重和体积重量较高者，或者是较高重量等级分界点的重量。

（一）实际毛重

实际毛重包括货物包装在内的货物重量，称为货物的实际毛重（Actual Gross Weight）。由于飞机最大起飞全重及货舱可用装载的限制，一般情况下，对于高密度货物应考虑其体积毛重可能会成为计费重量。

（二）体积重量

1. 体积重量的定义

按照国际航协规则，将货物的体积按一定的比例折合成的重量，称为体积重量（Volume Weight）。由于货舱空间体积的限制，一般对于低密度的货物（轻抛货物）应考虑其体积重量可能会成为计费重量。

2. 体积重量的计算规则

不论货物的形状是否为规则的长方体或正方体，计算货物体积时，均应以最长、最宽、最高的三边的厘米长度计算。长、宽、高的小数部分按四舍五入取整。体积重量的折算公式如下，换算标准为每 6 000 cm³ 折合 1 千克。

$$体积重量（hbs）= \frac{货物体积（cm^3）}{6\ 000\ cm^3/kg}$$

（三）计费重量

通常，计费重量（Chargeable Weight）采用货物的实际毛重与货物的体积重量两者比较取高者；但当货物按较高重量分界点的重量计算的航空运费更低时，则此较高重量分界点的重量作为货物的计费重量，遵循"从低原则"。国际航协规定，国际货物的计费重量以 0.5 公斤为最小单位，重量尾数不足 0.5 千克的，按 0.5 千克计算；0.5 千克以上不足 1 千克的，按 1 千克计算。例如：

实际重量：103.001 kg → 计费重量：103.5 kgs
实际重量：103.501 kg → 计费重量：104.0 kgs

当使用同一份运单，收运两件或两件以上可以采用同样种类运价计算运费的货物时，其计费重量为货物总的实际毛重与总的体积重量两者较高者。

综上所述，较高重量分界点重量也可能成为货物的计费重量。

三、航空运价、运费的货币进整

货物航空运价及运费的货币进整，因货币的币种不同而不同。TACT 将各国货币的进整单位的规则公布在 TACT Rules 中，详细规则可参考 TACT Rules 5.7.1 中的"CURRENCY TABLE"。

运费进整时，需将航空运价或运费计算到进整单位的下一位，然后按半数进位法进位，计算并得的航空运价或运费，达到进位单位一半则入，否则舍去。我国货币人民币（CNY）的进位规定为：最低航空运费进位单位为"50"，除此之外的运价及航空运费等的进位单位均为"0.01"。

采用进整单位的规定，主要用于填制航空货运单（AWB）。销售 AWB 时，所使用的运输始发地货币，按照进整单位的规定计算航空运价及运费。

四、国际航空运价的种类

目前，国际航空货物运价按制定人不同分为协议运价和国际航协运价。协议运价是指航空公司与货主协商的运价。国际航协运价主要包括普通货物运价、指定商品运价、等级运价和集装箱货物运价。此外，还有非公布运价和政府间协议运价等。

（一）普通货物运价

普通货物运价（General Cargo Rate，GCR）是指为运输所使用的除等级运价或指定商品运价以外的运价。它分为适用于普通货物 45 kg 以下没有数量折扣的"N"运价以及诸如 45 kg 以上不同重量点的有数量折扣的"Q"运价。

（二）指定商品运价

指定商品运价（Specific Commodity Rate，SCR）是指为某些从指定始发地至指定目的地的指定商品而公布的运价（运价种类代号为"C"）。它一般较普通货物运价要低。目前，自中国出运的货物，采用指定商品运价的主要是中国至日本、美国、加拿大或新加坡的食品、海产品、药品、纺织品等。

（三）等级运价

等级运价（Commodity Classification Rate，CCR）是指在规定地区范围内，在普通货物运价的基础上附加或附减一定百分比作为某些特定货物的运价。它包括附减等级货物运价（运价种类供号为"R"）和附加等级货物运价（运价种类代号为"S"）两类。前者适用于报纸、杂志、作为货物运达的行李等，后者适用于活动物、贵重物品、尸体、骨灰等。

（四）集装货物运价

集装货物运价是指采用集装箱运输的货物的运价。

（五）最低运价

最低运价（Minimum Charge）是指一票货物自始发地机场至目的地机场航空公司所能接受的最低限额（运价种类代号为"M"）。就航空公司而言，无论货物批量大小，都会产生一笔固定费用。因此，无论所运送的货物适用于哪一种航空运价，若所计算出来的运价低于最低运价，则按最低运价计收。

五、国际航空运价的规定

（一）国际航空运价的使用顺序

（1）协议运价。
（2）指定商品运价。
（3）等级运价。
（4）普通货物运价。

（二）国际航空运价的一些规定

（1）所报的运价适用于从一个机场到另一个机场，而且只适用于单一方向。
（2）不包括其他额外费用，如提货、报关、交接和仓储费用等。
（3）运价一律使用当地公布的货币标价，公布的运价以每千克或每磅为单位计算。
（4）航空货物运单中的运价是按出具运单之日所适用的运价。

六、国际航空运价制定原则及计算

为了鼓励大批量货物托运，承运人在定价时，执行量增价减原则，即托运货物数量越大，运价越优惠。其方法是，先将重量分段，然后为不同的重量分界点制定不同的运价，重量越高，运价越低。例如，北京至首尔的航空运价如表2-6所示。

表2-6 北京至首尔的航空运价

重量分级（kg）	运价（元/kg）
N	23.95
45	18
100	17.17
300	15.38

"N"表示45 kg以下范围的，相应运价为23.95元/kg；45～100 kg范围的，其运价为18元/kg；等等。45 kg以上的不同重量分界点的运价用Q表示，如Q45、Q100等。

运费计算一般是以货物的实际毛重或体积重量乘以相应的重量分界点运价。但是，如果计得的运费额大于该重量上一级重量分界点重量与那个分界点费率的乘积，则按照较低的运费额收取。

想一想

（1）国际航空运输的计费重量如何计算？
（2）国际航空运价的种类有哪些？其适用条件是什么？
（3）如何计算国际航空运费？

任务三 集装箱内陆运价及运费

【案例导入】

浙江 AAA 国际货运代理有限公司是一家大型的国际物流企业，主营国际海运整箱、国际海运拼箱、国际空运、国际铁路、国际多式联运等进出口代理业务，提供仓储、陆运、订舱、代理报关报检、制单等多项服务。

顾佳是 AAA 国际货运代理有限公司销售岗的新员工，销售部刘经理要求顾佳结合以下几个问题，自学集装箱内陆运价及运费知识，为下一步国际海运报价工作做好准备。

（1）集装箱内陆运价如何分类？

（2）集装箱内陆公路运价、运费如何计收？

一、国际集装箱公路运价

集装箱运价按照不同箱型分为三类。

1．标准集装箱运价

重箱运价按照不同规格箱型的基本运价执行，空箱运价在标准集装箱重箱运价的基础上减成计算。

2．非标准集装箱运价

重箱运价按照不同规格箱型，在标准集装箱基本运价的基础上加成计算，空箱运价在非标准集装箱重箱运价的基础上减成计算。

3．特种箱运价

在箱型基本运价的基础上按装载不同特种货物的加成幅度加成计算。

二、国际集装箱公路运费计算

（一）集装箱公路运输计费方式

在国际集装箱多式联运的内陆运输中，公路运输是最常见，也是最重要的一种运输方式。在公路运输价格与运费计收方法上，专业汽车运输公司的计费方式主要有以下三种。

（1）重箱货的总里程运费加上空箱返回运费。

（2）按集装箱的往返行程划分不同的计程费率等级。

（3）分别对每个 40 ft、两个 20 ft 空箱以及一个 20 ft 重箱规定不同的费率。

船公司为货主提供的汽车运输所采用的计费方式是将上述（2）（3）两种形式结合在一起。不同的是船公司提供的汽车运输只对重载行程和重箱收费，也就是说，在按货主的指示将集装箱货物交付给货主后，船公司将免费把空箱运回。

（二）集装箱公路运费计算公式

集装箱公路运费计算公式如下：

重集装箱运费（元）＝重箱运价［元／（箱·km）］×计费箱数（箱）×计费里程（km）＋箱次费（元／箱）×计费箱数（箱）＋货物运输其他费用（元）

其中，集装箱运价按计价类别和货物运价费用计算。

（三）集装箱公路运输其他收费项目

除集装箱运输费外，国际集装箱公路运输一般还包括以下收费项目，如车辆延滞费、车辆装箱落空损失费、通行费、检验费、装卸费、掏箱费等。

此外，对于国际集装箱汽车货运站内的中转作业，还有集装箱堆存费、货物堆存费、搬移费、清洗费、熏蒸费、修理费、医务手续费及劳务作业包干费等收费项目。

> 想一想
>
> （1）集装箱公路货物的基本运价有哪些？计价标准是什么？
> （2）集装箱公路运输费用如何计算？

第三节　国际货代报价

任务一　国际海运报价

【案例导入】

浙江 AAA 国际货运代理有限公司是一家大型的国际物流企业，主营国际海运整箱、国际海运拼箱、国际空运、国际铁路、国际多式联运等进出口代理业务，提供仓储、陆运、订舱、代理报关报检、制单等多项服务。

顾佳是 AAA 国际货运代理有限公司销售岗的新员工，销售部刘经理要求顾佳结合以下几个问题，自学国际海运报价知识，为下一步国际空运报价工作做好准备。

（1）国际海运整箱运输应当如何报价？
（2）国际海运拼箱运输应当如何报价？

一、海运整箱业务报价

（一）海运整箱运费构成

以集装箱为运输单元业务，经常涉及集装箱运输的报价，那么集装箱出口业务可能会涉及哪些费用呢？按照集装箱的操作流程，可能涉及的费用包括海运费用（O/F）、订舱费、舱单费、设备交接单费、装箱费、封志费、VGM 申报费、码头操作费、文件费等。

1. 海运费用

海运费用（O/F）即基本海运费（Ocean Freight），就是不加任何附加费用的海运费。海运费是按照班轮运价表的规定计算，为垄断性价格。不同的班轮公司或不同的轮船公司有不同的运价表，但它都是按照各种商品的不同积载系数、不同的性质和不同的价值结合不同的航线加以确定的。

2. 订舱费

订舱所产生的费用就是订舱费，一般船公司会收订舱费用，订舱费用按照集装箱箱数收取，20 GP 跟 40 GP 收费标准一样。近几年，船公司陆续取消了订舱费这个项目，但是货运代理公司接受客户委托，代为订舱，原则上也可以收取订舱费作为其服务费。

3. 舱单费

舱单（Manifest）主要是船公司传输给始发地与目的地海关进行货物信息查证使用。通常有以下几种。

（1）AMS（Automated Manifest System），美国舱单系统，又称反恐舱单费。AMS资料通过使用美国海关指定的系统直接发送到美国海关数据库中，系统自动检查并回复后才能上船。按美国海关的规定，所有至美国或经美国中转至第三国的货物都必须在装船前24小时向美国海关申报。

（2）ACI（Advance Commercial Information），加拿大预申报信息。申报制度与AMS一样，所有至加拿大或经加拿大至第三国的货物都必须在装船前24小时向加拿大海关申报。

（3）ENS（Entry Summary Declaration），入境摘要报关单，是欧盟海关提前舱单规则。所有进口到欧盟，或经欧盟中转、过境的货物，必须在装船前24小时向欧盟海关申报。

（4）AFR（Advance Filing Rules），日本预申报信息。进入日本港口必须在船舶离开境外装船港24小时前，向日本海关预先申报舱单资料，即预申报制度。

4. 设备交接单费

设备交接单（Equipment Interchange Receipt，EIR）即集装箱设备交接单，是在出口集港和进口提箱时必备的单据，有对集装箱状态的描述和记录，如集装箱所在船舶和集装箱有无破损等说明。集装箱设备交接单费俗称"打单费"。

5. 装箱费

集装箱在出口时，一般会在仓库或者货运站安排货物装箱，负责装箱的单位会按照货物装箱要求以及技术要求对集装箱进行收费。

6. 封志费

集装箱在装箱完毕之后，不仅要关闭集装箱箱门，并且要对集装箱加封条，也叫封志。集装箱封条就是集装箱的一个锁，是一次性的，上面有独一无二的封号。如果客户拿到的集装箱封条上号码跟提单上一致，就代表集装箱没有打开过，货物完好无损。集装箱在运输过程中，每一个箱子都需要加封条，就会产生封志费。封志费按照集装箱箱数收取，20 GP跟40 GP收费标准一样。

7. VGM申报费

VGM是"Verified Gross Mass"的缩写，俗称集装箱称重（是货物总重以及集装箱皮重的总和，包括包装以及垫料）新规，目的是提升海上安全运输的系数，减少因为不实的集装箱重量造成不合理配载，进而引起的岸上、海上人员伤亡，货物灭失的风险。由托运人或授权第三方以托运人的名义提交VGM数据。

8. 码头操作费

码头操作费（Terminal Handling Charge，THC）是把集装箱拉到码头后，在装船过程中产生的操作，例如需要船公司用吊车装船，中间产生的费用。

THC按起运港和目的港不同可划分为OTHC（Origin Terminal Handling Charge，起运港码头操作费）和DTHC（Destination Terminal Handling Charge，目的港码头操作费）两种。一般地，如果贸易术语不同，进出口双方在该费用的承担上也会有差异。

9. 文件费

文件费（DOC）是船东的行为，用以提高承运人与订舱者的效率，以及弥补单证中心的运营成本。文件费按照业务收取，一个委托收一个文件费。

10．保险费

一般投保海运一切险，投保金额通常为发票或合同金额加成10%，即110%。保单受益人一般为发货人或收货人。保险费率一般是0.1%，各保险公司的最低收费标准有所不同。

（二）整箱海运费用计算

计算整箱货物海运费用时，首先要确认集装箱的数量，在客户明确集装箱数量的前提下，费用的计算较为简单。只要梳理清楚各项费用的收费标准，按照费用逐一进行计算即可。如果客户只提供货物的数量和尺寸，首先要对集装箱箱型和需求数量进行计算，此时费用的计算较为复杂。

二、海运拼箱业务报价

（一）拼箱业务费用

不满一整箱的小票货物都是选用拼箱进行运输，该方式通常由承运人分别揽货并在集装箱货运站或内陆站集货，而后将货物根据货物性质和目的地进行分类整理，把去往同一目的地的两票或两票以上的货物拼装在一个集装箱内，同样要在目的地的集装箱货运站或内陆站拆箱分别交货。

根据操作流程，拼箱业务中可能涉及的费用包含文件制作费、检验检疫费、检验检疫服务费、报检服务费、进仓费、装货港装箱费、亏舱费、报关服务费、查验服务费、海运费、卸货港拆箱费、换单服务费、分拨费等。

1．进仓费

进仓费是指上船前，工厂把货送到货代指定的仓库，之后由货代负责装箱、进港，报关，货代收取进仓的费用。

2．报关费

报关费是在进出口报关时，报关行收取的代理报关服务费用。

3．检验检疫费

检验检疫费是海关按照法定检验检疫商品及包装实施检验检疫收取的法定费用。

4．海运拼箱亏舱费

海运拼箱亏舱费是指在海运拼箱出口过程中，在截单、截货日前一个工作日的11：00以后，因订舱人原因造成货物无法及时出运，导致拼箱公司舱位空置，拼箱公司由此向订舱人收取的弥补该损失的费用。计算亏舱费以空置舱位的成本为标准。

5．卸货港拆箱费

卸货港拆箱费是指到达目的港后，承运人根据收货人将集装箱货物进行拆箱所产生的费用，该费用由收货人承担。

6．分拨费

分拨费是承运人拆箱并将货物分开在保税仓库所产生的，通常按照计费吨（重量吨或者立方）计算，有些还有最低计费标准。

各拼箱公司的附加费用差别很大，并且目的港还有一些费用需要收货人支付，因此在拼箱货操作中，运费方面要注意以下几点。

（1）确认收费的所有项目，看报价是不是包干价，防止承运人事后乱加附加费用。常见费用有 CFS（仓库拼箱费）、卸车费、报关费、O/F、拆箱费、DOC 等。

（2）将货物的重量和尺码计算清楚，防止拼箱公司在这上面做手脚。在实际操作中，有的拼箱公司虽然报价较低，往往都以丈量货物尺码的手段来获取额外利润。有托盘的货物，托盘要与货物大小相当，因为仓库是以托盘的底面积乘以高来计算体积的。

（3）找一家专业做拼箱业务的公司，这种公司一般直接拼装货柜，他们收取的运价和附加费都比中间公司低一些，船期也有保障。因此货主在选择货代公司时，除考虑价格因素外，更重要的是看其服务的可靠性。

（二）拼箱业务海运费用计算

1. 海运基本运费

拼箱货计费分为按照货物的重量和体积计费两种方式。
（1）按体积计算，F＝单位基本运费（MTQ）× 总体积。
（2）按重量计算，F＝单位基本运费（TNE）× 总毛重。
两者比较，取其中较大者。

2. 附加费用

船公司不同收取费用不同。

【知识拓展】

1. 租船的运费计算

承租合同中有的规定运费率按货物每单位重量或体积若干金额计算；有的规定整船包价（Lumpsum Freight）。费率的高低主要取决于租船市场的供求关系，但也与运输距离、货物种类、装卸率、港口使用、装卸费用划分和佣金高低有关。合同中运费按装船重量（Intaken Quantity）或卸船重量（Delivered Quantity）计算，运费是预付或到付，均须订明。特别要注意的是，应付运费时间是指船东收到的日期，而不是租船人付出的日期。

2. 装卸费用的划分法

（1）船方负担装卸费（Gross or Liner or Berth Terms），又称"班轮条件"。
（2）船方不负担装卸费（Free In and Out——FIO）。采用这一条件时，还要明确理舱费和平舱费由谁负担。一般都规定租船人负担，即船方不负担装卸、理舱和平舱费条件（Free In and Out，Stowed，Trimmed——F.I.O.S.T.）。
（3）船方管装不管卸（Free Out——F.O.）条件。
（4）船方管卸不管装（Free In——F.I.）条件。

> **想一想**
> （1）国际海运整箱运输报价和拼箱运输报价包括哪些步骤？
> （2）不同贸易术语下的国际海运整箱报价有哪些异同？

任务二　国际空运报价

【案例导入】

浙江 AAA 国际货运代理有限公司是一家大型的国际物流企业，主营国际海运整箱、国际海运拼箱、国际空运、国际铁路、国际多式联运等进出口代理业务，提供仓储、陆运、订舱、代理报关报检、制单等多项服务。

顾佳是 AAA 国际货运代理有限公司销售岗的新员工，销售部刘经理要求顾佳结合以下几个问题，自学国际空运报价知识，为下一步技能实训工作做好准备。

（1）国际空运应当如何报价？
（2）国际航空运输运价的构成是什么？
（3）国际空运费如何计算？

一、航空运价报价

根据《2020 年国际贸易术语解释通则》，不同的成交方式划分了买方和卖方具体的权利和义务。不同的成交方式，产生不同的运杂费。因此，进出口货运代理人在报价之前，应首先明确成交方式，然后根据成交方式所确定的权利和义务，进行报价。

下面以空运出口"门到门"报价（DDP）为例，介绍空运出口报价的常见费用项目。

1. 提货费（P/U charge）

提货费也叫陆运费，根据具体的提货地点、送货地点和货物的件数/毛重/尺码报价。客户也可以自己送货，通常有最低收费标准。

2. 出口报关费（Export Customs Declaration）

根据海关总署 2016 年第 20 号公告，新版报关单每页项数从 5 项增加到 8 项，一票报关的商品项指标组上限由 20 项调整为 50 项。一页报关单只能报 8 个品名，一份报关单（即一票）最多可以报 50 项，超过 50 项，必须分票报关。

3. 包装费（Repacking Charge）

如果客户要求打托盘、套纸箱、缠膜、做木箱，以及包装破损要重新打包等，则产生此项费用。

★至此为 FCA 操作报价

4. 空运费（Air Freight）

如 20 元/KG All IN，ALL IN 运价包含了 MYC 燃油附加费和 SEC 安全附加费；或者 20 元/KG++，++ 运价不包含燃油附加费和安全附加费。

空运费可以包含操作费，也可以不包含操作费，根据具体情况而定。根据货物种类、包装种类以及不同的监管库，操作费计收有所不同。

5. 制单费（Airway Bill Carrier，AWC）

即处理制作运单 AW 的服务费用，该费用是承运人收取的。如果是代理收取费用，则是 AWA（Airway Bill Agent）。

6. 操作费（Handling Charge，HC）

如所报空运费中不包含操作费，则要单独报操作费。

★至此为 CPT 操作报价

7. 保险费（Cargo Insurance）

一般投保空运一切险，投保金额一般为发票或合同金额加成 10%，即 110%。保单受益人一般为发货人或收货人。保险费率一般是 0.1%，各保险公司的最低收费标准有所不同。

计算方法：保险金额 = CIF 货值 ×（1+10%）；
保险费 = CIF 货值 ×1.1×0.1%。

★至此为 CIP 操作报价

8. 目的国清关费（Import Customs Clearance）

进口国目的港的清关费费用。

9．目的国机场操作费（Airport Handling Fee）

目的港机场操作费费用。

10．目的国送货费（Delivery Charge）

根据具体的送货地点和货物的件数、重量、尺寸报价。收货人也可能自己提货。

11．目的国仓储费（Warehousing Fee）

目的港逾期提货产生的仓储费。

12．目的国其他费用（Other Charge）

根据货物种类、运输方式，可能有一些特殊费用。

★至此为 DAP 操作报价

13．目的国关税增值税等（Customs Duties，VAT）

卖方承担目的港进口关税、增值税等费用。计算方法通常是：

关税＝（货值＋空运费＋保险）× 目的国关税税率＝CIF 货值 × 目的国关税税率

增值税＝（货值＋空运费＋保险＋关税）× 目的国增值税税率

   ＝（关税 +CIF 货值）× 目的国增值税税率

★至此为 DDP 操作报价

二、航空运费计算

（1）计算出货物的体积，除以 6 000 cm^3，折合成体积重量。

（2）体积重量与实际毛重比较，取较高者作为计费重量。

（3）如第（2）步计算的较高重量临近运价等级重量分界点，则和分界点重量比较，遵守"从低原则"，取二者中较低者作计费重量。

（4）计算：航空运费＝计费重量 × 费率。

【例 2-1】货物尺寸为 41 cm×33 cm×20 cm，毛重为 5.3 kg，计算其航空运费。公布运价见表 2-7。

表 2-7　航空运价

SHANGHAI	CN	SHA	
Y.RENMINBI	CNY	KGS	
PARIS（PAR）	FR	M	320.00
		N	52.81
		45	44.46
		100	40.93

解：Volume：41 cm×33 cm×20 cm ＝ 27 060 cm^3

Volume Weight：27 060 cm^3 ÷ 6 000 cm^3/kg ＝ 4.51 mgs ＝ 5.0 kg

Gross Weight：5.3 kg

Applicable Rate：320.00 CNY

Chargeable Weight：5.5 kg

Weight charge：320.00 CNY

【例 2-2】计算该票货物的航空运费：

Routing: Beijing, CHINA (BJS)
to Tokyo, JAPAN (TYO)
Commodity: MACHINERY
Gross Weight: 2 Pieces EACH 18.9 mgs
Dimensions: 2 Pieces 70 cm×47 cm×35 cm EACH

公布运价如表 2-8 所示。

表 2-8 航空运价

BEIJING	CN	BJS	
Y.RENMINBI	CNY	KGS	
TOKYO	JP	M	230
		N	37.51
		45	28.13

解：Volume：70 cm×47 cm×35 cm×2 ＝ 230 300 cm³
Volume Weight：230 300 cm³÷6000 cm³/kg ＝ 38.38 kg ＝ 38.5 kg
Gross Weight：2×18.9 ＝ 37.8 kg
Chargeable Weight：38.5 kg
Applicable Rate：N 37.51 CNY/kg
Weight charge：38.5 元/kg×37.51 kg ＝ 1 444.14 元

 【知识拓展】

托运人（Shipper）：货物运输合同中指定的向收货人发货的人或公司。
收货人（Consignee）：其名字列明于航空货运单上，指接收由承运人所运送的货物之人。
标记（Marks）：货物包装上标明用以辨认货物或标明货主相关信息的记号。
总重（Gross Weight）：装运货物的全部重量，包括货箱和包装材料的重量。
计费重量（Chargeable Weight）：用来计算航空运费的重量。计费重量可以是体积重量，或是当货物装于载具中时，用装载总重量减去载具的重量。
禁运（Embargo）：指承运人在一定期限内拒绝在任何航线或其中的部分航线上或接受转机的来往于任何地区或地点承运人任何商品、任何类型或等级的货物。
ETA/ETD（Estimated Time of Arrival/Estimated Time of Departure）：预计到港/离港时间。
集运货物（Consolidated Consignment）：由两个或两个以上托运人托运的货物拼成的一批货物，每位托运人都与集运代理人签订了空运合同。
集运代理人（Consolidator）：将货物集合成集运货物的人或机构。

想一想……

（1）国际空运如何报价？
（2）投保空运保险时，为什么投保金额一般按照合同金额的 CIF 货值加成 10%？

第二章 销售岗——国际货代营销与报价

第四节 技能实训

任务一 选择合适的海运路线，计算海运运费并报价

【案例导入】

浙江AAA国际货运代理有限公司是一家大型的国际物流企业，主营国际海运整箱、国际海运拼箱、国际空运、国际铁路、国际多式联运等进出口代理业务，提供仓储、陆运、订舱、代理报关报检、制单等多项服务。

顾佳是AAA国际货运代理有限公司销售岗的新员工，销售部刘经理将一票海运出口业务的相关信息通过邮件发送给顾佳，要求顾佳根据货物信息，选择合适的运输路线，计算海运运费并报价。

嘉兴重工有限公司有一批货物需要安排从嘉兴出运到荷兰鹿特丹，品名是钢板，10件货物（长宽刚好可以放入集装箱内），总毛重为24 000 KGS，总体积为38 CBM，预计8月5日完成货物装载，需要在8月31日前交货，希望以最优成本和时效安排发货，海运成本想控制在$1 500内，请安排合适路径并报价。

经过查询获得以下信息，供选择方案使用：

（1）宁波到鹿特丹，航程25天，海运费为$800/20 GP、$1 000/40 GP、$1 000/40 HQ、$1 200/45 HQ。

（2）嘉兴乍浦港是内陆港，不具有装卸远洋货轮的能力，没有直达鹿特丹的船舶。

（3）乍浦港到宁波港，驳船航程：2~5天，驳船费为$100/20 GP、$200/40 GP、$200/40 HQ、$250/45 HQ。

（4）集装箱重量有要求，20 GP不能超过16吨，40 GP和40 HQ、45 HQ不能超过20吨，超出限额会有超重费$100/柜。

（5）嘉兴工厂到宁波港区集装箱卡车拖车费用为￥800/20 GP、￥1 600/40 GP、￥1600/40 HQ、￥1 600/45 HQ，当天可以送达宁波港。

【知识拓展】

在核算海运费时，出口商首先要根据报价数量计算出产品体积，然后查找到对应该批货物目的港的运价。如果报价数量正好够装整箱（20 GP集装箱或40 GP集装箱），则直接取其运价为基本运费；如果不够装整箱，则用产品总体积（或总重量，取运费较多者）×拼箱的价格来计算出海运费。

空运出口价格较进口空运价格要贵一些，因为回程进口的货物相对出口的货物在货量方面要少很多，在回程运力较去程运力方面就大了很多，自然竞争也大了。

任务二 选择合适的空运路线，计算空运运费并报价

【案例导入】

浙江AAA国际货运代理有限公司是一家大型的国际物流企业，主营国际海运整箱、国

际海运拼箱、国际空运、国际铁路、国际多式联运等进出口代理业务,提供仓储、陆运、订舱、代理报关报检、制单等多项服务。

顾佳是 AAA 国际货运代理有限公司销售部的新员工,在学习了国际海运提单相关基础知识后,销售部刘经理将一票海运出口业务的相关信息通过邮件发送给顾佳,要求顾佳根据货物信息,选择合适的运输路线,计算空运运费并报价。

宁波纺织服装有限公司有 24 箱服装需要安排从宁波出运到美国洛杉矶,2 托货物(按航空标准打托),每箱货物尺寸为 60 cm×55 cm×45 cm,每箱货物毛重为 18.5 kg,每托货物尺寸:120 cm×100 cm×135 cm。收货人希望以最优时效收到货物,请安排合适的路线并报价。

经查询获得以下信息,供选择方案使用。

(1)宁波机场无直飞洛杉矶航班,需要转运至洛杉矶,航程 2~3 天,宁波—洛杉矶空运运价见表 2-9。

表 2-9 宁波—洛杉矶空运运价

NINGBO	CN	NGB	
Y.RENMINBI	CNY	KGS	
LOS ANGELES（LAX）	US	M	320.00
		N	63.56
		45	49.65
		100	35.93
		600	20.58

(2)上海至洛杉矶直飞,当天抵达洛杉矶,上海—洛杉矶空运运价见表 2-10。

表 2-10 上海—洛杉矶空运运价

SHANGHAI	CN	SHA	
Y.RENMINBI	CNY	KGS	
LOS ANGELES（LAX）	US	M	330.00
		N	67.72
		45	56.42
		100	38.85
		600	24.32

【知识拓展】

空运价格通常由空运费、燃油附加费、战争险三部分组成,有的公司不收取战争险。

空运费特指为净空运费,不包括燃油附加费及战争险,空运费的调整由航空公司根据行业淡、旺季,或根据航空公司收货的情况下放价格给航空销售代理人,或根据不同航空公司的销售政策给代理人签订包板、包量的协议,此协议运价相对稳定。燃油附加费的涨幅基本会根据国际原油的价格进行调整,战争险相对稳定。

通常销售代理人在报价给客户时会报全包的价格给客户(空运费+燃油费+战争险+地面费)+始发港本地费以及其他杂费,也可以根据客户不同的贸易条款分开报价给客户。

空运出口价格较进口空运价格要贵一些,因为回程进口的货物相对出口的货物在货量方面要少很多,在回程运力较去程运力方面就大了很多,自然竞争也大了。

第三章
操作岗——国际货代的托运订舱及集港运输

【知识目标】

○ 了解海运船舶的种类
○ 掌握海运船舶的运营方式
○ 了解集装箱的装箱方式
○ 掌握集装箱货物的交接地点、方式
○ 熟悉集装箱场站收据的定义及作用
○ 了解国际航空运输的概念和特点
○ 了解国际航空运输的主要形式
○ 熟悉国际航空运输的航线与航班
○ 掌握国际海运托运订舱业务流程
○ 熟悉国际海运装箱与集港业务流程
○ 掌握国际空运托运订舱业务流程
○ 掌握国际货运航次及承运人的选择
○ 掌握国际货物运输海运托运单订舱单缮制
○ 掌握国际货物运输空运托运单订舱单缮制
○ 了解国际多式联运的特点和优点
○ 掌握国际多式联运业务流程

【技能目标】

◇ 能正确审核国际海运托运单
◇ 能正确审核国际空运托运书
◇ 能正确选择国际货运航次及承运人
◇ 能正确计算货物体积、重量，并选择合适的箱型和集装箱数量
◇ 能正确制订集装箱运输计划

[思维导图]

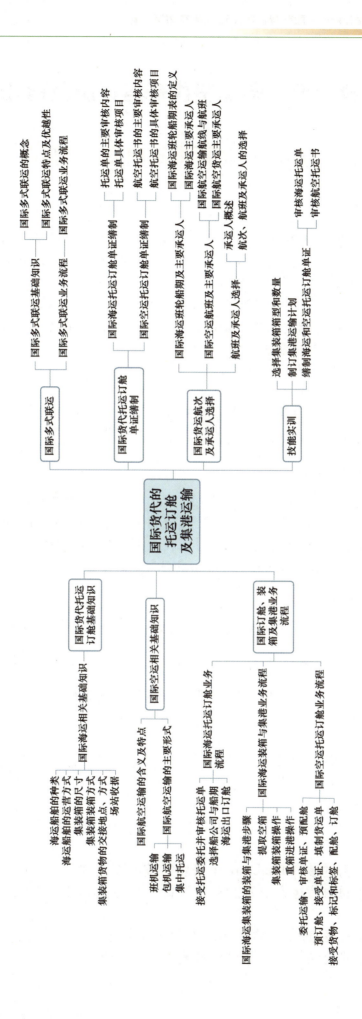

第三章 操作岗——国际货代的托运订舱及集港运输

第一节 国际货代托运订舱基础知识

任务一 国际海运相关基础知识

【案例导入】

浙江AAA国际货运代理有限公司是一家大型的国际物流企业，主营国际海运整箱、国际海运拼箱、国际空运、国际铁路、国际多式联运等进出口代理业务，提供仓储、陆运、订舱、代理报关报检、制单等多项服务。

顾佳是AAA国际货运代理有限公司操作部的新员工，操作部王经理要求顾佳结合以下几个问题，自学国际海运相关基础知识，为下一步缮制订舱单的工作做好准备。

（1）海运船舶的种类有哪些？
（2）海运船舶的运营方式有哪些？
（3）什么是集装箱运输？对集装箱有什么要求？
（4）集装箱的尺寸有哪些？集装箱有哪些种类以及装箱方式？
（5）集装箱货物交接的地点、交接方式分别有哪些？

一、海运船舶的种类

船舶的种类可分为干货船（Dry Cargo Ship）和油罐船（Tanker）两大类。干货船，根据所装货物及船舶结构、设备不同，又可分为杂货船（General Cargo Ship）和干散货船（Bulk Cargo Ship）；油罐船是指主要用来装运液体货物的船舶，常见的两类是油轮（Oil Tanker）和液化天然气船（Liquefied Natural Gas Carrier）。

二、海运船舶的运营方式

按照船舶的经营方式，海运货物运输主要有班轮运输和租船运输两种。

（一）班轮运输（Liner Transport）

船舶在固定的航线上和港口之间按事先公布的船期表航行，从事客、货运输业务并按事先公布的费率收取运费。

1. 常见班轮

一是自营班轮，即中国远洋运输公司和中国对外贸易运输总公司等国内大航运公司经营的班轮；二是合营班轮，即我国与外国合资经营的班轮；三是外国班轮。

2. 班轮运输的特点

（1）"四固定"。即航线固定、港口固定、船期固定和费率的相对固定，这是班轮运输最基本的特点。

（2）不规定货物的装卸时间。由于班轮需按船期表规定的时间到港和离港，运价内已包括装卸费用，货物由货运人负责配载、装卸，承运人和托运人双方不存在滞期费和速遣费的问题。

（3）班轮提单是运输合同的证明。在班轮运输业务中，承托双方的权利、义务、责任和责任豁免均以船公司按照国际公约和有关国内法规签发的提单条款为依据。货物装船后，提单由承运人（代理人）或船长签发给托运人。

（二）租船运输（Shipping by Chartering）

1. 定义

租船运输又称不定期船（Tramping ship）运输。船舶没有预定的船期表、航线和港口。船期、航线及港口均按租船人和船东双方签订的租船合同规定的条款行事。

2. 租船运输的特点

租船运输没有固定的航线、固定的装卸港口、固定的船期和固定的运价。租船运输一般是整船租赁并以装运货值较低、成交数量较多的大宗货物为主。

三、集装箱的尺寸

集装箱运输是以集装箱作为运输单位进行货物运输的一种现代化运输方式。它可适用于一种或多种运输方式，中途无须倒装；能快速装卸，便于货物的装满和卸空。

国际标准化组织推荐了三个系列13种规格的集装箱，在国际运输中常用的集装箱规格为20英尺和40英尺。目前，国际上均以20英尺柜为衡量单位，称为"相当于20英尺单位"，以标箱TEU（twenty-foot equivalent unit）来表示，不同型号的集装箱，一律折成TEU加以计算。20英尺集装箱的载货重量为17 500 kg；40英尺集装箱的载货重量为24 500 kg。20英尺集装箱的有效容积为25 m^3；40英尺集装箱的载货重量为55 m^3。

在实际操作中，集装箱的最大载货重量和容积需要以集装箱实际情况为准，在集装箱的箱门上会对该集装箱实际最大载重和容积有标注。

【知识拓展】

某种货物的装箱方式是8台装1纸箱，纸箱的尺码是54 cm×44 cm×40 cm，毛重为每箱53 kg，试计算该类货物集装箱运输出口时的装箱数量。（根据20英尺、40英尺、重量和体积分别计算装箱的最大数量）

（1）如果按重量计算，每个20英尺集装箱可装数量为：

17 500÷53 = 330.189（箱），取整为330箱，计2 640台。

每个40英尺集装箱可装数量为：

24 500÷53 = 462.264（箱），取整为462箱，计3 696台。

（2）如果按体积计算，每个20英尺集装箱可装数量为：

25÷（0.54×0.44×0.4）= 263.047（箱），取整为263箱，计2 104台。

每个40英尺集装箱可装数量为：

55÷（0.54×0.44×0.4）= 578.704（箱），取整为578箱，计4 624台。

注意：经过计算后单个集装箱可装箱数量不能超过集装箱最大载重和容积的限制。

四、集装箱装箱方式

根据集装箱货物装箱数量和方式，集装箱装箱方式可以分为整箱装和拼箱装两种。

1. 整箱装

整箱装（Full Container Load，FCL）是指发货人自行将货物装满整箱以后，以箱为单位托运的集装箱。一般都是货运代理人或集装箱租赁公司租用一定的集装箱，空箱运到工厂或仓库后，货主把货物装入箱内、加锁、铅封、填写装运单后交承运人并取得站场收据。

2. 拼箱装

拼箱装（Less Than Container Load，LCL）是指货运代理人接受货主托运的数量不足整箱的小票货运后，根据货类性质和目的地等因素进行分类整理，把同一目的地去向的货集中放入同一个或数个不同尺寸的集装箱。由于一个箱内有不同货主的货拼装在一起，所以叫拼箱。这种情况在货主托运数量不足装满整箱时采用。拼箱货的分类、整理、集中、装箱（拆箱）、交货等工作均在承运人码头集装箱货运站或内陆集装箱转运站进行。

【知识拓展】

在选择集装箱时应考虑三个因素：一是集装箱限重；二是集装箱尺寸；三是集装箱的种类。尺寸因素是考虑集装箱的内侧尺寸和装箱货物的总尺寸是否匹配。限重又可以分为航线限重和箱体限重，其中航线限重比较灵活，整条船的装载限度是一定的，根据航线的淡、旺季来区分航线限重，这里不考虑航线限重，而箱体本身限重是确定的。根据货物的特性选择合适的集装箱时，一般文化用品、日用百货、医药、纺织品、工艺品、化工制品、五金交电、电子机械、仪器及机器零件等选用普通集装箱，而新鲜蔬果、动物、海鲜、汽车、高档服装等特殊产品需要选用特殊的集装箱。

具体步骤如下：

第一步：分析货物品性，是属于普通货物还是特殊货物，是属于大宗货物还是散装货物，是属于液体、气体还是危险品，是属于干货还是需冷藏货物等；

第二步：分析货物托运要求，是否需要用特殊方法进行装卸和保管，对运输工具的温度有无特殊要求等；

第三步：选择集装箱类型，认识集装箱种类并合理选择适合的集装箱。

> **想一想**
> 猕猴桃、机械零件、活猪三种商品分别适用于哪一种集装箱类型来进行运输？请说明理由。

五、集装箱货物的交接地点、方式

（一）集装箱货物的交接地点

1. 门（Door）

门是指收发货人的工厂、仓库或双方约定收、交集装箱的地点。在多式联运中使用较多。

2. 船边或吊钩（Ship's Rail or Hook/Tackle）

船边或吊钩是指装货港或卸货港在装卸货物的船边或码头集装箱装卸吊具，并以此为界，作为区分运输装卸费用的责任界限。

3. 集装箱堆场（Container Yard，CY）

集装箱堆场是指集装箱码头内或码头周边地区，用于交接和保管集装箱的场所，也是集装箱换装运输工具的场所。

4. 集装箱货运站（Container Freight Station，CFS）

集装箱货运站是指拼箱货交接和保管的场所，也是拼箱货装箱、拆箱和配载积载的场所。集装箱堆场和集装箱货运站也可以同处于一处。

在四种交接地点中，其中门、集装箱堆场和吊钩主要作为整箱货的交接场所；而集装箱货运站则作为拼箱货的交接场所。

(二)集装箱货物的交接方式

按货物装箱方式的不同,集装箱的交接方式主要有以下四种。
(1) FCL/FCL,整箱交、整箱拆,简称"整装整拆"。
(2) FCL/LCL,整箱装、拼箱拆,简称"整装拼拆"。
(3) LCL/FCL,拼箱装、整箱拆,简称"拼装整拆"。
(4) LCL/LCL,拼箱装、拼箱拆,简称"拼装拼拆"。

按交货地点的不同,集装箱常用的交接方式有九种:门到门(Door to Door)、门到场(Door to CY)、门到站(Door to CFS)、场到门(CY to Door)、场到场(CY to CY)、场到站(CY to CFS)、站到站(CFS to CFS)、站到场(CFS to CY)和站到门(CFS to Door)。

六、场站收据

(一)场站收据的含义

场站收据(Dock Receipt,D/R)又称港站收据或码头收据,是国际集装箱运输专用出口货运单证,它是由承运人或其代理人委托集装箱堆场、集装箱货运站在收到整箱货或拼箱货后,签发给托运人的证明已收到托运货物并对货物开始负有责任的凭证。发货人即可凭已签收的场站收据换提单。

(二)场站收据的主要作用

(1) 场站收据是承运人已收到托运货物,代表运输合同的开始执行的证明;
(2) 场站收据是出口报关的凭证之一;
(3) 场站收据是换取海运提单或联运提单的凭证;
(4) 场站收据是船公司、港口组织装卸、理货、配载的资料;
(5) 场站收据是运费结算的依据;
(6) 如果信用证中有规定,场站收据是向银行结汇的单据之一。

任务二 国际空运相关基础知识

【案例导入】

浙江 AAA 国际货运代理有限公司是一家大型的国际物流企业,主营国际海运整箱、国际海运拼箱、国际空运、国际铁路、国际多式联运等进出口代理业务,提供仓储、陆运、订舱、代理报关报检、制单等多项服务。

顾佳是 AAA 国际货运代理有限公司操作部的新员工,操作部王经理要求顾佳结合以下几个问题,自学国际空运相关基础知识,为下一步缮制订舱单的工作做好准备。
(1) 国际空运有哪些特点?
(2) 国际航空货运的当事人有哪些?
(3) 国际空运的形式主要有哪些?

一、国际航空运输的含义及特点

（一）国际航空运输的含义

航空运输是指使用飞机、直升机及其他航空器运送人员、货物、邮件的一种运输方式。采用商业飞机运输货物的商业活动称为航空货物运输。国际航空货物运输是超越国界的现代化航空货物运输，它是国际贸易中贵重物品、鲜活货物和精密仪器运输不可缺少的一种运输方式。

（二）国际航空运输的特点

（1）具有较高的运输速度；
（2）适用于鲜活、季节性强的货物；
（3）节省包装、保险、利息等费用，加快资金周转；
（4）不受地面条件限制；
（5）安全性高。

二、国际航空运输的主要形式

（一）班机运输

1. 班机运输的特点

班机运输具有固定开航日期、航线、停靠航站和相对固定运价。班机运输通常为客货混合型飞机，货舱容量较小，运价较贵，适用于运输批量小或可以分批装运的鲜活商品或急需商品。

2. 班机运输的分类

按业务对象的不同，班机运输可以分为客运航班和货运航班。货运航班只承揽货物运输，大多使用全货机。

【知识链接】

包舱/箱/板运输（Cabin/Pallet/Container Charting）是班机运输的一种销售方式。它是指托运人或其代理人根据所运输的货物在一定时间内需要单独占用飞机部分或全部货舱、集装箱、集装板，而承运人需要采取专门措施予以保障。

包舱/箱/板运输是航空包机运输中经常采用的方式，其对于航空公司和代理人是一个双赢的策略。

根据包机人租用飞机的舱位、板、箱的情况，又可分为固定包舱和非固定包舱两种。

（1）固定包舱：托运人在承运人的航线上通过包舱/板/箱的方式运输时，托运人无论是否向承运人交付货物，都必须支付协议上规定的运费。

（2）非固定包舱：托运人在承运人的航线上通过包舱/板/箱的方式运输时，托运人在航班起飞前72小时如果没有确定舱位，承运人则可以自由销售舱位，但承运人要对代理人包板（舱）的总量有一个控制。

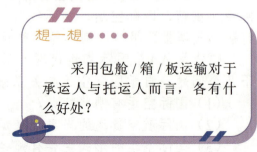

想一想

采用包舱/箱/板运输对于承运人与托运人而言，各有什么好处？

（二）包机运输

1. 包机运输的含义

由货主或货运代理人与航空公司或包机代理公司事先谈定条件和价格，然后租用飞机运输货物。这种方式的运费比班机运费低，适用于运输批量较大的货物。

2. 包机运输的分类

包机运输可分为整包机和部分包机。

（三）集中托运

1. 集中托运的含义

航空货运代理公司将若干批单独发运的货物组成一整批，向航空公司办理托运，采用一份航空总运单集中发运到同一目的站，由空运代理在目的地指定的代理收货，再根据货代签发的航空分运单分拨给各实际收货人的运输方式，是航空货运代理的主要业务之一。

2. 集中托运的特点

集中托运能节省运费，为供货提供方便，也便于客户提早结汇。

3. 集中托运的限制

一是只适合办理普通货物，不适用等级运价的货物；二是目的地相同或邻近的才可以办理。

第二节 国际货代订舱、装箱及集港业务流程

任务一 国际海运托运订舱业务流程

【案例导入】

浙江 AAA 国际货运代理有限公司是一家大型的国际物流企业，主营国际海运整箱、国际海运拼箱、国际空运、国际铁路、国际多式联运等进出口代理业务，提供仓储、陆运、订舱、代理报关报检、制单等多项服务。

顾佳是 AAA 国际货运代理有限公司操作部的新员工，在了解海运和空运相关基础知识后，操作部王经理要求顾佳结合以下几个问题，自学国际海运托运订舱业务流程相关知识，为缮制订舱单的工作做好准备。

（1）什么是托运单？托运单应如何审核？
（2）订舱和排载主要涉及哪些单据？
（3）如何确定船期、选择船公司？
（4）怎样完成网上订舱？

一、接受托运委托并审核托运单

（一）托运委托书的含义

托运委托书（Booking Note，B/N）俗称托单，是进出口企业（货代企业客户）发给国

际货代企业确认双方委托运输关系的单据。此单据是国际货代企业为客户安排订舱及出口排载的重要依据，同时也是国际货代企业制单的重要依据。

（二）托运委托书的审核要点

在国际海运货物出口业务中，货代收到委托书后，首先要对客户委托书上所有与出货有关的信息进行审核，即"审单"。需要的审核的要点主要有以下四个方面。

（1）托运信息。包括托运人、收货人、通知人等是否正确。

（2）订舱要求。包括船名航次、起运港、卸货港、委托日期、运输方式、订舱要求以及提单份数等是否正确。

（3）货物信息。包括标记与号码、件重尺、品名等是否正确。

（4）集装箱数量与件数合计是否正确。

另外，每份托运委托书须加盖客户单位的业务章。如遇到客户对装箱时有特殊要求（如监装等），须建议客户在托运单上注明或书面通知。

> **想一想**
> 1．国际货运代理与客户之间的第一份原始单据是什么？
> 2．托运委托书的审核要点主要有哪些？

二、选择船公司与船期

（一）选择海运船期

1．海运船期表的定义

船期表是指船公司对船舶使用的安排计划，船舶航行停泊时间表。即对船名航次、启航时间、装运港、卸货港的安排，也称为班期表。

2．海运船期表的查询方法

随着网络的普及，目前船期查询也实现了互联网化，可以直接到船公司网站查询，也可以到相关专业船期查询网上查询相关船期。

常用的方法有三种：按起止港查询、按离港日查询、按船名查询，如图3-1所示。

其中Carrier表示船公司；Service表示船公司的服务代码；ETD（Estimate Time of Delievery）表示预计开船日期；ETA（Estimate Time of Arrival）表示预计到达日期；T/T表示航程从起运港到目的港所需天数。

图3-1　网络海运船期查询

3. 海运船期表查询的注意事项

（1）根据航行时间和运费等要求，选定相应船公司的相应航线查询。
（2）根据客户货物出口的时间及船公司路线，选择适合该批货物出口的正确船期。
（3）了解船期表上的起运港、中转港、途经港和目的港。
（4）提供准确船名信息和船期时间，包括开船、中转时间及航行全程天数给客户。

（二）确定船公司

根据运输货量、要求、运输时间计划和查询到的各船公司船期表，综合海运价格选择适合的船公司和船期。国内外主要船公司参考表3-7。

三、海运出口订舱

（一）海运出口订舱的含义

订舱是货物托运人或其代理人根据其具体要求，向承运人以口头形式或订舱函电进行预约，洽订载运货物的舱位、申请运输，承运人对这种申请给予承诺的行为。

（二）海运出口订舱的分类

（1）按订舱对象分，订舱可分为直接订舱和间接订舱。
（2）按订舱方式分，订舱可以分为出口地订舱、进口地订舱和异地订舱。
（3）按订舱途径分，订舱可以分为传统纸面订舱，网上订舱和邮件/传真订舱等方式。

【知识拓展】

爆舱与甩箱

当某船某航次在某港口实际订舱的箱数超过该船该航次在该港口预订的箱位配额，和（或）实际订舱货物重量超过该船该航次在该港口预订的货重限额时，即可认为该船该航次在该港口爆舱。

爆舱时货代公司应及时与船公司联系要求加舱位，实在没有舱位可推迟到下一航次、选择其他船公司或安排其他航线中转等，并对客户做好解释工作。

甩箱是集装箱物流中的常见事件。主要因承运人原因（如船只运力有限、计划更改等），对集装箱作出滞留港区的计划，使集装箱无法正常出运的情况。

在实际业务中，爆舱与甩箱往往在整箱货出口中出现较为频繁，因为整箱货订舱随机性较大；拼箱货多为货代公司先订舱后接货配柜，所以被甩箱的风险相对较小。

【知识链接】

拼箱货的出口订舱

（1）拼箱货的订舱企业。一般的班轮公司较少有拼箱货的货运业务，从事拼箱货货运业务的大多是国际货运代理企业。不经营拼箱业务的国际货运代理企业，如果接到客户小批量的货物，通常会向经营拼箱业务的同行——拼箱集运公司订舱。

（2）拼箱货的订舱。货代通常会根据每周的订货量提前向船公司预订舱位，取得订舱单，再根据实际货量开箱配柜。如本周货量不足，可以向船公司退订。

（3）拼箱货物的订舱单。拼箱货也要填写订舱单。拼箱货的订舱单与整箱货的订舱单内容基本一样，只是不用填写箱型、箱量。拼箱集运公司在接受订舱后，会传回一份"拼箱货物进仓单"，表示已接受订舱，可以将货物运进指定的仓库。

（4）拼箱货的排载。由于拼箱作业都是在拼箱集运公司的集装箱货运站内进行，而集装箱货运站一般都设在大型仓库内，因此货物要先进仓，才能进行拼箱作业。拼箱货物进仓单上会详细列明仓库的地址，甚至还绘有仓库所在位置的示意图，以便客户能顺利地自行将货物送入仓库。

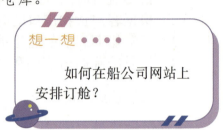

想一想

如何在船公司网站上安排订舱？

任务二　国际海运装箱与集港业务流程

【案例导入】

浙江AAA国际货运代理有限公司是一家大型的国际物流企业，主营国际海运整箱、国际海运拼箱、国际空运、国际铁路、国际多式联运等进出口代理业务，提供仓储、陆运、订舱、代理报关报检、制单等多项服务。

顾佳是AAA国际货运代理有限公司操作部的新员工，在了解了海运和空运相关基础知识后，操作部王经理要求顾佳结合以下几个问题，自学国际海运装箱与集港业务流程的相关知识，为下一步缮制订舱单的工作做好准备。

（1）海运集装箱的装箱与集港有哪些步骤？
（2）如何提取空箱并装箱？
（3）集装箱进港的流程是什么？
（4）货代如何查找集装箱的进港信息？

一、国际海运集装箱的装箱与集港步骤

国际海运集装箱的装箱与集港步骤主要分为三步（主要针对整箱而言）：一是提取空箱；二是装箱；三是安排进港。

二、提取空箱

提取空箱是指在整箱货的情况下货运代理代表托运人持承运人或其代理人签发的有关提箱凭证（提箱联系单SO）向堆场提取空箱的过程。

提取空箱中空箱的来源有三个：一是码头提取；二是从船公司的仓库提取；三是货主自己拥有。

（一）提取空箱的主要流程

（1）货代将提箱联系单交给提货人（货主/拖车公司）；
（2）缴纳押箱费，凭提箱联系单换取设备交接单和正式提箱单；
（3）持正式提箱单和设备交接单到堆场提箱；
（4）仔细检查空箱情况，提箱出场。

【知识拓展】

在集装箱运输业务中,集装箱一般掌握在船公司手中,并存放于各集装箱码头。在整箱货运输下,由发货人到集装箱码头堆场提取空箱。与整箱货不同的是,拼箱货运输是由集装箱货运站负责提取并在指定的仓库装柜。

(二)集装箱设备交接单

在由发货人到集装箱码头堆场提取空箱时,发货人与集装箱码头对应空箱办理交接,并填制集装箱设备交接单。

1. 集装箱设备交接单的含义

集装箱设备交接单(Equipment Interchange Receipt,EIR)简称设备交接单(Equipment Receipt,E/R),是集装箱进出港区、场站时,集装箱用箱人或运箱人与管箱人或其代理在集装箱装卸区、中转站或内陆站交接集装箱及承运设备的凭证。

2. 集装箱设备交接单的作用

集装箱设备交接单的作用如图 3-2 所示。

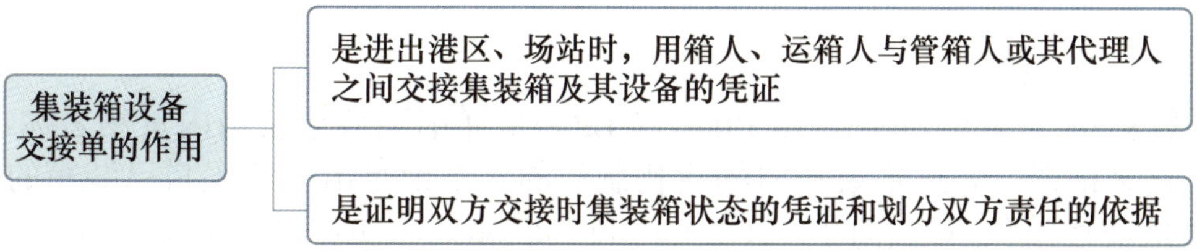

```
                ┌─ 是进出港区、场站时,用箱人、运箱人与管箱人或其代理人
集装箱设备       │   之间交接集装箱及其设备的凭证
交接单的作用 ────┤
                └─ 是证明双方交接时集装箱状态的凭证和划分双方责任的依据
```

图 3-2　集装箱设备交接单的作用

3. 集装箱设备交接单的具体使用

集装箱设备交接单一式六联,前三联是设备出场交接单,印有"OUT"字样,后三联是进场交接单。进出场交接单:第 1 联由箱管留存,第 2 联是码头、堆场联,第 3 联是用箱人、运箱人联,各联采用不同颜色以示区别。

4. 提取空箱时的注意事项

(1)客户需更改船名、航次、提单号、箱主、箱型、尺寸、用箱数量等信息时,货代应及时向船公司重新订舱或做订舱信息变更,以便船公司及时更改放箱信息并通知堆场。

(2)托运人或货代在拿到船公司签发的集装箱放箱通知书(订舱确认通知书)和集装箱设备交接单后,认真核对单据信息是否与原定舱内容、数据等相一致,以防出现放箱信息不准确、提不了箱或提错箱型的情况。

(3)使用设备交接单时,应按照有关制度规定进行,要求做到"一箱一单、箱单相符、箱单同行"。

(4)发货人或拖车公司在堆场提取空箱出码头时,必须与堆场就集装箱的外表状况进行交接,确保提取的空箱符合装货和运输要求,保证集装箱的载货安全和质量,并需在设备交接单上注明交接状况,以划分相应的责任。

三、集装箱装箱操作

(一)集装箱装箱的主要流程(整箱货)

(1)空箱运至工厂或仓库准备装货;
(2)将货物装入集装箱;

（3）填写集装箱装箱单，按要求列明具体装箱情况；
（4）装箱完毕后，卡铅封，完成装箱工作。

作为集装箱出口货运的基本流程之一，为确保集装箱装箱工作的顺利进行，货代应做好装箱前的联络工作，及时与客户沟通具体的装箱时间、地点和其他相关事宜，并根据整箱货与拼箱货的不同装箱方式，及时缮制集装箱装箱单。

【知识链接】

整箱货与拼箱货装箱方式的不同之处如下。

（1）在整箱货的情况下，发货人可自行装箱或由货运代理委托理货人员现场监装。装箱完毕后，由发货人或货运代理负责卡铅封锁，并缮制集装箱装箱单。

（2）在拼箱货的情况下，由货运代理事先将未缮制好的装箱单带到集装箱货运站，各个发货人分别将货物送至货运站，由货运站的装箱人员进行装箱，发货人或货运代理人可派人监装。装箱完毕后，由货运站操作人员卡铅封锁并缮制集装箱装箱单。

（二）集装箱装箱单

1. 集装箱装箱单的含义

集装箱装箱单（Container Load Plan，CLP）是详细记载集装箱内货物名称、数量等内容的单据，它是根据已装进集装箱内的货物制作的。不论是由发货人自己装箱的（FCL），还是由集装箱货运站负责装箱的（LCL），负责装箱的人员都要制作装箱单。集装箱装箱单是详细记载每一个集装箱内所装货物详细情况的唯一单据，因此在以集装箱为单位进行运输时，装箱单是一张极其重要的单据。

装箱单一式五联，分别为码头联、船代联、承运人联及两份发货人/装箱人联。

2. 集装箱装箱单的作用

（1）是发货人向承运人提供集装箱内所装货物的明细清单；
（2）在装箱地向海关申报货物出口的单据，也是集装箱船舶进出口报关时向海关提交的载货清单；
（3）作为发货人、集装箱货运站与集装箱码头之间的货物交接单；
（4）是集装箱装、卸两港编制装、卸船计划的依据；
（5）是集装箱船舶计算船舶吃水和稳性的基本数据来源；
（6）是在卸箱地作为办理集装箱保税运输手续和拆箱作业的重要单证；
（7）当发生货损时，是处理索赔事故的原始依据之一。

四、重箱进港操作

（一）重箱进港主要流程

（1）入港并递交集装箱设备交接单、装箱单；
（2）港区工作人员核对 EDI 信息与递交单据信息；
（3）集装箱现场交接并审核集装箱设备交接单；
（4）系统中录入集装箱信息，并申请场位；
（5）按指定位置卸箱并交接收箱凭证；
（6）签发场站收据并做好出场登记；
（7）进入 EDI 信息中心查询集装箱进港信息。

想一想

1. DOOR 交接的集装箱货物是什么类型的货物？
2. 集装箱装箱作业时应注意哪些问题？

（二）重箱进港注意事项

（1）合理安排进港时间；
（2）提前备好各项进港所需单据；
（3）及时查阅进港信息。

（三）集装箱进港信息网上查询方式

一般，每个港口都有自己的电子信息查询系统，相关企业只要登录港口信息系统就可查到某集装箱的具体进港信息。

例如，宁波集装箱进港信息的查询主要通过宁波港口 EDI 信息中心（网址：https://www.npedi.com）来查询，EDI 中心为宁波口岸的港口码头、船公司船代、集疏运场站、理货、货主及代理和监管职能部门提供了高效、便利、快捷、准确、经济的电子数据交换服务，如图 3-3 所示。

图 3-3　EDI 数码港信息查询

任务三　国际空运托运订舱业务流程

【案例导入】

浙江 AAA 国际货运代理有限公司是一家大型的国际物流企业，主营国际海运整箱、国际海运拼箱、国际空运、国际铁路、国际多式联运等进出口代理业务，提供仓储、陆运、订舱、代理报关报检、制单等多项服务。

顾佳是 AAA 国际货运代理有限公司操作部的新员工，在了解了海运和空运相关基础知识后，操作部王经理要求顾佳结合以下几个问题，自学国际空运托运订舱业务流程的相关知识，为缮制订舱单的工作做好准备。

（1）国际航空托运订舱有哪些步骤？
（2）国际航空订舱时有哪些需要注意的地方？
（3）如何在网上进行订舱？
（4）国际航空托运订舱时主要涉及哪些单据？

第三章 操作岗——国际货代的托运订舱及集港运输

一、委托运输

空运代理企业与出口企业（发货人）就出口货物运输事宜达成意向后，可以向发货人提供所代理的有关航空公司的国际货物托运书。发货人发货时，首先需填写委托书，作为货主委托代理承办航空货物出口货运的依据。空运代理企业根据委托书要求办理出口手续，并据以结算费用。

二、审核单证

审核的单证主要有发票、装箱单、托运书、报关单、外汇核销单、许可证、商检证、报关手册等。具体审核内容如下。

1. 发票、装箱单

发票上一定要加盖公司公章（业务科室、部门章无效），表明价格术语和货价（包括无价样品的发票）。

2. 托运书

要注明目的港名称或目的港所在城市名称，明确运费预付或到付、货物毛重、收发货人、电话/电传/传真号码。托运人签字处要有托运人签名。

3. 报关单

注明经营单位注册号、贸易性质、收汇方式，并要求在申报单位处加盖公章。

4. 许可证

合同号、出口口岸、贸易国别、有效期一定要符合要求并与其他单据相符。

5. 商检证

商检证、商检放行单、盖有商检放行章的报关单均可。商检证上应有"海关放行联"字样。

三、预配舱

将委托和客户预报的信息输入电脑，计算出各航线的件数、重量、体积，按客户要求和货物情况，根据各航空公司不同机型对不同板箱的重量和高度要求，制定预订配舱方案，并为每票货配上运单号。

四、预订舱

代理人根据所制定的预配舱方案，按航班、日期打印出总运单号、件数、重量、体积，向航空公司预订舱，此时货物可能还没有进入仓库。货物订舱需要根据发货人的要求和货物标识的特点而定。通常对下列货物应当预订航班舱位，否则承运人可能不予受理：

（1）货物在中转时需要特殊对待；
（2）不规则形状或者尺寸超限的货物；
（3）大宗货物、紧急物资；
（4）特种货物，如鲜活易腐物品、危险品、活动物、贵重物品等；
（5）货物的声明价值超过10万美元或者其等价货币；
（6）需要两家及以上承运人联合运输的联运货物。

预订的舱位有可能会由于货物原因、单证原因、海关原因使得最终舱位不够或者空舱，应尽量减少此类情况发生，并且在事情发生后做出及时、必要的调整和补救措施。

五、接受单证

（1）接受托运人或其代理人送交的已经审核确认的托运书及报送单证和收货凭证，将收货记录与收货凭证核对。

（2）制作操作交接单，填上所收到的各种报关单证份数，给每份交接单配一份总运单或分运单。

（3）随机文件。一般分为两种，一种是航空公司或其地面代理根据货物情况要求的文件，如非危保函、磁检报告、化工品鉴定等；另一种是客户要求的随机文件，一般多为目的港清关文件。航空公司虽然提供免费随机单证服务，但不保证安全到达，重要文件务必与客户说明，尽量不要随机。

六、填制货运单

航空货运单包括总运单和分运单，填制航空货运单的主要依据是发货人提供的国际货运委托书，委托书上的各项内容都应体现在货运单项式上，一般用英文填写。

七、接受货物

接受货物是指航空货运代理企业把即将发运的货物从发货人手中接过来并运送到自己的仓库。接货一般与接单同时进行。货物一般是运送到货代仓库或直接送到机场货站。

接货时双方应办理货物的交接，验收并过磅和丈量，并根据发票、装箱单或送货单清点货物，核对货物的数量、品名、合同号或唛头等是否与货运单上所列一致，最后检查货物包装是否符合要求。如发现破损等问题，拒收或请发货人或航空地面代理开具破损证明，并立即通知发货人。若没问题，双方在交接单上签字即可。

八、标记和标签

1. 标记

标记是在货物外包装上由托运人书写的有关事项和记号，主要包括托运人、收货人的姓名、地址、联系电话、传真、合同号等；操作（运输）注意事项。

2. 标签

主标签上三位阿拉伯数字代表所承运航空公司的代号，后八位数字是总运单号码。分标签是代理公司对出具分标签的标识，分标签上应有分运单号码和货物到达城市或机场的三字代码。一件货物贴一张航空公司标签，有分运单的货物，再贴一张分标签。

九、配舱

核对确认货物的实际件数、体积、重量与托运书上预报有无差别。对预订舱位、板箱有效利用、合理搭配，按照各航班机型、板箱型号、高度、数量进行配载。如与预配载的结果有出入，以实际货物的重量和体积进行配载。

十、订舱

（一）航空公司舱位销售的原则

（1）保证有固定舱位配额的货物。
（2）保证邮件、快件舱位。
（3）优先预订运价较高的货物舱位。
（4）保留一定的零散货物舱位。
（5）未订舱的货物按交运的先后顺序安排舱位。

航空公司根据实际业务情况安排航班和舱位，目前，大多数航空公司已采用网上订舱的方式。

（二）网上订舱的主要步骤

1. 填写订舱单

货代企业操作员在收到发货人的发货预报后，在航空公司网站或综合网站进行网上订舱，如图3-4所示。

图3-4　航空物流信息服务平台

2. 要求客户提供相应信息

客户需提供货物准确的名称、体积（必要时提供单件尺寸）、重量、件数、目的地、要求储运的时间、其他运输要求（如温度、装卸要求、货物到达目的地时限等）。

3. 将航班信息输入系统

航空公司根据实际情况安排航班和舱位，货运代理在获取航班号后，将确认的航班信息输入本公司的航空货运代理信息系统。

4. 通知客户备单、备货

订舱后，航空公司签发舱位确认书（舱单），同时给予装货集装器领取凭证，表示舱位已订妥。航空货运代理应及时通知客户（发货人）备单、备货。

航空货运代理订舱时，可依据发货人的要求选择最佳的航线和最佳的承运人，同时为发货人争取最低、最合理的运价，这需要货代与航空公司保持良好的关系。

【知识拓展】

与海运订舱类似的是，能够向航空公司直接订舱的货代企业，都是有资格直接向航空公司领取主单的一级代理（当然，这个不是绝对，有些个人和航空公司关系好，也可以领取主单）。

按规定，客户必须通过代理订舱，可向一级代理订舱，也可向二级代理订舱。

订舱代理根据情况安排订货机还是客机，运价基本一致。一般来说，由于客机上有客人，航班时间比较准，但是由于机舱先满足客人行李，所以舱位有时不能保障。货机舱位一般不会有问题，但是有晚点或取消的可能。

航空公司对于那些在自己公司配货较多的代理，对于舱位和价格都有一定的优惠和照顾，特别是在旺季舱位紧张的时候，会优先保障这些代理的货物。

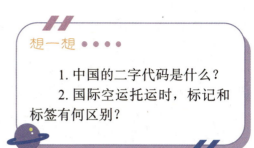

想一想
1. 中国的二字代码是什么？
2. 国际空运托运时，标记和标签有何区别？

第三节　国际多式联运

任务一　国际多式联运基础知识

【案例导入】

浙江 AAA 国际货运代理有限公司是一家大型的国际物流企业，主营国际海运整箱、国际海运拼箱、国际空运、国际铁路、国际多式联运等进出口代理业务，提供仓储、陆运、订舱、代理报关报检、制单等多项服务。

顾佳是 AAA 国际货运代理有限公司操作部的新员工，部门刘经理要求顾佳结合以下几个问题，自学国际多式联运基础知识，为下一步缮制托运订舱单的工作做好准备。

（1）什么是国际多式联运？

（2）国际多式联运的特点及优越性有哪些？

一、国际多式联运的概念

1980年5月，日内瓦通过的《联合国国际货物多式联运公约》规定："国际多式联运是指按照多式联运合同，以至少两种不同的运输方式，由多式联运经营人将货物从一国内接管货物的地点运至另一国境内指定交货地点的运输方式。"

二、国际多式联运特点及优越性

（一）国际多式联运的特点

1. 承、托双方必须订立"一份国际多式联运合同"

货主只需要与国际多式联运人签订一份多式联运合同即可，而不需要与实际分程承运人签订分合同，与分程承运人签订分合同的是国际多式联运经营人。

2. 全程运输必须使用"一张国际多式联运单据"

托运人从多式联运经营人处获得一份多式联运单，不必向不同分程承运人换取运单。

3. 全程必须"至少包括两种运输方式的连贯运输"

多式联运必须使用两种或两种以上不同的运输工具，并且必须是不同运输方式下的连续运输。同一种运输工具的联运，如铁路转铁路运输或船转船运输，只能称为国际铁路联运或海海联运，而不能称为国际多式联运。

4. 必须是"国际间的货物运输"

多式联运按照运输范围分为国内多式联运和国际多式联运，国内多式联运的起讫点在同一个国家内；而国际多式联运的起讫点必须在两个不同的国家，即跨国境的联合运输。

5．必须由"一个多式联运经营人对全程负责"

国际多式联运经营人是组织者和主要承担者，全权负责将货物从接管地点一直运到指定交付地点，不论货物在哪一个运输环节发生灭失或损坏都要直接承担赔偿责任。

6．全程运输使用"单一的运费费率"

托运人只需向国际多式联运经营人进行一次运费计收，而不需要与实际分程承运人签订分合同，也不必向不同分程承运人分别计费。

（二）国际多式联运的优越性

1．实现合理化运输

国际多式联运可以利用各种运输方式的经济特点实现联合运输，如海上运输、铁路运输运价低、时间长，而航空运输时间短、运价高，则海空联运、铁空联运既可以弥补海、铁运输时间长的缺点，又可以弥补航空运输运价高的弊端。

2．实现"门到门"运输

国际物流的主要运输方式是国际海上运输和国际航空运输，将公路运输与海上或航空运输有机结合，形成海陆联运或空陆联运等，则可以把货物从发货人仓库或工厂运至收货人仓库或工厂，实现"门到门"运输。

3．缩短运输时间，提高货运质量

国际多式联运主要以集装箱作为运载单元，在货物中途转运中无须拆箱卸载，减少了转运时间，降低了货损货差和偷窃丢失事故，从而提高了运输效率并保证了货运质量，能够最大限度地保证货物的无缝连续运输，从而减少等待时间。

4．简化手续，降低成本

国际多式联运是一次托运、一份运单、一次计费，简化了托运手续、制单手续和结算手续，从而节约了由此产生的成本。同时使用集装箱运输可以减少货物外包装材料及相关费用。货运质量的提高可以减少某些保险费用，另外，可取得多式联运提单进行结汇，有利于加快货物资金周转，减少利息损失。

> **想一想**
> 1. 在国际贸易中，开展以集装箱运输的国际多式联运，有哪些好处？
> 2. 多式联运经营人对货物承担的责任期限是从哪到哪？

任务二　国际多式联运业务流程

【案例导入】

浙江 AAA 国际货运代理有限公司是一家大型的国际物流企业，主营国际海运整箱、国际海运拼箱、国际空运、国际铁路、国际多式联运等进出口代理业务，提供仓储、陆运、订舱、代理报关报检、制单等多项服务。

顾佳是 AAA 国际货运代理有限公司操作部的新员工，操作部刘经理要求顾佳结合以下问题，自学国际多式联运业务流程相关知识，为下一步缮制托运订舱单工作做好准备。

国际多式联运业务流程是怎样的？

国际多式联运经营人及其在各区段的分支机构或代理分工协作,共同完成从发货人处接收货物,与分段承运人交接货物以及将货物交付收货人的全程业务。

(一)签订多式联运合同及分合同

1. 接受托运并订立国际多式联运合同

国际多式联运经营人根据托运人托运申请的内容以及自己所经营的运输路线的情况判断是否能够接受托运申请,双方确定权利和义务后,签订国际多式联运合同。

2. 制订运输计划并订立分运合同

订立国际多式联运合同后,即制订集装箱货物的运输计划,运输计划包括运输线路的确定、运输区段的划分、各区段实际承运人的选择以及各区段衔接地点的到达和起运时间等。运输计划必须具有科学性,力求实现运输费用最小化;同时要能够根据实际情况及时调整计划,力求实现运输时间最小化。多式联运经营人按照运输计划安排各区段的运输工具,并与选定的各区段实际承运人订立分运合同。

(二)从发货人处接收货物

1. 发放空箱

国际多式联运中使用的集装箱一般应由国际多式联运经营人提供。在整箱货运输中,如果双方协议由发货人自行装箱,则多式联运经营人签发设备交接单,发货人在规定日期从指定堆场提取空箱运至装箱地点准备装箱;如果由多式联运经营人负责装箱,则由多式联运经营人将空箱从堆场运到装箱地点准备装箱。

在拼箱货运输中,由多式联运经营人将空箱运至接收货物的集装箱货运站做好装箱准备。无论谁负责装箱,装箱人均需要做好装箱计划,并填制集装箱装箱单。

2. 代理出口报关

货物出口报关可以由发货人自行办理,也可以委托多式联运经营人办理。如果多式联运的第一程是海运,则在发货地海关办理报关;如果第一程是陆运,则在附近的内陆地海关办理报关。报关时所需单据与集装箱班轮运输所需单据基本一致,主要包括出口货物报关单、场站收据、集装箱装箱单等。

3. 货物装箱,接收货物

货物装箱一般在报关后进行,并请海关人员到装箱地点监装和办理加封事宜。若是货主自行装箱,则将集装箱货物运至双方指定地点,多式联运经营人在指定地点接收货物;若多式联运经营人负责装箱,则多式联运经营人在指定装箱地点接收货物;若是拼箱货物,则多式联运经营人在指定货运站接收货物。

4. 计收运费、签发多式联运单据

多式联运经营人接收货物后,向发货人计收运费,并向发货人签发多式联运单据。发货人凭多式联运单据向银行结汇。多式联运经营人组织各区段实际承运人、各分支机构或代理共同协调工作,完成全程各区段的运输及各区段之间的衔接工作。

(三)与分程承运人交接货物

1. 与第一程实际承运人交接货物

多式联运经营人始发站分支机构或代理向第一程实际承运人交付货物,第一程实际承运人向始发站分支机构或代理签发运单;始发站分支机构或代理将此运单寄给下一站(第二站)分支机构或代理,作为向第一程实际承运人提货的凭证。

2. 与第二程承运人交接货物

多式联运经营人第二站分支机构或代理向第二程实际承运人交付货物，第二程实际承运人向第二站分支机构或代理签发运单；第二站分支机构或代理将此运单寄给下一站（第三站）分支机构或代理，作为向第二程实际承运人提货的凭证。

依次类推，多式联运经营人目的地分支机构或代理向最后一程实际承运人提货。

（四）向收货人交付货物

1. 通知收货人提货，签发提货单

当货物运至目的地后，多式联运经营人目的地分支机构或代理通知收货人提货；收货人需凭多式联运单据提货，目的地分支机构或代理向收货人签发提货单，即交货记录。

2. 代理进口报关

货物进口报关可以由收货人自行办理，也可委托多式联运经营人办理。进口报关单据与集装箱班轮运输基本一致，需要进口货物报关单、提货单和集装箱装箱单等。

3. 向收货人交付货物

收货人凭提货单到指定堆场地点提取货物。如是整箱自提，则交货地点在指定堆场地点；若委托多式联运经营人送货，则多式联运经营人将整箱运至指定交货地点交付收货人；若是拼箱货，则由多式联运经营人将整箱运至指定货运站交付收货人。

4. 还箱

整箱货在货主处拆箱，然后将空箱还回堆场；拼箱货在货运站拆箱，货主提货后货运站将空箱还回堆场。

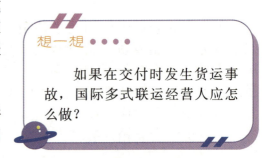

想一想

如果在交付时发生货运事故，国际多式联运经营人应怎么做？

第四节　国际货代托运订舱单证缮制

任务一　国际海运托运订舱单证缮制

【案例导入】

浙江AAA国际货运代理有限公司是一家大型的国际物流企业，主营国际海运整箱、国际海运拼箱、国际空运、国际铁路、国际多式联运等进出口代理业务，提供仓储、陆运、订舱、代理报关报检、制单等多项服务。

顾佳是AAA国际货运代理有限公司操作部的新员工，在学习了国际海运托运订舱相关基础知识后，部门刘经理将一票海运出口业务的单证工作交给顾佳处理，要求顾佳根据信用证和其他货物信息核对客户发来的托运单（表3-1至表3-3）。

表 3-1　信用证_永泰电子

```
10 July 2020 12:55:23
MT S700        Issue of a Documentary Credit                          Page 00001
```

Sequence of Total	*27	:	1 / 1
Form of Doc. Credit	*40 A	:	IRREVOCABLE
Doc. Credit Number	*20	:	L/C No. 0127
Date of Issue	31 C	:	2020-07-10
Expiry	*31 D	:	Date 2020-09-09
Applicant	*50	:	WENSCO ELECTRONICS LTD.
			RUA DE GREENLAND STREET, ××-A1××- WELL
			VANCOUVER, CANADA
			TEL：16043982××××
Beneficiary	*59	:	HANGZHOU YONGTAI ELECTRONICS CO., LTD.
			NO.XX, CHENGYE STREET, BINJIANG DISTRICT,
			HANGZHOU, ZHEJIANG, CHINA
			TEL：+86-571-566××××
Amount	*32 B	:	CURRENCY USD AMOUNT 131040.00
Available with/by	*41 D	:	ANY BANK
			BY NEGOTIATION
Draft at ...	42 C	:	SIGHT
Drawee	42 D	:	BANK OF CHINA (VANCOUVER BRANCH)
			1025 DUNSMUIR STREET, FOUR BENTALL CENTER,
			VANCOUVER, BC V7X
			1L3 CANADA
Partial Shipments	43 P	:	NOT ALLOWED
Transhipment	43 T	:	ALLOWED
Loading in Charge	44 A	:	NINGBO, CHINA
For Transport to ...	44 B	:	VANCOUVER, CANADA
Latest Date of Ship.	44 C	:	2020-07-22
Descript. of Goods	45 A	:	
			+KEYBOARD HY3400AS PER PROFORMA-INVOICE NO. 054M-2020
			CFR VANCOUVER
Documents required	46 A	:	
			+SIGNED COMMERCIAL INVOICE IN TRIPLICATE
			+PACKING LIST IN TRIPLICATE
			+FULL SET OF CLEAN ON BOARD OCEAN BILL OF LADING MADE
			OUT TO ORDER, MARKEDFREIGHT PREPAID NOTIFY APPLICANT
Additional Cond.	47 A	:	+ALL DOCUMENTS SHOULD BEAR L/C NO.
Details of Charges	71 B	:	ALL BANKING CHARGES OUTSIDE US
			ARE FOR ACCOUNT OF BENEFICIARY
Presentation Period	48	:	DOCUMENTS MUST BE PRESENTED WITHIN
			21 DAYS AFTER THE DATE OF SHIPMENT
			BUT WITHIN THE CREDIT EXPIRY

第三章 操作岗——国际货代的托运订舱及集港运输

表 3-2　装箱单 _ 永泰电子

ISSUER HANGZHOU YONGTAI ELECTRONICS CO., LTD. NO.××, CHENGYE STREET, BINJIANG DISTRICT, HANGZHOU, ZHEJIANG, CHINA TEL：+86-571-566××××		PACKING LIST			
TO WENSCO ELECTRONICS LTD. RUA DE GREENLAND STREET, ××-A1××-WELL VANCOUVER, CANADA TEL：16043982××××		Invoice No. 054J-2020		Date JUL.10.2020	
Marks and Numbers	Number and kind of package Description of goods	Package	G.W.（KG）	N.W.（KG）	Meas.（CBM）
N/M	keyboard hy3400	20 PIECES/ carton 50 cm×30 cm×40 cm/carton 450 cartons	9 000.00	8 100.00	27.00
Total:		450 CARTONS	9 000.00	8 100.00	27.00
Say Total:	SAY Four hundred and fifty CARTONS ONLY				

表 3-3　客户托运单

Shipper（发货人）： HANGZHOU YONGTAI ELECTRONICS CO., LTD. NO.××, CHENGYE STREET, BINJIANG DISTRICT, HANGZHOU, ZHEJIANG, CHINA TEL：+86-571-566××××		HANGZHOU YONGTAI ELECTRONICS CO., LTD.	
Consignee（收货人）： WENSCO ELECTRONICS LTD. RUA DE GREENLAND STREET, ××-A1××-WELL VANCOUVER, CANADA TEL：16043982××××		托　　单	
Notify Party（通知人）： SAME AS CONSIGNEE		外运编号：021-203026	
Ocean Vessel（船名）	Voy. No（航次）	Port of loading（装货港） NINGBO, CHINA	
Port of Discharge（卸货港） VANCOUVER, CANADA	Place of Delivery（交货地点）		

续表

Container No（集装箱号）	Seal No.（封志号）Marks and Nos.（标记和号码）	No. of Containers or P'kgs.（箱数或件数）	Kind of Package；Description of Goods（包装种类与货名）	Gross Weight（毛重/千克）	Measurement（尺码/立方米）
N/M		450CTNS	KEYBOARD HY3 400 AS PER PROFORMA-INVOICE NO. 054M-2020	8 100.00 KGS	27.00 CBM
TOTAL NUMBER OF PACKAGES（in Words）集装箱或件数合计（大写）			TOTAL PACKED IN		
FREIGHT AND CHARGES（运费与附加费）	Revenue Tone（运费吨）	Rate（运费率）	Per（每）	运费缴付方式	
				FREIGHT COLLECT	
可否转船：No	可否分批：No	备注	请配船期：		
装船期限：	有效期：				
金 额：					
制单日期：					

一、托运单的主要审核内容

（1）检查客户提供的资料是否完整，若有疑问，应及时与客户确认。

（2）初步核对委托书上的基本信息，审核客户是否由于人为因素而出现了前后不一致、单词拼写、箱型、货重、船期等方面的错误。一旦发现，应及时纠正或反馈给客户。

（3）明确客户的特殊服务条款和要求，如确认委托书所载品名是否是危险品，确认货物的毛重和体积是否超载等。

二、托运单具体审核项目

（一）Shipper（发货人）

此栏需填写发货人的全称、街道、城市、国际名称、电话、传真号、邮箱等。发货人可以是货主，也可以是其贸易代理人或是货运代理人。在信用证方式下一般是信用证的受益人。

【操作解析】

此案例中，Shipper一栏应填写信用证的受益人（卖方），即
HANGZHOU YONGTAI ELECTRONICS CO., LTD.
NO.××, CHENGYE STREET, BINJIANG DISTRICT, HANGZHOU, ZHEJIANG, CHINA
TEL：+86-571-566××××
所以此栏填写正确。

（二）Consignee（收货人）

此栏填写提单的抬头，即收取货物的人。
（1）如果是实际收货人，可填写全称、地址等，表示此提单为记名提单，不可以转让。
（2）如果是指示提单，可以填写"TO ORDER"或"TO ORDER OF×××"，信用证付款方式下，凭银行指示，这种提单通过背书可以转让。
（3）收货人栏不可以同时填写两个收货人，如有第二收货人，填写在通知人栏内。

【操作解析】

此案例中，信用证要求签发指示提单（FULL SET OF CLEAN ON BOARD OCEAN BILL OF LADING MADE OUT TO ORDER），因此Consignee一栏应填写：TO ORDER。而收到的托运单中，此栏填写的内容是：WENSCO ELECTRONICS LTD.
RUA DE GREENLAND STREET, ××-A1××- WELL VANCOUVER, CANADA
TEL：16043982××××。与信用证要求不符，应改成：TO ORDER。

【知识拓展】

在实际业务中，当进出口双方不采用信用证业务，而采用托收（如D/P付款交单）或T/T电汇时，为了尽快收货，往往采用记名提单的方式来填写，即在Consignee一栏中填写进口商的名称、地址和联系方式。

（三）Notify Party（被通知人）

被通知人即买方或买方的代理人，货到目的港时由承运人通知其办理报关、提货等手续。
此栏填写在货物到达目的港时发送到货通知的收件人。信用证支付方式下，通知人一般为开证申请人，即实际的收货人，也可以填第二收货人。

【操作解析】

此案例中，信用证要求通知申请人（FULL SET OF…MARKED FREIGHT PREPAID NOTIFY APPLICANT），因此Notify party一栏应填写信用证的申请人（买方），即

WENSCO ELECTRONICS LTD.
RUA DE GREENLAND STREET, ××-A1××- WELL VANCOUVER, CANADA
TEL：16043982××××

托运单中因为收货人一栏填写有误，所以通知人一栏也要相应修改，应填写开证申请人的具体信息。

（四）Ocean Vessel Voy. No.（船名及航次）

船名及航次栏目应填写货物所装的船名及航次，但是在出口商签发托运单的时候，大多数情况下并未知悉具体的船名和航次，因此留空不填的情况较多。

【操作解析】

此案例中出口商也尚未得知具体船名航次，所以留空是可以的。

（五）Port of Loading（装运港）

装运港是指希望货物装运的港口全称。在信用证方式下，装运港栏应严格按信用证规定填写。

【操作解析】

此案例中，信用证规定了装货港，因此此栏应按信用证填写：NINGBO, CHINA。
此栏填写正确。

（六）Port of Discharge（卸货港）

卸货港栏应填写货物卸船的港口名称。

【操作解析】

此案例中，信用证规定了卸货港，因此此栏应按信用证填写：VANCOUVER, CANADA
此栏填写正确。

（七）Port of Delivery（交货地点）

交货地点栏应填写货主提货的地方。当交货地与卸货港相同时，交货地可以不填，或与卸货港填写一致；当交货地与卸货港不同时，交货地往往为某个内陆城市，必须按要求或实际情况填写。

【操作解析】

此案例货物的交付地是目的港，因此此栏无须填写，托运单此栏正确。

（八）Container No.（集装箱箱号）

集装箱号栏应填写装载货物的集装箱箱号。

【操作解析】

此案例中，货物还未装柜，未产生集装箱箱号，因此托运单此栏留空不填是可以的。

【知识拓展】

多数情况下，出口商向货代企业办理托运时，货物往往还没有装柜，因此集装箱的相关信息还没有确定，如集装箱箱号、铅封号等，可以先留空不填。

（九）Seal No./Marks & Nos.（铅封号、标志和序号）

此栏应填写货物外包装正面刷制的唛头的全部内容，包括数字、字母和简单图案，没有唛头则填 N/M。单证上的唛头必须与货物外包装上的唛头一致，否则承运人拒绝装运或海关拒绝放行。

【操作解析】

此案例中，装箱单显示，货物没有唛头，因此填写：N/M，托运单填写正确。而货物还未装柜，未产生铅封号，因此铅封号不填是可以的。

（十）Number of Containers or P'mgs（箱数或件数）

此栏填写装入大包装数量的小写。在明确集装箱箱型和箱量的情况下也可以填写。

【操作解析】

此案例中，根据装箱单内容得知，数量为 450 CTNS，如实填入即可。而因为货物未装柜，所以未写明集装箱的箱型和箱量。托运单填写正确。

【知识拓展】

由于出口商在填写托运单时，通常货物还未装柜，所以不会产生具体的集装箱信息。但是我们可以根据毛重和体积大致推断出集装箱的个数和类型。如此证中的毛重为 9 000.00 KGS，体积为 27 CBM，可以推断出，该批货物应装入一个 20 尺的标箱。

（十一）Description of Goods（货名）

此栏必须与信用证或合同规定相符，与实际货物的名称、规格、型号、成分等都相一致。根据船公司的要求，订舱时必须写明具体货物的名称，而不仅仅只填写总称。

【操作解析】

此案例中，信用证要求货物品名为"KEYBOARD HY3400 AS PER PROFORMA-INVOICE NO. 054M-2020"，因此托运单中的货名栏填写正确。

（十二）Gross Weight（毛重/千克）

此栏一般填写货物的总毛重，以千克（公斤）为单位。

【操作解析】

此案例中，装箱单显示，货物毛重为 9 000.00 KGS，因此托运单中毛重的填写有误，应改为：9 000.00 KGS，而不是净重的 8 100.00 KGS。

（十三）Measurement（尺码/立方米）

一般填写货物的总体积。以立方米为计量单位，小数点以下保留三位。

【操作解析】

此案例中，装箱单显示，货物体积为 27.00 CBM，较为规范的写法为：27.000 CBM，因此托运单填写正确。

（十四）Total Number of Packages(in Words)［集装箱或件数合计（大写）］

多数情况下，此栏填写货物的大包装数量，大写。

【操作解析】

此案例中，共计一个集装箱，因此此栏填写：FOUR HUNDRED AND FIFITY CTNS ONLY。但是托运单中此栏并未填写，所以需要加以补充。

（十五）Freight & Charges（运费与附加费）

主要有Freight Prepaid（运费预付）和Freight Collect（运费到付）两种。如果货主拒绝支付运费，承运人有权留置货物。同时根据预付和到付情况，填写预付或到付地点。

【操作解析】

此案例中，由于贸易术语是CFR，运费支付形式为预付，因此应在"运费缴付方式"栏中填写：FREIGHT PREPAID。但托运单中出现了"FREIGHT COLLECT"，填写有误，须修改。

（十六）可否转船／可否分批

此栏根据货物实际情况和信用证要求填写，允许的写YES，不允许的写NO。

【操作解析】

此案例中，根据信用证规定，分批装运是NOT ALLOWED，而转运是ALLOWED。因此应在分批装运栏写NO，转运一栏写YES。但托运单中两栏都写了NO，需要将转运一栏改为YES。

（十七）装船期限／有效期

在确定了装船期限的情况下，在此栏填上具体时间，有限期亦如此。但在多数情况下，具体尚未订舱，因此装船期限可以留空。

【操作解析】

此案例中，货物尚未装柜，也未安排具体运输，因此装船期限留空是可以的。

（十八）制单日期

托运单制单日期应早于提单签发日，通常为提单签发前的7～15天。

【操作解析】

此托运单中的制单日期为JULY 12, 2020，在信用证规定装运期前，符合要求，是正确的。

（十九）备注（请配船期）

此栏是发货人对于货物托运有特殊要求时为告知货代企业希望引起注意而填写的，如对船期有特殊要求、货好时间等。

【操作解析】

此托运单中未在备注栏备注内容，也是可以的。

经审核后，我们将出错的栏目进行整理，发邮件告知客户。

Hello Allen,

审核你方 7 月 12 日的托运单后，发现以下问题，请核实：

1. Consignee 一栏信用证规定应填写 TO ORDER，托运单写了开证申请人信息。
2. Notify Party L 一栏信用证规定填写开证申请人，托运单写了 SAME AS CONSIGNEE，如果收货人一栏要做修改，那么通知人一栏也要相应修改。
3. 按你方装箱单，总毛重应为 9 000.00 KGS，托运单上写了 8 100.00 KGS，有误，须核实。
4. 托运单中，大包装数量（大写）未写明，须补充。
5. 信用证规定术语为 CFR，因此运费应预付，请将 FREIGHT COLLECT 改为 FREIGHT PREPAID。
6. 信用证规定转船 ALLOWED，托运单上却写了 NO，为了订舱需求，须改成 YES。

以上错误请尽快核实，并再发一份正确的托运单给我方，以便我方能尽快办理订舱、安排运输，谢谢。

顾佳
AAA 国际货运代理有限公司
电话：+86-571-6711××××
邮箱：gu@AAA.forwarding.com

任务二　国际空运托运订舱单证缮制

【案例导入】

浙江 AAA 国际货运代理有限公司是一家大型的国际物流企业，主营国际海运整箱、国际海运拼箱、国际空运、国际铁路、国际多式联运等进出口代理业务，提供仓储、陆运、订舱、代理报关报检、制单等多项服务（表 3-4、表 3-5）。

顾佳是 AAA 国际货运代理有限公司操作部的新员工，在学习了国际空运托运订舱的基础知识后，操作部刘经理将一票空运出口业务的单证工作交给顾佳处理，要求顾佳根据信用证和其他货物信息核对客户发来的航空托运书。

表3-4 国际贸易销售合同

GUANGDONG MACHINARY IMPORTAND EXPORT CORPORATION
GUANDONG FENGQI ROAD 403
SALES CONTRACT

TO:
JOHNSON'S S.A.
NATHAN ROAD3093,HONGKONG   DATE: OCT. 16,2020

We hereby confirm having sold to you the following goods on terms and conditions as stated below:

Commodity & Specifications	Quantity	Unit Price	Amount
GARDEN TOOLS		CIPHONGKONG	
AXE WITH WOODEN HANDLE	400 DOZ	USD25/DOZ	USD10 000.00
AXE WITH METAL HANDLE	600 DOZ	USD30/DOZ	USD18 000.00
BOW SAW	500 DOZ	USD15/DOZ	USD7 500.00
TOTAL	1500 DOZ		USD35 500.00

TOTAL CONTRACT VALUE: SAY US DOLLARS THIRTY FIVE THOUSAND FIVE HUNDRED ONLY

SHIPPING MARK: AT THE SELLER'S OPTION
PACKING: TO BE PACKED IN CARTONS OF 2 DOZ EACH
G.W. 25 KGS/CTN, N.W.20 KGS/CTN, MEA. 30 cm×40 cm×50 cm/CTN
AIRPORT OF DEPARTURE: GUANGZHOU, CHINA
AIRPORT OF DESTINATION: HONGKONG
TIME OF DELIVERY: DURING DEC., 2020
TERMS OF PAYMENT: BY D/P AT SIGHT
INSURANCE: TO BE COVERED BY THE SELLER FOR 110% OF CIF INVOICE VALUE AGAINST AIR TRANSPORTATION RISKS.
Signed by:
THE SELLER: THE BUYER:
GUANGDONG MACHINARY IMPORT   JOHNSON'S S.A.
AND EXPORT CORPORATION
　　×××(签章)　　　　　　　　　　　　　×××(签章)

表 3-5 国际货物托运书

中国民用航空总局
GENERAL ADMINISTRATION OF CIVIL AVIATION OF CHINA

国际货物托运书　　　　　货运单号码
SHIPPER'S LETTER OF INSTRUCTION　　NO. OF AIR WAYBILL

始发站 AIRPORT OF DEPARTURE GUANGZHOU	到达站 AIRPORT OF DESTINATION HONGKONG		供承运人用 FOR CARRIER USE ONLY		
			航班/日期 FLIGHT/DATE	航班/日期 FLIGHT/DATE	
线路及到达站 ROUTING AND DESTINATION					
至 TO:	第一承运人 FIRST CARRIER	至 TO:	至 TO:	至 TO:	至 TO:
至 TO:	至 TO:		已预留吨位 BOOKED		
收货人账号 CONSIGNEE'S ACCOUNT NUMBER	收货人姓名及地址 CONSIGNEE'S NAME AND ADDRESS			唛头：	
TO ORDER					
另请通知　JOHNSON'S S.A. ALSO NOTIFY　NATHAN ROAD3093, HONGKONG					
托运人账号 SHIPPER'S ACOUNT NUMER	托运人姓名及地址 SHIPPER'S NAME AND ADDRESS GUANGDONG MACHINARY IMPORTAND EXPORT CORPORATION GUANGDONG FENGQI ROAD 403				
托运人声明的价值 SHIPPER'S DECLARED VALUE		保险金额 AMOUNT OF INSURANCE		所附文件 DOCUMENT ACCOMPANY TO AIR WAYBILL	
供运输用 FOR CARRIAGE	供海关用 FOR CUSTOMS				
件数 NO. OF PACKAGES	实际毛重（千克） ACTUAL GROSS	运价类别 RATE	收费重量 CHAGEABLE WEIGHT	费率 RATE/CHARGE	货物品名及数量（包括体积或尺寸） NATURE AND QUANTITY OF GOODS （INCL. DIMENSIONS OR VOLUM）
1 500 DOZ	18 750.00 KGS	CLASS			GARDEN TOOLS1 500 DOZ
日期 DATE 13 DEC., 2020	托运人签字 SIGNATURE OF SHIPPER GUANGDONG MACHINARY IMPORTAND EXPORT CORPORATION ×××（签章）				

一、航空托运书的主要审核内容

（1）货物托运人和收货人的具体信息，如全称、详细地址、电话等，是否正确齐全。
（2）货物名称是否正确齐全。
（3）货物件数、毛重、包装方式及标志是否正确齐全。
（4）货物实际价值和声明价值是否正确。
（5）运费预付或到付说明是否正确齐全。
（6）托运人签字处是否有托运人的签名。

【知识链接】

航空货运代理对单据的审核，除最重要的托运书外，还需要审核发票、装箱单、报关单和其他相关单证，具体审核内容如下。

（1）发票、装箱单：发票上一定要加盖公司公章（业务科室、部门章无效），标明价格术语和货价（包括无价样品的发票）。
（2）报关单：注明经营单位注册号、贸易性质、收汇方式，并要求在申报单位处加盖公章。
（3）许可证：合同号、出口口岸、贸易国别、有效期一定要符合要求，并与其他单据相符。
（4）商检证、商检放行单、盖有商检放行章的报关单均可。商检证上应有"海关放行联"字样。
（5）索赔/返修协议：要求提供正本，并由合同双方盖章。
（6）到付保函：凡运费到付的货物，发货人都应提供到付保函。

二、航空托运书的具体审核项目

（一）始发站（AIRPORT OF DEPARTURE）

始发站栏填写始发站机场的全称。

【操作解析】

按合同规定，始发站为 GUANGZHOU，所以填写正确。

（二）到达站（AIRPORT OF DESTINATION）

到达站栏填写目的地机场（不知道机场名称时，可填写城市名称），如果某城市名称用于一个以上国家，应加上国名。例如：LONDON UK 伦敦，英国；LONDON KY US 伦敦，肯达基州，美国；LONDON TO CA 伦敦，安大略省，加拿大。

【操作解析】

按合同规定，到达站为 HONGKONG，所以填写正确。

（三）航班/日期（FLIHGT/DATE）

航班/日期栏填写航班和开航日期，由承运人（航空公司）填写。

【操作解析】

此栏因为有航空公司，填写，所以留空是正确的。

（四）线路及到达站（ROUTING AND DESTINATION）

本栏用于航空公司安排运输路线，但如果托运人有特别要求，也可填入本栏。

【操作解析】
此栏用于航空公司安排运输路线，因此可以留空，而且可以看出托运人无其他特殊要求。

（五）收货人姓名及地址（CONSIGNEE'S NAME AND ADDRESS）

此栏填写收货人的全称、街名、城市名称、国名以及电话号、电传号或传真号，不得填写"order"或"to order of the shipper"（按托运人的指示）等字样，航空货运单不能转让。

【操作解析】
合同中未明确收货人名称，其他资料也未显示托运人名称，即默认为进口商，因此托运书中"TO ORDER"的填法是错误的，应改为：JOHNSON'S S.A. NATHAN ROAD 3093, HONGKONG。

（六）另请通知（ALSO NOTIFY）

除填写收货人之外，如托运人还希望在货物到达的同时通知他人，须另填写通知人的全名和地址。

【操作解析】
此栏填写的是进口商，将进口商作为通知人是可行的，在国际贸易中比较常见。

（七）唛头

此栏填写货物运输包装上的运输标志，按信用证或合同内容填写。

【操作解析】
合同中对唛头的规定为：AT THE SELLER'S OPTION，因此托运书中卖方可以填上自己设计的唛头，当然也可以留空不填，后期补上。

（八）托运人姓名及地址（SHIPPER'S NAME AND ADDRESS）

此栏填写托运人的全称、街名、城市名称、国名，以及便于联系的电话号、电传号或传真号。

【操作解析】
此栏应填写出口商的信息，托运书中填写正确。

（九）托运人声明的价值，供运输用（SHIPPER'S DECLARED VALE—FOR CARRIAGE）

此栏填写供运输用的声明价值金额，该价值即为承运人负赔偿责任的限额。承运人按有关规定向托运人收取声明价值费，但如果所交运的货物毛重每公斤不超过 20 美元或其等值货币，则无须填写声明价值金额，可在本栏填入"NVD"（No Value Declared，未声明价值），如本栏空着未填，则承运人或其代理人可视为货物未声明价值。

【操作解析】
此托运书中未写明价值金额，也是可以的。

（十）托运人声明的价值，供海关用（SHIPPER'S DECLARED VALE—FOR CUSTOMS）

国际货物通常要受到目的站海关的检查，海关根据此栏所填数额征税。

【操作解析】

此托运单中未在备注栏备注内容，也是可以的。

（十一）保险金额（AMOUNT OF INSURANCE）

中国民行各空运企业暂未开展国际航空运输代保险业务，本栏可空着不填。

【操作解析】

按填制规则，此栏留空合理。

（十二）所附文件（DOCUMENT ACCOMPANY TO AIR WAYBILL）

随附在货运单上运往目的地的文件，应填上所附文件的名称，例如，托运人的动物证明（SHIPPER CERTIFICATION FOR LIVE ANIMALS）。

【操作解析】

此托运书中未填写单据名称，也是可以的。

（十三）件数（NO. OF PACKAGES）

此栏填写该批货物的总件数，并注明其包装方法，如包裹（Package）、纸板盒（Carton）、盒（Case）、板条箱（Crate）、袋（Bag）、卷（Roll）等，如货物没有包装，则注明为散装（Loose）。

【操作解析】

根据合同中的规定，货物共 1 500 打，每 2 打装一个纸箱，所以可以算出货物共 750 箱。但是在托运书中却填了 1 500 DOZ，应填写大包装数量的件数，而不是计价单位的件数，填写错误，需要修改。

（十四）实际毛重／千克（ACTUAL GROSS）

实际毛重即该批货物的实际总毛重。本栏内的重量应由承运人或其代理人在称重后填入，如托运人已经填上重量，则承运人或其代理人必须进行复核。

【操作解析】

根据合同中的规定，货物共 750 箱，每箱毛重 25 千克，可以得出总毛重为 750×25＝18 750 千克，托运书中填写正确。

（十五）运价类别（RATE）

本栏可空着不填，由承运人或其代理人填写。

【操作解析】

此栏可以留空不填。

（十六）收费重量（CHAGEABLE WEIGHT）

本栏内的收费重量应由承运人或其代理人在量过货物的尺寸（以厘米为单位）并算出收费重量后填入，如托运人已经填上此栏，则承运人或其代理人必须进行复核。

【操作解析】

此栏托运人未填写是可以的。

（十七）费率（RATE/CHARGE）

本栏可空着不填。

【操作解析】

此栏可以留空不填。

（十八）货物品名及数量（包括体积或尺寸）[NATURE AND QUANTITY OF GOODS（INCL. DIMENSIONS OR VOLUM）]

本栏填写货物的品名和数量（包括尺寸或体积）。货物中的每一项均须分开填写，并尽量填写详细。本栏所述填写内容应与出口报关发票和进口许可证上所列明的相一致。

【操作解析】

此栏在托运书中只填写了 GARDEN TOOLS1 500 DOZ，这样太过笼统，需要把具体内容写完整，具体填写如下：

```
GARDEN TOOLS
AXE WITH WOODEN HANDLE     400 DOZ
AXE WITH METAL HANDLE      600 DOZ
BOX SAW        500 DOZ
```

（十九）日期（DATE）

托运人或其代理人在此栏内填写托运单的日期。

【操作解析】

合同中规定的转运日期为12月，托运书中的日期是13 DEC., 2020，符合要求。

（二十）托运人签字（SIGNATURE OF SHIPPER）

托运人必须在本栏内签字。

【操作解析】

此栏填写符合填制规则。

因此，经审核后，我们将出错的栏目进行整理，发邮件告知客户。

> Hello Helen,
> 审核你方 12 月 13 日的托运书后，发现有以下问题，请核实：
> 1. Consignee 一栏填了"TO ORDER"，但在航空托运书中应填写进口商信息，请更改。
> 2. 件数一栏应填写大包装的件数而不是小包装的件数，应为"750 CTNS"。
> 3. 货物品名及数量一栏，填写太笼统不利于我们报关，请按照实际出运情况详细填写，将具体的规格和数量分别列明。
> 以上错误请尽快核实，并再发一份正确的托运单给我方，以便我方能尽快办理订舱、安排运输，谢谢。
> 顾佳
> AAA 国际货运代理有限公司
> 电话：+86-571-6711××××
> 邮箱：gu@AAA.forwarding.com

第五节　国际货运航次及承运人选择

任务一　国际海运班轮船期及主要承运人

【案例导入】

浙江 AAA 国际货运代理有限公司是一家大型的国际物流企业，主营国际海运整箱、国际海运拼箱、国际空运、国际铁路、国际多式联运等进出口代理业务，提供仓储、陆运、订舱、代理报关报检、制单等多项服务。

顾佳是 AAA 国际货运代理有限公司操作部的新员工，部门刘经理要求顾佳结合以下几个问题，自学国际海运班轮船期及主要承运人相关知识，为下一步技能实训工作做好准备。

（1）什么是班轮船期表？
（2）查询船期表有哪些注意事项？
（3）世界主要承运人有哪些？

一、国际海运班轮船期表的定义

班轮船期表（Liner Schedule）是由各班轮公司自定形式、自行颁布的关于航期、航行路线、挂港和载量的公开船期信息，一般包括航线名称、船名、航次编号、始发港名、中途港、终点港、到港时间和离港时间，以及有关事项等。表 3-6 为东方海外（OOCL）的船期表范例。

【知识链接】

查询船期表时应注意以下几点：
（1）依照客户的要求（包括航行时间和运费等），选定相应船公司的相应航线进行查询。
（2）根据客户货物出口的时间及船公司路线，选择适合该批货物出口的正确船期。
（3）了解船期表上的起运港、中转港、途经港口和目的港。
（4）提供准确的船名信息和船期时间（包括开船时间、中转时间及航行全程天数）给客户。

表 3-6 东方海外（OOCL）的船期表

Origin 始发地	Cut-off Date 截止日期	PORT OF LOAD (POL) 装货港	ETD AT POL 装货港预计开航时间	PORT OF DISCHARGE (POD) 卸货港	ETA AT POD 卸货港预计到达时间	FINAL DESTIATION HUB (FND) 最终目的地	ETA AT FND 预计到达最终目的地时间	EST. TRANSIT TIME (DAYS) 预计航行时间	VESSEL VOYAGE 承运人、船名航次	SERVICE 航线	CARGO NATURE 货物种类
SHANGHAI	2017/02/24 12:00	SHANGHAI	2017/02/25	TACOMA	2017/03/23	NEWYORK	2017/04/02	26	OOCL TIANJIN 098E	NP3	DRY
SHANGHAI	2017/02/21 20:00	SHANGHAI	2017/02/25	LONG BEACH	2017/03/21	NEWYORK	2017/03/31	24	CMA CHM LAMARTINE 007E	CC2	REEFER

二、国际海运主要承运人

国际海运主要承运人概况见表 3-7。

表 3-7 国际海运主要承运人

船公司	简介	LOGO
马士基航运有限公司 MAERSK SEALAND	1999 年，A. P. Moller 集团和美国 CSX 集团达成协议，马士基航运斥资 8 亿美元收购了海陆国际集装箱运输公司（Sealand），奠定了马士基航运世界航运公司排名第一的地位	MAERSK
地中海航运公司 MSC	全球有 255 艘集装箱船，880 000 TEU 的运力，五大洲 215 个码头停靠，提供 175 条直航和组合航线服务	msc
达飞船轮有限公司 CMA-CGM	1996、1999 年成功收购了法国最大的国营船公司——法国国家航运公司（CGM）和澳大利亚国家航运公司（ANL），正式更名为 "CMA-CGM"	CMA CGM
美国总统轮船公司 APL	APL 在亚洲、欧洲、中东和美洲等地区的 90 余个港口提供了超过 60 条的周班航线，每周停靠码头近 300 次	APL
赫伯罗特船务公司 HAPAG	目前世界前五大船公司之一，在 100 多个国家拥有约 500 家分支机构，超过 130 艘集装箱船，约 410 000 标准箱的装载量	Hapag-Lloyd
海洋网联船务公司 ONE	日本三大航运公司日本邮船、商船三井、川崎汽船整合集运业务而成 Ocean Network Express，以 148.42 万 TEU 的运力规模排名全球第六	ONE OCEAN NETWORK EXPRESS
中国远洋海运集团有限公司 COSCO	全球综合运力为 10 536 万载重吨 /1 317 艘，排名世界第一。集装箱船队规模为 307 万 TEU/507 艘，居世界第 3；干散货船队运力为 4 022 万载重吨 /410 艘，油轮船队运力为 2 583 万载重吨 /204 艘，杂货特种船队为 459 万载重吨 /162 艘，均居世界第一	COSCO SHIPPING
阳明海运股份有限公司 YANGMING	全球拥有 89 艘船，708.5 万载重吨 /62.9 万 TEU，年营运货柜逾 240 万 TEU，船队包括货柜船、散装船及代营台电运煤轮	YANG MING YANG MING MARINE TRANSPORT CORP. 陽明海運股份有限公司
长荣海运 EVERGREEN	全球经营约 150 艘全货柜轮，不论是船队规模还是货柜承载量，皆位居全球领先地位	長榮海運 EVERGREEN
东方海外货柜航运有限公司 OOCL	有超过 150 艘货轮、运载能力超过 1 000 万吨的船队，它是世界七大轮船航运公司之一，拥有世界造船史上最大的轮船——海上巨人号（Seawise Giant）	OOCL We take it personally

> **想一想**
> 1. 船期表中的信息量很大,需要重点关注的信息有哪些?
> 2. 选择海上货物承运人时,主要考虑哪些因素?

任务二　国际空运航班及主要承运人

【案例导入】

浙江AAA国际货运代理有限公司是一家大型的国际物流企业,主营国际海运整箱、国际海运拼箱、国际空运、国际铁路、国际多式联运等进出口代理业务,提供仓储、陆运、订舱、代理报关报检、制单等多项服务。

顾佳是AAA国际货运代理有限公司操作部的新员工,部门刘经理要求顾佳结合以下几个问题,自学国际空运航班及主要承运人相关知识,为下一步技能实训工作做好准备。

(1) 航空货物运输基础知识中航线与航班是指什么?
(2) 国际航空货运主要承运人有哪些?

一、国际航空运输的航线与航班

(一)国际航空运输航线

飞机飞行的路线称为空中交通线,简称航线。飞机的航线不仅确定了飞机飞行的具体方向、起讫点和经停点,还根据空中交通管制的需要,规定了航线的宽度和飞行高度,以维护空中交通秩序,保障飞行安全。

按照飞机飞行的起讫点,航线可分为国际航线、国内航线和地区航线三大类。

1. 国际航线

国际航线是指飞行路线连接两个或两个以上国家的航线,即起讫点、经停点跨越一国国境,连接其他国家航线。

2. 国内航线

国内航线是指在一个国家内部的航线,即起讫点、经停点均在一国国境内的航线。它又可分为干线、支线和地方航线三大类。

3. 地区航线

地区航线是指在一国之内,连接普通地区和特殊地区的航线,如中国内地与港、澳、台地区之间的航线。

另外,航线还可分为固定航线和临时航线,临时航线通常不得与航路、固定航线交叉或通过飞行频繁的机场上空。

(二)国际航空运输航班

1. 航班的概念

飞机由始发站起飞,按规定的航线经过经停站至终点站做经常性运输生产飞行,称为航班。航班有定期航班和不定期航班之分。

2. 航班号

为便于组织航空运输，每个航班都按照一定的规律有不同的号码，以便区别和管理，这些号码称为航班号。

航班号由各个航空公司的二字代码加四位数字组成，航空公司代码由民航局规定公布，后面的四位数字第一位代表航空公司的基地所在地区，第二位表示航班的基地外终点所在地区（1为华北，2为西北，3为华南，4为西南，5为华东，6为东北，8为厦门，9为新疆），第三、第四位表示该次航班的序号，单数表示由基地出发向外飞的去程航班，双数表示飞回基地的回程航班。国内主要航空公司的二字代码见表3-8。

表3-8 国内主要航空公司的二字代码

航空公司	二字代码	航空公司	二字代码
中国国际航空公司	CA	中国东方航空公司	MU
中国南方航空公司	CZ	海南航空公司	HU
厦门航空公司	MF	深圳航空公司	ZH

如MU5305，是上海飞往广州的航班，MU是中国东方航空公司代码，5代表上海所在的华东地区，3代表广州所载的华南地区，05为序号，单数是去程航班。根据航班号可以很快地了解航班的执行公司、飞往地点及方向。

【知识拓展】

国际航空运输组织主要有以下两个。

（1）国际民用航空组织（International Civil Aviation Organization, ICAO），简称国际民航组织，是联合国的一个专门机构。总部设在加拿大蒙特利尔，主要功能是制定国际空运标准和条例，是193个缔约国（截至2021年）在民航领域中开展合作的媒介。

（2）国际航空运输协会（International Air Transport Association, IATA），简称国际航协，是一个由世界各国航空公司组成的大型国际组织，总部设在加拿大的蒙特利尔，执行机构设在日内瓦。和监管航空安全和航行规则的国际民航组织相比，它更像一个由承运人（航空公司）组成的国际协调组织，主要解决在民航运输中出现的诸如票价、危险品运输等问题，其主要作用是通过航空运输企业来协调和沟通政府间的政策，并解决实际运作问题。

二、国际航空货运主要承运人

（一）航空公司

航空公司又称承运人，自身拥有飞机从事航空运输活动，它的主要业务是把货物和旅客从某地机场用飞机运到另一地机场。多数航空公司有定期航班，有些则无定期航班，只供包机运输。世界主要航空公司有以下几个。

（1）中国国际航空公司。代码：CA。优势航线：欧美地区。

（2）东方航空公司。代码：MU。优势航线：欧美及日本地区。

（3）中国南方航空公司。代码：CZ。优势航线：东南亚地区。

（4）厦门航空公司。代码：MF。与台湾长荣航空股份有限公司等航空公司联运，由台

北中转，去往世界各地。

（5）港龙航空公司。代码：KA。优势航线：东南亚各地。

（6）香港国泰航空公司。代码：CX。优势航线：东南亚各地及欧美。

（7）新加坡航空公司。代码：SQ。优势航线：新加坡及美国，全货机直飞美国。

（8）卢森堡国际货运航空公司。代码：CV。优势航线：欧洲，全货机直飞欧洲卢森堡。

（9）荷兰马丁航空公司。代码：MP。优势航线：欧洲，全货机直飞荷兰阿姆斯特丹。

（10）日本全日空航空公司。代码：NH。优势航线：日本地区。

（二）空运代理

空运代理是随着航空运输的发展及航空公司运输业务的集中化而发展起来的服务性行业。空运代理的作用如下：

（1）从航空公司的角度来看，空运代理的存在，使航空公司能更好地致力于自身主业，无须负责处理航运前和航运后繁杂的服务项目；

（2）从货主的角度来看，空运代理可使货主不必花费大量的精力去熟悉繁复的空运操作流程；

（3）空运代理在办理航空托运方面具有无可比拟的优势，如将零散货物集中拼装托运，简便手续，降低成本。

> 目前，国际航空运输已发展成一个规模庞大的行业，以世界各国主要城市为起讫点的世界航线网已遍及各大洲。那么，中国航空货运发展面对的机遇与挑战是什么？

任务三　航班及承运人选择

【案例导入】

浙江AAA国际货运代理有限公司是一家大型的国际物流企业，主营国际海运整箱、国际海运拼箱、国际空运、国际铁路、国际多式联运等进出口代理业务，提供仓储、陆运、订舱、代理报关报检、制单等多项服务。

顾佳是AAA国际货运代理有限公司操作部的新员工，在学习了国际海运提单相关基础知识后，操作部刘经理要求顾佳结合以下几个问题，自学航班及承运人相关知识，为下一步技能实训的工作做好准备。

（1）什么是实际承运人？如何区别承运人与实际承运人？

（2）实际承运人需承担哪些责任？

（3）选择承运人应考虑哪些因素？

一、承运人概述

（一）实际承运人的识别

承运人是指本人或者委托他人以本人名义与托运人订立海上货物运输合同的人；实际承运人是指接受承运人委托，从事货物运输或者部分运输的人，包括接受转委托从事此项运输的其他人。

（二）承运人与实际承运人责任关系

为了保护有关当事人的合法权益，尤其是货主的利益，需要明确承运人和实际承运人之间的责任关系以及他们对货方承担责任的形式。

1. 承运人应对全程运输负责任

《海商法》规定，与托运人订立海上货物运输合同的承运人，即便整个运输过程都是由实际承运人履行，也要对全程运输负责，并不解除承运人对全部运输负责的义务。

2. 实际承运人应对实际履行运输负责任

基于实际承运人所负的是法律上的承运人责任而不是运输合同中承运人的责任，因此承运人承担法律未规定的义务或者放弃法律赋予的权利、任何特别的协议，只有经过实际承运人的书面明确同意，才对实际承运人发生效力。否则，仅对承运人有效，对实际承运人无效。

3. 承运人与实际承运人的连带责任及追偿

即便是承运人没有过错，完全是由于实际承运人的过错造成货物在运输过程中产生的灭失、损坏或迟延交付，但由于承运人负全程责任，所以仍然要负赔偿责任，索赔人既可以向实际承运人追偿全部损失，也可以向承运人追偿全部损失。

二、航次、航班及承运人的选择

（一）装运日期

货物买卖双方在签订贸易合同时，通常都会约定装运日期。选择承运人时，发货方应依照合同，根据各船公司或航空公司发布的船期表及航班时刻表，选择适宜的开航日期。国际空运航班时刻表见表3-9。

表 3-9　国际空运航班时刻表

目的港	代码	航班号	航期	起飞时间	到达时间	交接时间	机型
香港	HKG	CZ381	DAILY	10：00	11：00	17：30	B737
		MF8015	DAILY	18：30	19：40	16：30	B737-800
		KA603	DAILY	15：00	14：25	12：20	A321/A320
		KA605	DAILY	19：45	21：05	17：10	A330
		KA507	2/3/5	7：40	14：40	17：30	B747
香港	HKG	CX351	1/3/5	12：20	13：45	9：55	A330
		N8252	DAILY	14：05	15：20	11：35	B737
澳门	MFM	MF895	DAILY	16：50	18：05	14：30	B737
		NX131	DAILY	14：45	16：05	12：15	A321/A320
		NX321	2/3/4/5/6	11：30	12：30	17：30	A300
		NX321	7	12：00	13：00	17：30	A300

续表

目的港	代码	航班号	航期	起飞时间	到达时间	交接时间	机型
新加坡	SIN	CA957	DAILY	17：45	22：00	15：15	B738
		MF859	DAILY	18：00	22：10	15：30	B737
		M1921	DAILY	12：15	16：45	9：45	A320/A319
		M1923	2/4	16：15	20：40	13：45	A320/A319

【知识链接】

查询国际空运航班表时应注意以下几点：

（1）需要掌握航空公司的英文两字代码，如 CZ 开头的航班号代表的是中国南方航空公司的航班，以 MF 开头的航班号代表的是厦门航空公司的航班，以 KA 开头的航班号代表的是香港港龙航空公司的航班。

（2）航期代表的是每周几有该航班。航期中的 DAILY 代表每天都有，航期中的 2/3/5 代表周二、周三、周五三天有该航班。

（3）航班时刻表中的交接时间是指该航班截止接收国际货物的放行资料的时间。

（4）需要掌握常见的机型代码，如 B737 代表的是波音 737 的机型，A321 代表的是空客 321 的机型，MD11 代表的是麦道 11 的机型。

（二）运输速度

托运人为了满足货物在规定日期前运到的需求，还应考虑运输速度问题。运输速度一般是指完成指定运输所需的时间。例如，货物从中国出发，以全水运方式运抵美国东海岸需 35 天左右；若以陆桥方式运抵，则需 22 天左右；若以空运方式运抵，则只需要 3～4 天。

（三）运输费用

当装运日期和运输速度不是托运人考虑的主要因素时，运输费用的高低就会成为托运人选择承运人最重要的因素。选择期运输方式时，主要问题是如何平衡运输服务的速度和成本。

（四）服务质量

服务质量是选择承运人所需要考虑的又一重要因素。在选择一家船公司或航空公司之前，考察一下它的服务质量是必要的，从班期的准时率到公司员工的服务态度、信息反馈速度等都需考虑周全，良好的服务可以减少运输事故的发生。主要船公司近年准班率排行见表 3-10。

表 3-10　船公司今年准班率排行表

Carriers	2016	2017	2018	Y/Y to 2017	Y/Y to 2016
Wan Hai	88.2%	81.0%	75.9%	−5.2%	−12.4%
Maersk Line	84.5%	76.6%	75.6%	−1.0%	−9.0%
Hamburg Sud	86.6%	79.7%	74.6%	−5.1%	−12.0%
MSC	84.3%	76.8%	73.9%	−2.9%	−10.4%

续表

Carriers	2016	2017	2018	Y/Y to 2017	Y/Y to 2016
APL	82.9%	76.8%	73.6%	−3.2%	−9.3%
CMA CGM	83.1%	77.2%	73.3%	−3.9%	−9.7%
OOCL	83.3%	77.5%	72.4%	−5.1%	−11.0%
Evergreen	83.8%	79.1%	72.2%	−6.9%	−11.6%
Zim	84.9%	76.1%	72.1%	−4.0%	−12.8%
COSCO	82.9%	77.3%	71.6%	−5.7%	−11.3%
HMM	82.2%	77.2%	71.2%	−5.9%	−10.9%
Hapag-Lloyd	84.0%	75.0%	68.9%	−6.0%	−15.0%
PIL	83.8%	72.6%	67.9%	−4.7%	−15.9%
Yang Ming	82.1%	71.9%	61.8%	−10.1%	−20.3%

由表3-10可知，三家航运联盟中，主要的班轮公司只有一家的日程时间表可靠性有所改善，万海（Wan Hai）是最能准时到达的，其次是马士基（Maersk Line）和汉堡南美（Hamburg Sud），可靠性分别为75.6%和74.6%。就马士基而言，与2017年相比，准时抵达能力下降了1个百分点。从联盟层面看，海洋联盟（OCEAN Alliance）是最精确的。

（五）公司的信誉和实力

一个公司的信誉决定了它遇到意外情况时解决问题的速度和方法，公司的经营状况决定了它所能承担的责任。针对承运人的实力调查，可以降低运输风险。

想一想

1. 国际多式经营人是承运人的身份吗？是契约承运人还是实际承运人？
2. 如果你是某船公司或航空公司的管理者，作为承运人，你将从哪些方面入手提升竞争力？

第六节 技能实训

任务一 选择集装箱箱型和数量

【案例导入】

浙江AAA国际货运代理有限公司是一家大型的国际物流企业，主营国际海运整箱、国际海运拼箱、国际空运、国际铁路、国际多式联运等进出口代理业务，提供仓储、陆运、订舱、代理报关报检、制单等多项服务。

顾佳是AAA国际货运代理有限公司操作部的新员工，在学习了关于海运和空运的相

第三章 操作岗——国际货代的托运订舱及集港运输

关基础知识后,操作部王经理要求顾佳根据客户提供的货物信息选择合适的箱型和集装箱数量。

中和商贸有限公司计划从上海出口一批饼干到马来西亚,曲乐玩具服务有限公司计划从上海出口一批儿童自行车到马来西亚,丰乐涂料有限公司计划出口一批油性油漆到马来西亚。2019年5月30日,三家公司委托AAA国际货运代理有限公司办理出口相关业务,并向AAA国际货运代理有限公司发送了货物信息,已知集装箱信息和货物信息见表3-11至表3-14。

如果你是AAA国际货运代理有限公司操作部的新员工顾佳,请根据以下货物信息与集装箱信息,结合集装箱所学知识,计算货物体积、重量,选择合适的箱型并计算箱量。

表3-11 集装箱信息表

规格	长×宽×高（m）	配货毛重（t）	箱体自重（t）
20 GP	内：5.898×2.350×2.380 外：6.058×2.438×2.591	17.50	2.30
40 GP	内：12.032×2.350×2.380 外：12.192×2.438×2.591	24.50	3.40

表3-12 中和商贸有限公司货物信息表

Description	Quantity	G.W.	Measurement	Unit Price	Amount
CIF KARACHI					
CORNMINT， （PACK OF 25）	1 600 CTNS	14 358.40 KGS	24.36 CBM	USD141.23/CTN	USD225 968.00
				TOTAL	USD225 968.00
备注：包装方式： Packing：25BAGS IN EACH CARTON（SIZE：32.60 cm×16.80 cm×27.80 cm）					

表3-13 曲乐玩具有限公司货物信息表

Description	Quantity	G.W.	Measurement	Unit Price	Amount
CIF KARACHI					
CHILDREN'S TOYS	770 CTNS	24 823.00 KGS	46.35 CBM	USD34.22/CTN	USD26 350.50
				TOTAL	USD26 350.50
备注：包装方式： Packing：1 PC IN EACH CARTON（SIZE：56.00 cm×25.00 cm×43.00 cm）					

114

表 3-14　丰乐涂料有限公司货物信息表

Description	Quantity	G.W.	Measurement	Unit Price	Amount
CIF KARACHI					
OIL PAINT 5L FLAMMABLE SOLVENT BASED PAINTS, AUXILIARY AGENT, AND COATINGS CLASS I CAS: 170427-66-4 UN: 2198	2 200CANS	16 280.00 KGS	21.30 CBM	USD73.00/CAN	USD160 600.00
				TOTAL	USD160 600.00

备注：包装方式：
Packing： 1 CAN IN EACH CARTON （SIZE：22.00 cm×20.00 cm×22.00 cm）

任务二　制订集港运输计划

【案例导入】

浙江 AAA 国际货运代理有限公司是一家大型的国际物流企业，主营国际海运整箱、国际海运拼箱、国际空运、国际铁路、国际多式联运等进出口代理业务，提供仓储、陆运、订舱、代理报关报检、制单等多项服务。

顾佳是 AAA 国际货运代理有限公司操作部的新员工，在学习了关于海运托运和空运托运订舱单证的相关知识后，单证部王经理要求顾佳制订集港运输计划。

合同一：杭州涉谷贸易服饰有限公司与浙江 AAA 国际货运代理有限公司达成运输交易，涉谷公司拟出口 3 个 40 尺集装箱的针织衫到纽约，在确认订舱后现需安排集港运输。

合同二：温州中和商贸有限公司计划从温州出口一批饼干到纽约，共计 5 个 20 尺集装箱，在确认订舱后现需安排集港运输。

合同三：宁波天乐玩具进出口有限公司计划出口 3 个 40 尺高柜的儿童自行车到纽约，在确认订舱后现需安排集港运输。

合作伙伴：

车队公司名称：宁波翔翼国际物流有限公司
公司主营业务：宁波集港装箱拖车，代拉代报，宁波车队
公司地址：宁波市江北区人民路 334 号 901 室
公司联系电话：0574-55118876　陈先生（QQ：894434781）
堆场名称：宁波三期箱管
相关的箱型以及箱主：马士基 MSK 中海 COSCO
联系电话：0574-27688119

订舱信息见表 3-15。

表 3-15 订舱信息表

VESSEL	VOYAGE	CUT-OFF DATE	POL	ETD	POD	ETA	DAYS	班级/挂靠码头
CSCL LE HAVRE	0053W	2020/9/13	Ningbo	2020/9/15	New York	2020/11/15	30	三期码头

该航线接管日为开航前两天，进场时间为每周三 10：00 到周日 20：00，截单时间为每周日 13：00。

请帮助操作员顾佳完成集港运输计划，主要从提取空箱、装箱、安排进港的角度来制订计划。

（1）对于三个城市的三批货物，顾佳应如何安排装运？至少需派出几支车队进行运输？

（2）顾佳安排谁去提箱？去哪里提箱？

（3）提箱时间、装箱时间和截港时间分别是什么时候？

任务三 缮制海运和空运托运订舱单证

【案例导入】

浙江 AAA 国际货运代理有限公司是一家大型的国际物流企业，主营国际海运整箱、国际海运拼箱、国际空运、国际铁路、国际多式联运等进出口代理业务，提供仓储、陆运、订舱、代理报关报检、制单等多项服务。

顾佳是 AAA 国际货运代理有限公司操作部的新员工，在学习了关于海运托运和空运托运订舱单证的相关知识后，操作部刘经理要求顾佳帮助操作员小王完成以下两笔业务下托运单的审核工作。

一、审核海运托运单

各托运单信息见表 3-16 至表 3-18。

表 3-16 LETTER OF CREDIT

FM：INDUSTRIAL BANK OF KOREA

DATED：APR 8，2020 **PLACE**：BUSAN

IRREVOCABLE DOCUMENTARY CREDIT	CREDIT NUMBER： 20/87654-FTC	ADVISING BANK'S REF. NO.
ADVISING BANK： BANK OF CHINA, DALIAN BRANCH	**APPLICANT**： DAIWAN ARTS AND CRAFTS CO., LTD. NO.5001 SEOCHO-DONG SEOCHO-GU, SEOUL, KOREA	
BENEFICIARY： DALIAN YUXI TRADING CO., LTD. RED VILLA LIAOHE EAST ROAD, DALIAN DVLP ZONE, DALIAN, CHINA	**AMOUNT**： US $ 24 370.00	
EXPIRY DATE：MAY 15, 2 020 FOR NEGOTIATION IN BENEFICIARY'S COUNTRY		

GENTLEMEN:

WE HEREBY OPEN OUR IRREVOCABLE LETTER OF CREDIT IN YOUR FAVOR WHICH IS AVAILABLE BY YOUR DRAFTS AT SIGHT FOR FULL INVOICE VALUE ON US ACCOMPANIED BY THE FOLLOWING DOCUMENTS:

+ SIGNED COMMERCIAL INVOICE IN THREE COPIES

+ PACKING LIST IN THREE COPIES, SHOWING THE INDIVIDUAL WEIGHT AND MEASUREMENT OF EACH PACKAGE

+ ORIGINAL CERTIFICATE OF ORIGIN IN THREE COPIES ISSUED BY THE CHAMBER OF COMMERCE

+ FULL SET CLEAN ON BOARD OCEAN BILLS OF LADING SHOWING FREIGHT PREPAID CONSIGNED TO ORDER OF INDUSTRIAL BANK OF KOREA INDICATING THE ACTUAL DATE OF THE GOODS ON BOARD AND NOTIFY THE APPLICANT WITH FULL ADDRESS AND PHONE NO.88009911

+ INSURANCE POLICY OR CERTIFICATE FOR 130 PERCENT OF INVOICE VALUE CONVERING WPA AS PER PICC DATED 01/01/1981

+ BENEFICIARY'S CERTIFICATE CERTIFYING THAT EACH COPY OF SHIPPING DOCUMENTS HAS BEEN AIRMAILED BY FAXED TO THE APPLICANT WITHIN 48 HOURS AFTER SHIPMENT.

COVERING SHIPMENT OF:

4 ITEMS OF CHINESE CERAMIC DINNERWARE INCLUDING: HX1115 500 SETS, HX2012 800 SETS, HX4405 400 SETS AND HX4510 200 SETS

DETAILS IN ACCORDANCE WITH SALES CONFIRMATION NO. DAHX030098 DATED APR.3,2 020

[ ]FOB/[ ]CFR/[X]CIF/[ ] BUSAN, KOREA

SHIPMENT FROM DALIAN	TO BUSAN	LATEST APRIL30, 2020	PARTIAL SHIPMENTS PROHIBITED	TRANSSHIPMENT PROHIBITED

DRAFTS TO BE PRESENTED FOR NEGOTIATION WITHIN 15 DAYS AFTER SHIPMENT, BUT WITHIN THE VALIDITY OF CREDIT.

ALL DOCUMENTS TO BE FORWARDED IN ONE COVER, BY AIRMAIL, UNLESS OTHERWISE STATED UNDER SPECIAL INSTRUCTIONS.

SPECIAL INSTRUCTIONS: ALL BANKING CHARGES OUTSIDE KOREA ARE FOR ACCOUNT OF BENEFICIARY

+ ALL GOODS MUST BE SHIPPED IN ONE 20'CY TO CY CONTAINER

+ THE VALUE OF FREIGHT PREPAID HAS TO BE SHOWN IN BILLS OF LADING

+ DOCUEMNTS WITH FAIL TO COMPLY WITH TERMS AND CONDITIONS IN THE LETTER OF CREDIT SUBJECT TO A SPECIAL DISCREPANCY HANDLING FEE OF USD 35.00 TO BE DEDUCTED FROM ANY PROCEEDS

DRAFT MUST BE MARKED AS BEING DRAWN UNDER THIS CREDIT AND BEAR ITS NUMBER; THE AMOUNTS ARE TO BE ENDORSED ON THE REVERSE HEREOF BY NEG. BANK. WE HEREBY AGREE WITH THE DRAWERS, ENDORSERS AND BONA FIDE HOLDER THAT ALL DRAFTS DRAWN UNDER AND IN COMPLICANCE WITH THE TERMS OF THIS CREDIT SHALL BE DULY HONORED IPON PRESENTATION.

THIS CREDIT IS SUBJECT TO THE UNIFORM CUSTOMS AND PRACTICE FOR DOCUMENTARY CREDTIS (1993 REVISION) BY THE INTERNATIONAL CHAMBER OF COMMERCE PUBLICATION NO.500.

AUTHORIZED SIGNATURE

表 3-17　装箱单

SELLER: DALIAN YUXI TRADING CO., LTD. RED VILLA LIAOHE EAST ROAD, DALIAN DVLP ZONE, DALIAN, CHINA		装箱单 PACKING LIST	
BUYER: DAIWAN ARTS AND CRAFTS CO., LTD. NO.5001 SEOCHO-DONG SEOCHO-GU, SEOUL, KOREA	INVOICE NO. DLYX08		DATE: MARCH 22, 2020
	S/C NO. DAHX030098		L/C NO. 20/87654-FTCL/C NO. 20/87654-FTC
	FROM DALIAN		TO BUSAN
	MARKS & NOS. DAIWAN BUSAN NO. 1-430		

C/NOS.	Numbers & Kind of Package	ITEM	QUANTITY	G.W.（KGS）	N.W.（KGS）	Meas.（CBM）
1-100	100 CTNS	CHINESE CERAMIC DINNER WARE HX1115 35PCS DINNERWARE & TEA SET	500 SETS	@12 KGS 1 200.00	@10 KGS 1 000.00	@50 cm×40 cm×30 cm 6.000
101-300	200 CTNS	HX201220PCSDINNERWARE SET	800 SETS	2 400.00	2 000.00	12.000
301-380	80 CTNS	HX440547PCSDINNERWARE SET	400 SETS	960.00	800.00	4.800
381-430	50 CTNS	HX451095PCSDINNERWARE SET	200 SETS	600.00	500.00	3.000
	TOTAL: 430 CTNS		1 900 SETS	5 160.00	4 300.00	25.800

TOTAL PACKAGES（IN WORDS）:
SAY FOUR HUNDERD AND THIRTY CARTONS ONLY

DALIAN YUXI TRADING CO., LTD.
宋国立

表 3-18　客户托运单

Shipper（发货人）： DALIAN YUXI TRADING CO., LTD. RED VILLA LIAOHE EAST ROAD, DALIAN DVLP ZONE, DALIAN, CHINA Consignee（收货人）： TO ORDER	**DALIAN YUXI TRADING CO., LTD.** 托运单	
Notify Party（通知人）： DAIWAN ARTS AND CRAFTS CO., LTD. NO. 5001 SEOCHO-DONG SEOCHO-GU, SEOUL, KOREA	外运编号：020-203023	

Ocean Vessel（船名）	Coy. No（航次）	Port of loading（装货港） DALIAN, CHINA	
Port of Discharge（卸货港） BUSAN, KOREA	Place of Delivery（交货地点）		

Container No（集装箱号）	Seal No.（封志号）Marks and Nos.（标记和号码）	No. of Containers or P' kgs.（箱数或件数）	Kind of Package; Description of Goods（包装种类与货名）	Gross Weight 毛重（千克）	Measurement 尺码（立方米）
NO. 1-430	DAIWAN BUSAN	430 CTNS	CHINESE CERAMIC DINNER WARE SAY FOUR HUNDRED AND THIRTY CARTONS ONLY	5 160.00 KGS	25.800 CBM

TOTAL NUMBER OF PACKAGES（in Words）集装箱或件数合计（大写）	TOTAL PACKED IN	

FREIGHT AND CHARGES（运费与附加费）	Revenue Tone（运费吨）	Rate（运费率）	Per（每）	运费缴付方式
				FREIGHT COLLECT

可否转船：YES	可否分批：NO	备注	请配船期：
装船期限：APR. 30, 2020	有效期：		
金　额：			
制单日期：			

第三章 操作岗——国际货代的托运订舱及集港运输

请根据表3-16和表3-17所示的信用证和装箱单审核表3-18托运单,将托运单中不合理的地方在下面的邮件中写明告知客户。

> Hello Sir,
> 审核你方3月5日的托运单后,发现以下问题,请核实:
>
>
>
> 以上错误请尽快核实,并再发一份正确的托运书给我方,以便我方能尽快办理订舱、安排运输,谢谢。
> 顾佳
> AAA国际货运代理有限公司
> 电话:+86-571-6711××××
> 邮箱:gu@AAA.forwarding.com

二、审核航空托运书

各托运单信息见表3-19、表3-20。

表3-19　SALE CONTRACT

QINGDAO LIANJIANG CO., LTD.
NO. 2 TAIPING ST. QINGDAO, CHINA
SALE CONTRACT
THE BUYER:TAKA CO., LTD.　　　　　　　　　　　　S/C NO. <u>2 020072</u>
12-15,AZA SHINBO, OHAZA YAMAY, OSAKA, JAPAN　　DATE: <u>OCT. 15, 2 020</u>
DEAR SIRS,
WE HENRBY CONFIRM HAVING SOLD TO YOU THE FOLLOWING GOODS ON TERMS AND CONDITIONGS AS SPECIFIED BELOW:

Commodity & Specifications	Quantity	Unit Price	Amount
DOOR HANDLE			FCA QINGDAO
ARTICLE NO. DH5010	4 500 PCS	USD8.80/PC	USD39,600.00
ARTICLE NO. DH5020	4 500 PCS	USD8.50/PC	USD38,250.00
TOTAL	9 000 PCS		USD77,850.00
TOTAL CONTRACT VALUE:SAY U.S. DOLLARS SEVENTY-SEVEN THOUSAND EIGHT HUNDRED AND FIFTY ONLY			

SHIPPING MARK:TAKA/OSAKA
PACKING:PACKED IN CARTONS OF 10PCS EACH, TOTAL:900 CTNS
　　　　　G.W. 30KGS/CTN, N.W. 25 KGS/CTN, MEAS. 30 cm×30 cm×40 cm/CTN
AIRPORT OF DEPARTURE:QINGDAO, CHINA
AIRPORT OF DESTINATION:OSAKA, JAPAN
TIME OF DELIVERY:NOT LATER THAN MAR.16, 2020
TERMS OF PAYMENT:20% BY T/T BEFORE NOV.23, 2018, 80% BYD/P AT SIGHT.
INSURANCE:TO BE COVERED BY THE BUYER.
Signed by
THE SELLER　　　　　　　　　　　　　　　　　　THE BUYER
QINGDAO LIANJIANG CO.,LTD.　　　　　　　　　TAKA CO.,LTD.
刘美　　　　　　　　　　　　　　　　　　　　　　**TAKA**

表3-20　国际货物托运书

中国民用航空总局
GENERAL ADMINISTRATION OF CIVIL AVIATION OF CHINA

国际货物托运书 SHIPPER'S LETTER OF INSTRUCTION	货运单号码 NO. OF AIR WAYBILL

始发站 AIRPORT OF DEPARTURE QINGDAO	到达站 AIRPORT OF DESTINATION OSAKA	供承运人用 FOR CARRIER USE ONLY	
		航班/日期 FLIGHT/DATE	航班/日期 FLIGHT/DATE
线路及到达站 ROUTING AND DESTINATION			

至 TO:	第一承运人 FIRST CARRIER	至 TO:	至 TO:	至 TO:	至 TO:	至 TO:	至 TO:	已预留吨位 BOOKED

收货人账号 CONSIGNEE'S ACCOUNT NUMBER TAKA CO., LTD. 12-15, AZA SHINBO, OHAZA YAMAY, OSAKA, JAPAN	收货人姓名及地址 CONSIGNEE'S NAME AND ADDRESS	唛头： TAKA/OSAKA
另请通知 TAKA CO., LTD. 12-15, AZA SHINBO, OHAZA YAMAY, OSAKA, JAPAN		
托运人账号 SHIPPER'S ACOUNT NUMER QINGDAO LIANJIANG CO., LTD. GUANGDONG FENGQI ROAD 403	托运人姓名及地址 SHIPPER'S NAME AND ADDRESS	

托运人声明的价值 SHIPPER'S DECLARED VALUE		保险金额 AMOUNT OF INSURANCE	所附文件 DOCUMENT ACCOMPANY TO AIR WAYBILL
供运输用 FOR CARRIAGE	供海关用 FOR CUSTOMS		

件数 NO. OF PACKAGES	实际毛重（千克） ACTUAL GROSS	运价类别 RATE CLASS	收费重量 CHAGEABLE WEIGHT	费率 RATE/CHARGE	货物品名及数量（包括体积或尺寸） NATURE AND QUANTITY OF GOODS （INCL. DIMENSIONS OR VOLUME）
900 CTNS	22500.00 KGS	CLASS			DOOR HANDLE

日期 DATE QINGDAO LIANJIANG CO., LTD. 　×××（签章）	托运人签字 SIGNATURE OF SHIPPER

请根据表3-19所示合同，审核表3-20所示航空托运书，将托运书中不合理的地方在下面的邮件中写明告知客户。

Hello Sir,
审核你方3月5日的托运单后，发现以下问题，请核实：

以上错误请尽快核实，并再发一份正确的托运书给我方，以便我方能尽快办理订舱、安排运输，谢谢。
顾佳
AAA国际货运代理有限公司
电话：+86-571-6711××××
邮箱：gu@AAA.forwarding.com

第四章

单证岗——海运单证、航空运输单证及多式联运单证

【知识目标】

○ 了解海运提单的定义
○ 熟悉海运提单的功能
○ 了解海运提单的分类
○ 掌握海运提单的填写项目
○ 熟悉海运提单的背面条款
○ 了解国际航空运单的定义
○ 了解国际航空运单的作用
○ 熟悉国际航空运单的分类
○ 掌握国际海运提单的填制规范
○ 熟悉国际海运提单的背书
○ 掌握国际航空运单的填制规范
○ 了解国际航空运单签发的注意事项

【技能目标】

◇ 能正确缮制国际海运主提单
◇ 能正确缮制国际海运分提单
◇ 能正确缮制国际航空运单

【思维导图】

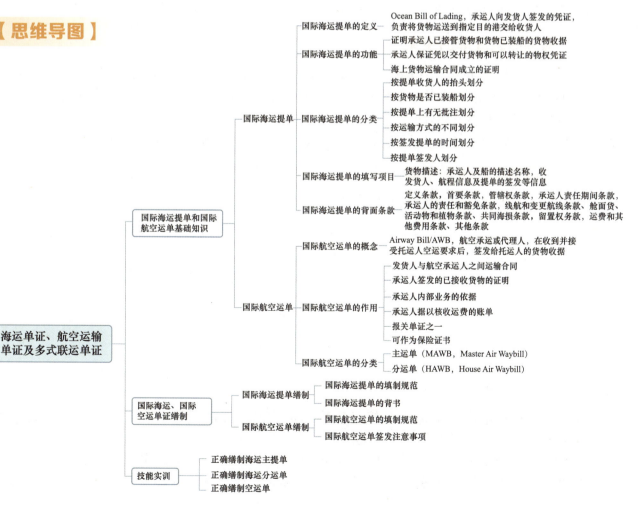

第一节　国际海运提单和国际航空运单基础知识

任务一　国际海运提单

【案例导入】

浙江AAA国际货运代理有限公司是一家大型的国际物流企业，主营国际海运整箱、国际海运拼箱、国际空运、国际铁路、国际多式联运等进出口代理业务，提供仓储、陆运、订舱、代理报关报检、制单等多项服务。

顾佳是AAA国际货运代理有限公司单证部的新员工，单证部刘经理要求顾佳结合以下几个问题，自学国际海运提单相关知识，为下一步缮制海运提单的工作做好准备。

（1）什么是国际海运提单？
（2）国际海运提单的功能是什么？
（3）国际海运提单有哪些种类？
（4）国际海运提单的填写项目有哪些？
（5）国际海运提单的背面条款有哪些？

一、国际海运提单的定义

国际海运提单（Ocean Bill of Lading，B/L），简称提单。我国《海商法》第七十一条规定："提单，是指用以证明海上货物运输合同和货物已经由承运人接收或者装船，以及承运人保证据以交付货物的单证。提单中载明的向记名人交付货物，或者按照指示人的指示交付货物，或者向提单持有人交付货物的条款，构成承运人据以交付货物的保证。"

二、国际海运提单的功能

国际海运提单的功能如图4-1所示。

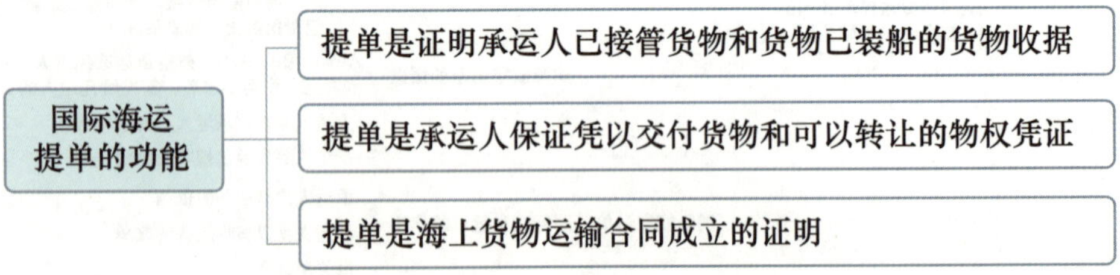

```
                ┌── 提单是证明承运人已接管货物和货物已装船的货物收据
国际海运提单的功能 ──┼── 提单是承运人保证凭以交付货物和可以转让的物权凭证
                └── 提单是海上货物运输合同成立的证明
```

图4-1　国际海运提单的功能

（一）货物收据

国际海运提单是证明承运人已接管货物和货物已装船的货物收据。提单一经承运人签发，即表明承运人已将货物装上船舶或已确认接管。

提单作为货物收据，不仅证明收到货物的种类、数量、标志、外表状况，而且证明收到货物的时间，即货物装船的时间。将货物装船象征着卖方将货物交付给买方，于是装船时间也就意味着卖方的交货时间。因此，用提单来证明货物的装船时间是非常重要的。

（二）物权凭证

国际海运提单是承运人保证凭以交付货物和可以转让的物权凭证。

除非在提单中指明，提单可以不经承运人的同意而转让给第三者，提单的转移就意味着物权的转移，连续背书可以连续转让。提单的合法受让人或提单持有人就是提单上所记载货物的合法持有人。

提单所代表的物权可以随提单的转移而转移，提单中所规定的权利和义务也随着提单的转移而转移。即使货物在运输过程中遭受损坏或灭失，也因货物的风险已随提单的转移而由卖方转移给买方，只能由买方向承运人提出赔偿要求。

（三）运输合同成立证明

国际海运提单是海上货物运输合同成立的证明。

提单上印就的条款规定了承运人与托运人之间的权利、义务，而且提单是法律承认的处理有关货物运输的依据，因而常被人们认为提单本身就是运输合同，提单只是运输合同的证明。但如果事先没有任何约定，托运人接受提单时又未提出任何异议，这时提单就被视为合同本身。

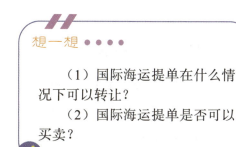

想一想

（1）国际海运提单在什么情况下可以转让？

（2）国际海运提单是否可以买卖？

三、国际海运提单的分类

按不同的分类标准，提单可以划分为许多种类，如表 4-1 所示。

表 4-1　国际海运提单的分类

分类依据	分类
按提单收货人的抬头划分	记名提单、不记名提单、指示提单
按货物是否已装船划分	已装船提单、收货待运提单
按提单上有无批注划分	清洁提单、不清洁提单
按运输方式的不同划分	直达提单、转船提单、联运提单、多式联运提单
按签发提单的时间划分	倒签提单、顺签提单、预借提单、过期提单
按提单签发人划分	船公司签发的提单、无船承运人签发的提单

（一）按提单收货人的抬头划分

根据提单收货人的抬头不同，提单划分为记名提单（Straight B/L）、不记名提单（Open B/L、Blank B/L、Bearer B/L）和指示提单（Order B/L）。记名提单在收货人一栏内列明收货人名称，因此又称为收货人抬头提单，这种提单不能用背书方式转让，而货物只能交与列明的收货人。不记名提单是在提单上不列明收货人名称的提单，谁持有提单，谁就可凭提单向承运人提取货物，承运人交货是凭单不凭人。指示提单上不列明收货人，可凭背书进行转让，有利于资金的周转，在国际贸易中应用较普遍。

（二）按货物是否已装船划分

根据货物是否已装船，提单可分为已装船提单（Shipped B/L，On Board B/L）和备用提单（Received for Shipment B/L）。前者是指货物已装上船后签发的提单，而后者是指承运人已接管货物并准备装运时所签发的提单，所以又称收讫待运提单。在贸易合同中，买方一般要求卖方提供已装船提单，因为已装船提单上有船名和装船日期，对收货人按时收货有保障。

（三）按提单上有无批注划分

根据提单有无不良批注，提单划分为清洁提单（Clean B/L）和不清洁提单（Unclean B/L，Foul B/L）。清洁提单是在提单上未批注有关货物受损或包装不良等的提单，不清洁提单是指在提单上注明货物表面状况受损或包装不良等的提单。在国际贸易结算中，银行只接受"清洁提单"，即承运人未在提单上批注货物外表状况有任何不良情况。

（四）按运输方式的不同划分

根据运输方式的不同，提单可划分为直运提单（Direct B/L）、转运提单（Transshipment B/L）、联运提单（Through B/L）和多式联运提单（Multimodal Transport B/L, Intermodal Transport B/L）。直运提单是指中途不经换船直接运达指定港口的提单；转运提单是在货运过程中至少经过两艘轮船运输的货运提单，即装运港船舶不抵达指定交货港，在中途卸货交另一艘船舶继续运输的提单；联运提单是经两种或两种以上的运输方式运送货物，由第一程承运人签发的，包括全程并能在目的港提货的运单，联运提单的签发人只对第一程运输负责；多式联运提单是指一批货物需要经过两种以上不同运输方式，其中一种是海上运输方式，由一个承运人负责全程运输，负责将货物从接收地运至目的地交付收货人，并收取全程运费所签发的提单。

（五）按签发提单的时间划分

根据签发提单的时间，提单可划分为倒签提单（Anti-dated B/L）、顺签提单（Post-date B/L）、预借提单（Advanced B/L）和过期提单（Stale B/L）。倒签提单是在货物装船完毕后，以早于货物实际装船日期为签发日期的提单；顺签提单指在货物装船完毕后，应托运人的要求，由承运人或其代理人签发的提单；预借提单指货物尚未装船或尚未装船完毕的情况下，信用证规定的结汇期（信用证的有效期）即将届满，托运人为了能及时结汇，要求承运人或其代理人提前签发的已装船清洁提单，即托运人为了能及时结汇而从承运人那里借用的已装船清洁提单；过期时提单是指信用证结算时，受益人在议付交单时，提单日期已经超过提单日 21 天。

（六）按提单签发人划分

根据提单签发人的不同，提单可划分为船公司签发的提单和无船承运人签发的提单。船公司签发的提单通常为整箱货签发提单，无船承运人签发的提单（NVOCC B/L）指由无船承运人或其代理人所签发的提单。在集装箱运输中，无船承运人通常为拼箱货签发提单，因为拼箱货是在集装箱货运站内装箱和拆箱，而货运站又大多为仓库，所以有人称其为仓/仓提单（House B/L）。当然，无船承运人也可以为整箱货签发提单。

【知识拓展】

正本提单、电放提单与海运单

正本提单，即提单上注明有"ORIGINAL"字样，由承运人正式签字盖章并注明签发日期，一般是三正三副。电放提单（Telex Release）是指船公司申请提供保函、电传通知目的港代理，目的港无须凭正本提单放货，收货人可凭收货人公司盖章的"电放提单"传真件或身份证明提取货物。海运单（Seaway Bill）是近年来比较流行的一种国际签单形式。海运单是证明货物由承运人接管或装运并且承运人保证将货物交给收货人的一种不可转让的海上运输单证，又称为"不可转让海运单"（Non-negotiable Seaway Bill）。海运单不能背书转让，收货人无须凭海运单，只需出示适当的身份证明，就可以提取货物。因此，海运单迟延到达、灭失、失窃等均不影响收货人提货，这样可以有效防止海运欺诈、错误交货等情况的发生。

四、国际海运提单的填写项目

我国《海商法》第七十三条规定，提单的正面一般包括下列各项：

（1）货物的品名、标志、包数或者件数、重量或体积，以及运输危险货物时对危险性质的说明；
（2）承运人的名称和主营业所；
（3）船舶的名称；
（4）托运人的名称；
（5）收货人的名称；
（6）装货港和在装货港接收货物的日期；
（7）卸货港；
（8）多式联运提单增列接收货物地点和交付货物地点；
（9）提单的签发日期、地点和份数；
（10）运费的支付；
（11）承运人或者其代表的签字。

提单缺少前款规定的一项或者几项的，不影响提单的性质，但是，提单应当符合该法第七十一条的规定。

上述规定说明：缺少其中的一项或几项的，不影响提单的法律地位，但是必须符合《海商法》关于提单的定义和功能的规定。除在内陆签发多式联运提单时上述第三项船舶名称，签发海运提单时多式联运提单的接收货地点和交付货物的地点以及运费的支付这3项外，其他8项内容是必不可少的，目前，各船公司制定的提单内容与此相仿。

五、国际海运提单的背面条款

海运提单背面条款主要包含了以下几个方面的内容。

（一）定义条款

定义条款主要是对海运提单中的关键词加以定义和限定。

（二）首要条款

海运提单上的首要条款主要规定了提单所适用的法律受何种国际公约、协议的约束，

具体说明了提单内有关运输事项的解释权。

（三）管辖权条款

管辖权条款具体规定了承运人在整个货物运输流程中所应该承担的责任以及所享受的免责事项，一般都是以所依据的法律或公约概括加以规定的。

（四）承运人责任期间条款

这项条款规定了承运人对货物灭失或损害承担赔偿责任的期间。一般来说，海运提单中对承运人的责任期限往往是从货物装上船舶起到卸离船舶止。

（五）承运人的责任和豁免条款

承运人的责任和豁免条款规定了承运人所承担的责任及所享受的免责事项。

（六）绕航和变更航线条款

这项条款规定了哪些行为属于正常绕航和变更航线，哪些行为属于不合理绕航和变更航线。

（七）舱面货、活动物和植物条款

这项条款是规定承运人对这三种物品是否承担风险的条款。

（八）共同海损条款

共同海损条款具体规定了如果发生共同海损，将会在什么地点、按照什么规则计算这些损失。

（九）留置权条款

留置权条款规定了承运人对于那些应该收，但还没有收的费用，拥有对货物或任何单证行使留置权，并有权出售或处理货物以抵偿应收款项的权力。

（十）运费和其他费用条款

这项条款主要规定了运费的支付方式、时间、币种和计算方法。

（十一）其他条款

其他条款具体包括包装和唛头条款、自由转船条款、托运人错误申报条款、危险品和违禁品条款、冷藏货条款、美国条款、承运人赔偿责任限额条款以及诉讼期限条款等。

任务二　国际航空运单

【案例导入】

浙江AAA国际货运代理有限公司是一家大型的国际物流企业，主营国际海运整箱、国

际海运拼箱、国际空运、国际铁路、国际多式联运等进出口代理业务,提供仓储、陆运、订舱、代理报关报检、制单等多项服务。

顾佳是 AAA 国际货运代理有限公司单证部的新员工,单证部刘经理要求顾佳结合以下几个问题,自学国际航空运单相关知识,为下一步缮制国际航空运单的工作做好准备。

(1)什么是国际航空运单?
(2)国际航空运单的作用是什么?
(3)国际航空运单有哪些种类?

一、国际航空运单的概念

国际航空运单(Airway Bill,AWB)指承运货物的航空承运人或其代理人,在收到承运货物并接受托运人的空运要求后,签发给托运人的货物收据。

二、国际航空运单的作用

国际航空运单的作用如图 4-2 所示。

图 4-2 国际航空运单的作用

国际航空运单与海运提单有很大不同。它是由承运人或其代理人签发的重要货物运输单据,是承托双方的运输合同,其内容对双方均具有约束力。国际航空运单不可转让,持有国际航空运单也不能说明可以对货物要求所有权。

(一)发货人与航空承运人之间运输合同

国际航空运单不仅证明航空运输合同的存在,而且国际航空运单本身就是发货人与航空运输承运人之间缔结的货物运输合同。

(二)承运人签发的已接收货物的证明

国际航空运单也是货物收据,作为已经接收货物的证明。除非另外注明,它是承运人收到货物并在良好条件下装运的证明。

(三)承运人内部业务的依据

航空运单上载有有关该票货物发送、转运、交付的事项,承运人会据此对货物的运输做出安排。

（四）承运人据以核收运费的账单

国际航空运单分别记载着收货人负担的账用，应支付给承运人的费用和应支付给代理人的费用，并详细列明费用的种类、金额，可作为运费账单和发票。承运人往往也将其中的承运人联作为记账凭证。

（五）报关单证之一

出口时是报关单证之一，在货物到达目的地机场进行进口报关时，通常是海关查验放行的基本单证。

（六）保险证书

如果承运人承办保险或发货人要求承运人代办保险，则国际航空运单也可用来作为保险证书。

三、国际航空运单的分类

国际航空运单可分为主运单与分运单。

（一）主运单

凡由航空运输公司签发的国际航空运单称为主运单（Master Air Waybill，MAWB）。它是航空运输公司据以办理货物运输和交付的依据，是航空公司和托运人订立的运输合同，每一批航空运输的货物都有自己相对应的航空主运单。

（二）分运单

集中托运人在办理集中托运业务时签发的航空运单称作航空分运单（House Air Waybill，HAWB）。在集中托运的情况下，除航空运输公司签发主运单外，集中托运人还要签发航空分运单。

在这中间，航空分运单作为集中托运人与托运人之间的货物运输合同，合同双方分别为货主和集中托运人；而航空主运单作为航空运输公司与集中托运人之间的货物运输合同，当事人则为集中托运人和航空运输公司。货主与航空运输公司没有直接的契约关系。

【知识链接】

航空运单在使用中应注意以下几点：

（1）航空运单只是运输合同的证明，不是物权凭证，不可以转让。在航空运单的正面有"不可转让"（NOT NEGOTIABLE）字样。

（2）航空运单可用于单一种类货物的运输，也可用于不同种类货物的集合运输；可用于单程运输，也可用于联程运输。

（3）一张航空运单可以用于一个托运人在同一时间、同一地点托运的由承运人运往同一目的站的同一收货人的一件或多件货物。

（4）托运人对填开的货物说明和声明的正确性负责。由于航空运单上所填的说明和声明不符合规定或不完整、不正确，给承运人或其他人造成的损失，托运人应当承担赔偿的责任。

（5）空运单的有效期：当货物运至目的地，收货人提取货物并在航空运单交付联上签字认可后，航空运单作为运输契约凭证的有效期即告结束。作为运输契约，其作为法律依据的有效期应延伸至运输停止后的两年内有效。

（1）国际航空运单和国际海运提单有哪些不同？
（2）主运单和分运单的收货人、发货人有哪些不同？

第二节　国际海运、空运单证缮制

任务一　国际海运提单缮制

【案例导入】

浙江AAA国际货运代理有限公司是一家大型的国际物流企业，主营国际海运整箱、国际海运拼箱、国际空运、国际铁路、国际多式联运等进出口代理业务，提供仓储、陆运、订舱、代理报关报检、制单等多项服务。

顾佳是AAA国际货运代理有限公司单证部的新员工，在学习了国际海运提单相关基础知识后，单证部刘经理将一票海运出口业务的相关信息通过邮件发送给顾佳，要求顾佳根据货物信息缮制海运提单。

永泰电子的信用证和装箱单见表4-2和表4-3，表4-4为空白海运提单。

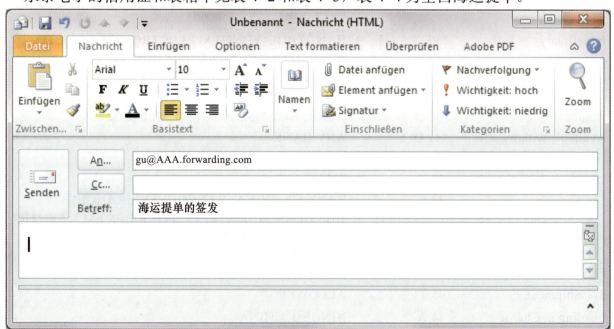

第四章 单证岗——海运单证、航空运输单证及多式联运单证

> 顾佳，
> 　你好！为检验你是否掌握了海运提单的填制方法，请结合附件中永泰电子的相关单据，为永泰电子制作船公司海运提单。我们已经向宁波中远［COSCO SHIPPING LINES（NINGBO）CO., LTD］订好了舱位，预订信息如下：
> 　提单号码：CSC8272××××
> 　箱型箱量：1×20 GP
> 　船名航次：SHABGOUN / Voyage No.1097S
> 　集装箱号 / 铅封号：IRSU255××××/ ET003××××
> 　装船日期：2020.7.20
> 　提单签发日期：2020.7.20
> 　以上，祝好！
> 　刘经理
> 　AAA 国际货运代理有限公司
> 　电话：+86-571-6711××××
> 　邮箱：liu@AAA.forwarding.com
> 　附件：信用证 _ 永泰电子
> 　　　　装箱单 _ 永泰电子

表 4-2　信用证 _ 永泰电子

10 July 2020 12:55:23			
MT S700	Issue of a Documentary Credit		Page 00001
Sequence of Total	*27	:	1 / 1
Form of Doc. Credit	*40 A	:	IRREVOCABLE
Doc. Credit Number	*20	:	L/C No. 0127
Date of Issue	31 C	:	2020-07-10
Expiry	*31 D	:	Date 2020-09-09
Applicant	*50	:	WENSCO ELECTRONICS LTD. RUA DE GREENLAND STREET, ××-A1××- WELL VANCOUVER, CANADA TEL：16043982××××
Beneficiary	*59	:	HANGZHOU YONGTAI ELECTRONICS CO., LTD. NO.××, CHENGYE STREET, BINJIANG DISTRICT, HANGZHOU, ZHEJIANG, CHINA TEL：+86-571-566××××
Amount	*32 B	:	CURRENCY USD AMOUNT 131040.00
Available with/by	*41 D	:	ANY BANK BY NEGOTIATION
Draft at ...	42 C	:	SIGHT
Drawee	42 D	:	BANK OF CHINA (VANCOUVER BRANCH) 1025 DUNSMUIR STREET, FOUR BENTALL CENTER, VANCOUVER, BC V7X 1L3 CANADA
Partial Shipments	43 P	:	NOT ALLOWED
Transhipment	43 T	:	ALLOWED
Loading in Charge	44 A	:	NINGBO, CHINA

续表

For Transport to ...	44 B	:	VANCOUVER, CANADA
Latest Date of Ship.	44 C	:	2020-07-22
Descript. of Goods	45 A	:	
			+KEYBOARD HY3400AS PER PROFORMA-INVOICE NO. 054M-2020 CFR VANCOUVER
Documents required	46 A	:	
			+SIGNED COMMERCIAL INVOICE IN TRIPLICATE
			+PACKING LIST IN TRIPLICATE
			+FULL SET OF CLEAN ON BOARD OCEAN BILL OF LADING MADE OUT TO ORDER, MARKED FREIGHT PREPAID NOTIFY APPLICANT
Additional Cond.	47 A	:	+ALL DOCUMENTS SHOULD BEAR L/C NO.
Details of Charges	71 B	:	ALL BANKING CHARGES OUTSIDE US ARE FOR ACCOUNT OF BENEFICIARY
Presentation Period	48	:	DOCUMENTS MUST BE PRESENTED WITHIN 21 DAYS AFTER THE DATE OF SHIPMENT BUT WITHIN THE CREDIT EXPIRY
Confirmation	*49	:	WITHOUT
Reimbursing Bank	53 D	:	BANK OF CHINA
Instructions	78	:	
			SPECIAL INSTRUCTIONS TO NEGOTIATING BANK: REIMBURSEMENT BY TELETRANSMISSION IS UNACCEPTABLE. ALL DOCUMENTS MUST BE SENT TO OUR ADDRESS: 1025 DUNSMUIR STREET, FOUR BENTALL CENTER, VANCOUVER, BC V7X1L3 CANADA. THE NEGOTIATING BANK IS AUTHORIZED TO CLAIM REIMBURSEMENT FROM THE REIMBURSING BANK.
Send. to Rec. Info	72.		:UPC 500 SHALL APPLY TO THE CREDIT CONCERNED

表4-3 装箱单_永泰电子

ISSUER HANGZHOU YONGTAI ELECTRONICS CO., LTD. NO.××, CHENGYE STREET, BINJIANG DISTRICT, HANGZHOU, ZHEJIANG, CHINA TEL：+86-571-566××××	PACKING LIST	
TO WENSCO ELECTRONICS LTD. RUA DE GREENLAND STREET, ××-A1××- WELL VANCOUVER, CANADA TEL：16043982××××	Invoice No. 054J-2020	Date JUL.10.2020

Marks and Numbers	Number and kind of package Description of goods	Package	G.W. （KG）	N.W. （KG）	Meas. （CBM）
N/M	keyboard hy3400	20 PIECES/ carton 50 cm×30 cm×40 cm/ carton 450 cartons	9 000.00	8 100.00	27.000
Total:		450 CARTONS	9 000.00	8 100.00	27.000
Say Total:		SAY Four hundred and fifty CARTONS ONLY			

第四章 单证岗——海运单证、航空运输单证及多式联运单证

表4-4 空白海运提单

Shipper		B/L No.	
Consignee		**ORIGINAL** Port-to-Port or Combined Transport **BILL OF LADING**	
Notify Party			
Pre-carriage by	Place of Receipt		
Ocean Vessel Voy. No.	Port of Loading		
Port of Discharge	Place of Delivery		
Marks & Nos. Container / Seal No.	Number and kind of packages	Description of goods	Gross Weight	Measurement (CBM)

Total No. of Packages or Containers					
Freight & Charges	Revenue Tons	Rate	Per	Prepaid	Collect
Ex. Rate:	Prepaid at	Payable at	Place and date of issue		
			Onboard date		
	Total Prepaid	No. of Original B(s)/L	Signed for and on behalf of the Carrier		

一、国际海运提单的填制规范

当货物经过订舱、装箱、报检、报关、投保等环节，并最后经海关验讫放行后，就可以装船，货物装上船后需要将提单签发给货物的托运人。

【知识链接】

实践中，我们经常会听到"提单补料"的说法。提单补料（Bill of Lading Supplement，SI）是指订舱方承运人提供出口货物的详细资料，即提单要求提供的各项内容，包括箱号、封号、毛重、总立方数、唛头、货描等，承运人需要这些信息来签发提单。提单补料要按照 L/C 或客户的要求来制作，给出正确的货物信息，以及一些特殊要求等。

如果出口商未能在规定的时间内提交补料资料，就可能产生改单费用。装货时拖车行会提供出口商箱号和封条号，装好后就需要提交提单补料给船公司。提供提单补料在南方港口较为常见，北方港口通常由货代或船公司根据托单缮制提单草本，不必提供补料单。

在提单正面需要填写的内容中，货物的品名、标志、数量、重量、体积、托运人的名称、收货人的名称、通知人的名称、装货港、卸货港、多式联运提单上的接收货物地点和交付地点、运费的支付方式等项均由托运人提供。如果是集装箱运输，集装箱箱号、封志号由船公司或其代理人提供，也可由集装箱拖车公司提供。

国际海运提单缮制的要求如下。

（一）Shipper（托运人）

托运人也称发货人（Consigner），是指委托运输的当事人。此栏须填写托运人的名称、地址和联系方式。如信用证无特殊规定，应以受益人为托运人。如果受益人是中间商，货物是从产地直接装运的，这时也可以实际卖方为发货人，因为按 UCP600 规定，如信用证无特殊规定，银行将接受以第三者为发货人的提单。不过，此时必须考虑各方面是否可行的问题。

【操作解析】

此案例中，Shipper 一栏应填写信用证的受益人（卖方），即
HANGZHOU YONGTAI ELECTRONICS CO., LTD.
NO.×× , CHENGYE STREET, BINJIANG DISTRICT, HANGZHOU, ZHEJIANG, CHINA
TEL：+86-571-566××××

【知识拓展】

A 进出口公司接到国外开来信用证规定："...Hongkong Shun Tai Feeds Development Co.as shipper on Bill of Lading."（以香港顺泰饲料发展公司作为提单发货人。）A 进出口公司在装运时即按信用证上述规定以出口商香港顺泰饲料发展公司作为提单的发货人，但在向银行交单时，单证人员才发现：该提单是空白抬头，须发货人背书。提单既以香港顺泰饲料发展公司作为发货人，则应以香港该公司盖章进行背书。但该公司在本地并无代

表，结果只好往返联系，拖延了三个星期香港才派人来背书，最后因信用证过期无法议付，造成损失。

（二）Consignee（收货人）

收货人这栏是提单的抬头，是银行审核的重点项目，应与托运单中"收货人"的填写完全一致。在使用信用证作为国际贸易结算方式的情况下，收货人栏的填写必须与信用证要求完全一致。

对记名提单，此栏填写收货人的名称、地址和联系方式；对指示提单，则填为"指示"（ORDER）或"凭指示"（TO ORDER）；如需在提单上列明指示人，则可根据不同要求，做成"凭托运人指示"（TO THE ORDER OF SHIPPER）、"凭收货人指示"（TO THE ORDER OF CONSIGNEE）或"凭银行指示"（TO THE ORDER OF ××BANK）。

【操作解析】

此案例中，信用证要求签发指示提单（FULL SET OF CLEAN ON BOARD OCEAN BILL OF LADING MADE OUT TO ORDER），因此 Consignee 一栏应填写：TO ORDER。

（三）Notify Party（被通知人）

被通知人即买方的代理人，货到目的港时由承运人通知其办理报关、提货等手续。

此栏填写在货物到达目的港时发送到货通知的收件人，一般为预订的收货人或收货人的代理人。在信用证项下的提单，如信用证上对提单通知方有具体规定，则必须严格按照信用证要求填写。如果是记名提单或收货人指示提单，且收货人又有详细地址的，则此栏可以不写。如果是空白指示提单或托运人指示提单，则此栏必须填写通知方的名称与详细地址，否则船方就无法与收货人联系，收货人也不能及时报关提货。

【操作解析】

此案例中，信用证要求通知申请人（FULL SET OF...MARKED FREIGHT PREPAID NOTIFY APPLICANT），因此 Notify party 一栏应填写信用证的申请人（买方），即
WENSCO ELECTRONICS LTD.
RUA DE GREENLAND STREET, ××-A1××- WELL VANCOUVER, CANADA
TEL：16043982××××

（四）Pre-carriage by（前段运输）

此栏仅在货物被转运时填写，通常填写前程承运工具的名称。

【操作解析】

此案例没有前段运输，因此此栏无须填写。

（五）Place of Receipt（收货地）

Place of Receipt（收货地）有时也叫 Port of Receiving，是指承运人从托运人手中接收

货物的地点，一般是内陆的某个地点，当接收货物的地点是内陆港时，此栏应填写内陆港名称，例如，石家庄是天津港的内陆港，承运人如果从石家庄开始接收货物，那么提单上 Place of Receipt 一栏应填 Shijiazhuang，而不是 Tianjin。

【操作解析】

此案例中货物接收地点是宁波，因此此栏无须填写。

（六）Ocean Vessel Voy. No.（船名及航次）

船名及航次栏应填写货物所装的船名及航次。

【操作解析】

此案例的邮件中提供了船名及航次信息，因此此栏填写：SHABGOUN/ 1097S。

（七）Port of Loading（装运港）

装运港栏应严格按信用证规定填写，装运港之前或之后有行政区的，如 Ningbo/Zhejiang，应在此栏完整填写。一些国外开来的信用证笼统地规定装运港名称，仅规定为"中国港口"（Chinese ports，Shipment from China to...），这种规定对受益人来说比较灵活，如果需要由附近其他港口装运，可以由受益人自行选择。若信用证规定"Your port"，受益人只能在本市港口装运，若本市没有港口，则事先须与开证人洽商改证。如信用证同时列明几个装运港（地），提单只填写实际装运的港口名称即可。

【操作解析】

此案例中，信用证规定了装货港，因此此栏应按信用证填写：NINGBO, CHINA。

（八）Port of Discharge［卸货港（目的港）］

卸货港栏应填写货物卸船的港口名称。

除 FOB 价格条件外，目的港不能是笼统的名称，如 European main port，必须列出具体的港口名称。如国际上有重名港口，还应加国名。

如果来证目的港后有 In transit to...，在 CIF 或 C&F 价格条件下，则不能在此栏加注该段文字，只能在其他空白处或唛头内加注此段文字以表示转入内陆运输的费用由买方自理。

美国一些信用证规定目的港后有"OCP"字样，应在此栏按要求加注"OCP"字样。OCP 即 Overland Common Points，一般称为内陆转运地区。如 San Francisco OCP Coos Bay，指货到旧金山港后再转运至柯斯湾。新加坡一些信用证规定"Singapore PSA"，PSA 即 Port of Singapore Authority，指要求在新加坡当局码头卸货，该码头费用低廉，但船舶拥挤，一般船只不愿意停泊该码头，除非承运人同意。

【操作解析】

此案例中，信用证规定了卸货港，因此此栏应按信用证填写：VANCOUVER, CANADA。

（九）Final Destination（最终目的地）

如果货物的目的地就是目的港，则这一栏留空不填。

第四章 单证岗——海运单证、航空运输单证及多式联运单证

【知识拓展】

信用证规定海运提单，货物从上海运到丹麦 Aarhus，出口公司在提单上有关装卸各栏填制为：

Port of Loading：SHANGHAI

Port of Discharge：（空白）

Final Destination：AARFUS

单据寄到国外银行后，开证行拒付，理由是 AARFUS 应为卸货港，不是目的地。信用证规定的是海运，属于港至港运输，AARFUS 是一个港口而不是内陆城市，因此，它只能是卸货港，而不是最后目的地。如果运输方式是多式联运，从上海装船到欧洲某一港口，再通过陆运到 AARFUS，AARFUS 可作为最后目的地，而卸货港则为欧洲港口。

【操作解析】

此案例中货物的交付地是目的港，因此此栏无须填写。

（十）Marks & Nos. Container／Seal No.（标志和序号、箱号和铅封号）

标志和号码，俗称唛头。唛头即为了装卸、运输及存储过程中便于识别而刷在外包装上的装运标记，是提单的一项重要内容，是提单与货物的主要联系要素，也是收货人提货的重要依据。提单上的唛头应与发票等其他单据以及实际货物保持一致，否则会给提货和结算带来困难。

通常情况下，托运人会提供货物的识别标志和编号以填入此栏，同时此栏需填写装载货物的集装箱号和铅封号；如果托运人未能提供铅封号，建议加注"SEAL NUMBER NOT NOTED BY SHIPPER"；如果有海关铅封号还需要在此栏加注。

如信用证上有具体规定，缮制唛头应以信用证规定的唛头为准。如果信用证上没有具体规定，则以合同为准。如果合同上也没有规定，可按买卖双方私下商定的方案或受益人自定。唛头内的每一个字母、数字、图形、排列位置等应与信用证规定完全一致，保持原形状，不得随便错位、增减等。散装货物没有唛头，可以"No mark"或"N/M"表示。裸装货物常以不同的颜色区别，例如，钢材、钢条等刷上红色标志，提单上可以"Red stripe"表示。

【操作解析】

此案例中，装箱单显示货物没有唛头；同时邮件中提供了箱号和铅封号信息，因此，此栏填写：N/M，IRSU255××××/ ET003××××。

（十一）Number and kind of packages（件数和包装种类）

包装种类一定要与信用证一致。

在整箱货运输中，此栏通常填写集装箱数量和型号。如果信用证有要求，可在 DESCRIPTION OF GOODS 栏中加注托运人提供的件数，但应在 DESCRIPTION OF GOODS 栏中加注 STC 字样，其中 STC 表示"SAID TO CONTAIN"，即"据称内装"，为保护承运人利益，此术语必须被采用。例如，一个内装 6 箱机械的 10 英尺干货箱可被表示为 IX20RDC，在 DESCRIPTION OF GOODS 栏中加注 STC 6 CASES MACHINERY。在拼箱货运输中，此栏填写货物件数。

【操作解析】

此案例中，邮件显示该票货物总计 1 个 20 尺集装箱，因此此栏填写 1×20 GP。

（十二）Description of goods（商品名称）

商品名称应按信用证规定的品名以及其他单据如发票品名来填写，应注意避免不必要的描述，更不能画蛇添足地增加内容。如信用证上商品是 Shoes（鞋子），绝不能擅自详细描述成 Men's canvas shoes（男式帆布鞋），或 Ladies' casual shoes（女式轻便鞋）等。如果品名繁多、复杂，则银行接受品名描述用统称表示，但不得与信用证中货物的描述有冲突。如果信用证规定以法语或其他语种表示品名，则应按其要求的语种表示。如内容过多，空间不够，则可以添加附件，在这种情况下，请注明"QUANTITY AND DESCRIPTION OF GOODS AS PER ATTACHED SCHEDULE"。

【操作解析】

此案例中，信用证要求货物品名为"KEYBOARD HY3400 AS PER PROFORMA-INVOICE NO. 054M-2020 CFR VANCOUVER"，同时提单上应备注运费预付（FULL SET... MARKED FREIGHT PREPAID NOTIFY APPLICANT）以及信用证号码（ALL DOCUMENTS SHOULD BEAR L/C NO.），因此此栏应填写：

KEYBOARD HY3400 AS PER PROFORMA-INVOICE NO. 054M-2020
CFR VANCOUVER
FREIGHT PREPAID
L/C NO. 0127

（十三）Gross Weight（KGS）[毛重（千克）]

毛重应与发票或包装单相一致。如裸装货物没有毛重只有净重，则应先加注 Net weight 或 N.W.，再注明具体的净重数量。

【操作解析】

此案例中，装箱单显示，货物毛重为 9 000.00 KGS，因此此栏应填写：9 000.00。

（十四）Measurement（CBM）[尺码（立方米）]

尺码即货物的体积，以立方米为计量单位，小数点以后保留三位。FOB 价格条件下可免填尺码。

【操作解析】

此案例中，装箱单显示，货物体积为 27.000 CBM，因此此栏应填写：27.000。

（十五）Total No. of Packages or Containers（集装箱总数或件数总数）

在整箱货运输的情况下，此栏填写收到集装箱的总数，如"Five Containers"；在拼箱货运输的情况下，此栏填写收到货物的件数，如"Fifteen Packages Only"。

【操作解析】

此案例中，共计一个集装箱，因此此栏应填写 ONE CONTAINER。

（十六）Freight clause（运费条款）

运费条款应按信用证规定注明。如信用证未明确，可根据价格条件是否包含运费决定如何标注。

如果是 CIF、CFR 等价格条件，运费在提单签发之前支付，提单应注明 Freight paid（运费已付）或 Freight prepaid（运费预付）。如果是 FOB、FAS 等价格条件，运费在目的港支付，提单应注明 Freight collect、Freight to collect、Freight to be collected（运费到付或运费待收）或 Freight payable at destination（运费目的港支付）。如果信用证规定 Charter party B/L acceptable（租船契约提单可以接受），则提单内可注明 Freight as per charter party，表示运费按租船契约支付。如果卖方知道运费金额或船公司不愿意暴露运费费率，则提单内可注明 Freight paid as arranged（运费已照约定付讫），或者运费按照约定的时间或办法支付，提单内可注明 Freight as arranged 或 Freight payable as per arrangement。

对于货物的装船费和装卸费等负担问题，经常船方要求在提单上注明有关条款，如"F.I."(Free In)，表示船方不负担装船费；"F.O."(Free Out)，表示船方不负担卸船费；"F.I.O."（Free In and Out），表示船方不负担装船费和卸船费；"F.I. O.S."（Free In，Out and Stowed），表示船方不负担装卸费和理舱费；"F.I. O.S.T."（Free In，Out，Stowed and Trimmed），表示船方不负担装卸费、理舱费及平舱费。

此栏标明下列全部或部分内容：

（1）运费计收的计算依据，计费单位通常有重量单位 MT（重量吨）、体积单位 CBM（立方米）、件数单位 PC（件）和整箱单位 TEU／FEU（20 尺／40 尺标箱），其中 TEU／FEU 也可以用 20 FT／40 FT 表示，例如，10×10 FT DC 代表应收取 10 个 10 英尺干货箱的运费；

（2）各种费用的费率，包括 OCEAN FREIGHT（海运费）、BAF（燃油附加费）、CAF（货币附加费）、THC（码头操作费）、INLAND HAULAGE（内陆拖运费）等；

（3）各种费用的计算单位，如箱（UNIT）、重量吨（MT）、立方米（CBM）。

【操作解析】

此案例中，由于贸易术语是 CFR，运费支付形式为预付，因此应在"Prepaid"栏中填写：FREIGHT PREPAID，同时还要填写支付的地点，在"Prepaid at"栏中填写：NINGBO，CHINA。

（十七）No. of Original B（S）/L（正本提单的份数）

提单有正本、副本之分，我们所说的提单的份数是指提单正本的份数。由于提单副本不具有法律效力，只用于日常业务，所以没有多少份的限制。为了防止提单遗失、被盗或在传递过程中发生意外而造成灭失，各国的海商法和航运习惯都允许为一票货物签发一式多份的正本提单。实践中，一般都签发一式三份的正本提单。签发正本提单的份数都会在提单正面标明。在提单注明为该票货物签发了多少份正本提单，是为了让提单的合法受让人了解全套正本提单的份数，防止因提单流失在外而引起纠纷，保护提单受让人的利益，也可以使接受提单结汇的银行，或者使在变更卸货港交付货物的承运人及其代理人了解用以办理结汇或者提取货物的提单是否齐全。

正本提单一般都标有"Original"的字样，副本则标有"Copy"的字样。有些国家也会用Original、Duplicate、Triplicate来分别表示其为全套正本提单中的第一联、第二联和第三联。单据上缺少正本份数或某份提单没有"正本"字样，都是不符合要求的。

【知识拓展】

信用证中对份数的各种表示

例1. Full set of B/L，是指全套提单，按习惯作三正三副解释。

例2. Full set（3/3）plus 2 N/N copies of original forwarded through bills of lading，本证要求提交全部制作的三份正本。这里的（3/3）中分子的数字指交银行的份数，分母的数字指应制作的份数。N/N（Non-Negotiation）意为不可议付，即副本。

例3. Full set less one copy on board marine bills of lading，指应向议付行提交已装船海运提单，是全套正本（至少一份正本）。

例4. 2/3 original clean on board ocean bills of lading，指制作三份正本提单，其中两份向议付行提交。

【操作解析】

此案例中，根据信用证要求须签发全套海运提单，因此"No. of Original B（s）/L"栏应填写：THREE（3）。

（十八）Place and date of issue（提单签发地点和日期）

提单签发地点通常是承运人接收货物或装船的地址，但有时也不一致，例如，接收或装运货物在新港（Xingang）而签发提单在天津，有的甚至不在同一国家。提单签发的日期不得晚于信用证规定的装运期，这对出口商能否安全收汇很重要。本提单正面条款中已有装上船条款（Shipped on board the vessel named above...），在这种情况下，提单签发日期即被视为装船日期。

【知识拓展】

提单签发日期一般以装船日期为准，通常认为是货物在装货港装毕的日期而非开装日期。在跟单信用证下，实际装船日期是否与信用证上的装船日期相符关系到银行是否准予结汇。为使提单签发日达到与信用证规定交货期相符的银行结汇要求，出现了倒签提单（Back-dated B/L）和预借提单（Anti-dated B/L）的做法，前者的签发日期在实际装船日期之后，后者是货未装船时即由船方预先签署装船日期。倒签提单和预借提单构成了对收货人或买方的欺诈，均为无效的行为，承运人因此要承担收货人索赔的风险，例如，收货人发现提单倒签情节，货迟延到达卸货港时遇跌价损失或季节性货物的差价损失，完全可以根据海商法的一般规定拒绝收货并要求补偿。尽管托运人为让船方按自己要求倒签或预借提单与承运人签有保赔协议，保证赔偿船方因此而遭受的损失和发生的费用，但因该类协议内容不合法，各国对此均不予以保护，美国甚至将此作为刑事案件处理，承运人因此可能要承担难以从托运人处追回损失的风险。

第四章 单证岗——海运单证、航空运输单证及多式联运单证

【操作解析】

此案例中,签发地点即装船地址:NINGBO, CHINA,签发日期按照邮件要求为:JULY 20, 2020。

(十九) Onboard date (装船日期)

【操作解析】

此案例中,装船日期按照邮件要求为:JULY 20, 2020。

(二十) Signed for and on behalf of the Carrier (提单签发人签字)

有权签发提单的是承运人或作为承运人的具名代理或代表,或船长或作为船长的具名代理或代表。如果是代理人签字,代理人的名称和身份与被代理人的名称和身份都应该列明。

【知识拓展】

海运提单必须经过签署才能产生效力。有权签发提单的人包括承运人、载货船的船长及承运人授权的代理人。

国际货运代理人如具有无船承运人的身份,按照《中华人民共和国国际海运条例》的规定,可以签发无船承运人的提单。

只要不违反提单签发地所在国的法律,采用手签、印模、打孔、盖章等任何机械或电子的方法都可以签署提单。实践中,除信用证规定必须手签提单外,一般都采用盖章的方式。

【操作解析】

此案例需签发船公司提单,船公司作为承运人,因此此栏应填写:COSCO SHIPPING LINES(NINGBO)CO.,LTD。

(二十一) B/L No (提单编号)

提单编号一般列在提单右上角,以便于工作联系和查核。发货人向收货人发送装船通知(Shipment Advice)时,也要列明船名和提单编号。

【操作解析】

此案例中,根据邮件信息,提单编号应填写:CSC8272××××。

根据以上分析填写永泰电子海运提单,具体见表4-5。

表 4-5　永泰电子海运提单

Shipper HANGZHOU YONGTAI ELECTRONICS CO., LTD. NO.××, CHENGYE STREET, BINJIANG DISTRICT, HANGZHOU, ZHEJIANG, CHINA TEL: +86 - 571 - 566××××		B/L No. CSC8272××××	
Consignee TO ORDER		**ORIGINAL** Port-to-Port or Combined Transport **BILL OF LADING**	
Notify Party WENSCO ELECTRONICS LTD. RUA DE GREENLAND STREET, ××-A1××-WELL VANCOUVER, CANADA TEL: 16043982××××				
Pre-carriage by	Place of Receipt		
Ocean Vessel Voy. No. SHABGOUN/ 1097S	Port of Loading NINGBO, CHINA		
Port of Discharge VANCOUVER, CANADA	Place of Delivery		

Marks & Nos. Container / Seal No.	Number and kind of packages	Description of goods	Gross Weight (kgs)	Measurement (cbm)
N/M IRSU255×××/ET003 ××××	1*20 GP	KEYBOARD HY3400 AS PER PROFORMA- INVOICE NO. 054M-2020 CFR VANCOUVER FREIGHT PREPAID L/C NO. 0127	9 000.00	27.00

Total No.of Packages or Containers		ONE CONTAINER			
Freight & Charges || Revenue Tons	Rate	Per	Prepaid FREIGHT PREPAID	Collect
Ex. Rate:	Prepaid at NINGBO,CHINA	Payable at		Place and date of issue NINGBO, CHINA JULY 20, 2020	
	Total Prepaid	No. of Original B(s)/L THREE(3)		Onboard date JULY 20, 2020	
				Signed for and on behalf of the Carrier COSCO SHIPPING LINES (NINGBO) CO., LTD	

二、国际海运提单的背书

通常我们所说的"背书"是指"指示提单"在转让时所需要进行的背书。所谓"背书",是指转让人(背书人)在提单背面写明或者不写明受让人,并签上自己名字的行为。

在实践中,背书分为记名背书、指示背书和不记名背书等几种方式。

(一)记名背书

记名背书也称完全背书,是指背书人在提单背面写明受让人(背书人)的名称,并由背书人签名的背书形式。经过记名背书的指示,提单将成为记名提单性质的指示提单。

(二)指示背书

指示背书是指背书人在提单背面写明"凭×××指示"的字样,并由背书人签名的背书形式。经过指示背书的指示,提单还可以继续进行背书,但背书必须连续。

(三)不记名背书

不记名背书也称空白背书,是指背书人在提单背面签名,但不写明任何受让人的背书形式。经过不记名背书的指示,提单将成为不记名提单性质的指示提单。

任务二 国际航空运单缮制

【案例导入】

浙江AAA国际货运代理有限公司是一家大型的国际物流企业,主营国际海运整箱、国际海运拼箱、国际空运、国际铁路、国际多式联运等进出口代理业务,提供仓储、陆运、订舱、代理报关报检、制单等多项服务。顾佳是AAA国际货运代理有限公司单证部的新员工,在学习了国际航空运单相关基础知识后,单证部刘经理将一票空运出口业务的相关信息通过邮件发送给顾佳,要求顾佳根据货物信息缮制国际航空运单。

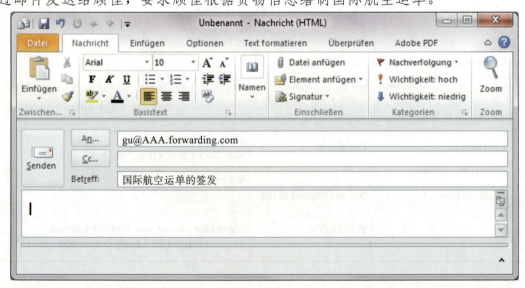

顾佳，
你好！请结合附件信息，为思明贸易公司签发航空分运单。
航空运单号码：AAA-8373 ××××
航班：CA××××
预计离港时间：08:34, 2020.07.20
预计到港时间：18:53, 2020.07. 20
货物：详见附件装箱单
贸易术语：CIP Sydney
起运地机场：杭州萧山国际机场（Hangzhou International Airport, IATA：HGH, ICAO：ZSHC）
目的地机场：谢列梅捷沃国际机场（Sheremetyevo International Airport, IATA：SVO, ICAO：UUEE）

以上，祝好！
刘经理
AAA 国际货运代理有限公司
电话：+86-571-6711××××
邮箱：liu@AAA.forwarding.com
附件：装箱单_思明贸易
　　　费用清单_思明贸易

思明贸易公司的装箱单和费用清单见表 4-6 和表 4-7，表 4-8 为空白航空运单。

表 4-6　装箱单_思明贸易

HANGZHOU SIMING INTERNATIONAL TRADE CO.，LTD. PACKINGLIST				
INVOICE NO：				CLI-635001
Shipper:	HANGZHOU SIMING INTERNATIONAL TRADE CO.，LTD.			
Address:	NO.××，WEIYE STREET，BINJIANG DISTRICT，HANGZHOU，ZHEJIANG，CHINA			
Contact:	ARON ZHAO		TEL：+86-571-4299××××	
Consignee:	RUSSIA PARAT INTERNATIONAL IMP. & EXP. TRADING CO.LTD			
Address:	MALAYA ORDYNKA ULITSA，×××，MOSCOW，RUSSIA，119×××			
Contact:	GERASKIN		TEL：+7-495-740-××××	
NO.	Name of commodity	CTNS	Quantity（PCS）	N.W（KG）	G.W（KG）	Measurement（CBM）
1	HANDBAG	80	12 800	407.0 KGS	488.0 KGS	160PCS/CTN 40 cm×40 cm×25 cmv/CTN 3.20 CBM
	TOTAL		12 800	407.0 KGS	488.0 KGS	3.20 CBM

表 4-7　费用清单_思明贸易

Cost item	Currency/ Unit	Unit Price
Airfreight	CNY/KG	15.50
AWA	CNY/shipment	200.00

第四章 单证岗——海运单证、航空运输单证及多式联运单证

表 4-8 空白航空运单

Shipper's name and address		Account No.			NOT NEGOTIABLE AIR WAYBILL (AIR CONSIGNMENT NOTE) ISSUED BY						
Consignee's name and address		Account No.			It is agreed that the goods described herein are accepted in apparent good order and condition (except as noted) for carriage SUBJECT TO THE CONDITIONS OF CONTRACT ON THE REVERSE HEREOF, ALL GOODS MAY BE CARRIED BY ANY OTHER MEANS. INCLUDING ROAD OR ANY OTHER CARRIER UNLESS SPECIFIC CONTRARY INSTRUCTIONS ARE GIVEN HEREON BY THE SHIPPER. THE SHIPPER'S ATTENTION IS DRAWN TO THE NOTICE CONCERNING CARIER'S LIMITATION OF LIABILITY. Shipper may increase such limitation of liability by declaring a higher value of carriage and paying a supplemental charge if required.						
Issuing Carrier's Agent and City					Accounting Information						
Agent's IATA Code		Account No.									
Airport of Departure(Add. of First Carrier) and Requested Routing											
To	By first Carrier	to	by	to	By	Currency	CHGS Code	WT/VAL		OHTER		Declared Value for Carriage	Declared Value for Customs
								PPD	COLL	PPD	COLL		
Airport of Destination		Flight/Date			Amount of Insurance			INSURANCE-If carrier offers insurance and such insurance is requested in accordance with the conditions there of indicate amount to be insured in figures in box marked Amount of Insurance.			
Handling Information											
No. of Pieces	Gross Weight	kg/lb	Rate Class		Chargeable Weight	Rate/Charge		Total	Nature and Quantity of Goods (incl. Dimensions or Volume)		
			Commodity Item No.								
Prepaid Freight Weight Charge Collect					Other Charges						
Valuation Charge											
Valuation Charge											
Tax											
Total Other Charges Due Agent					Shipper certifies that the particulars on the face hereof are correct and that insofar as any part of the consignment contains dangerous goods, such part is properly described by name and is in proper condition for carriage by air according to the applicable Dangerous Goods Regulations.						
Total Other Charges Due Carrier											
Insurance Premium											
					Signature of Shipper or His Agent						
Total Prepaid		Total Collect									
Currency Conversion Rates		CC Charges in des. Currency			Executed on (Date) at (Place) Signature of issuing Carrier or as Agent						
For Carrier's Use Only at Destination		Charges at Destination			Total Collect Charges						

一、国际航空运单的填制规范

与国际海运提单类似，国际航空运单也有正面、背面条款之分，不同的航空公司航空运单格式不尽相同。与国际海运提单不同的是，海运公司的海运提单可能千差万别，而航空公司所使用的航空运单大多借鉴 IATA 所推荐的标准格式，差别并不大。因此本任务介绍的这种标准格式，也称中性运单。国际航空运单缮制的要求如下。

（一）航空公司运单格式及填写要求

航空公司的航空货运单必须印有发行该运单的航空公司名称、标志及地址。在航空货运单的右上部印有"Not Negotiable"，表示航空货运单是不可以转让的。

【操作解析】

此案例需要签发分运单，因此 ISSUED BY 一栏中，应填写货代公司名称，即 AAA INTERNATIONAL FREIGHT FORWARDING CO., LTD。

（二）航空公司运单号的组成

航空公司的运单号由两部分组成：第一部分是发行该运单的航空公司数字代号，由 3 个数字组成，如中国国际航空股份有限公司的代码是 999；第二部分是序号，由 8 个数字组成，序号的最后一个数字为检查号，序号的前四个数字与后四个数字间相隔一个字。航空运单号需填写在航空运单的左上角、右上角和右下角三个位置。

【操作解析】

此案例中，根据邮件内容，航空运单号码为 AAA-8373××××，应填写在航空运单左上角、右上角和右下角。

（三）Shipper's Name and Address（托运人名称和地址）

此栏详细填写托运人全名和地址，地址应写明国家、城市、门牌号码及电话号码。

【操作解析】

此案例中，根据装箱单，Shipper's Name and Address 栏应填写：
HANGZHOU SIMING INTERNATIONAL TRADE CO., LTD.
NO.××, WEIYE STREET, BINJIANG DISTRICT, HANGZHOU, ZHEJIANG, CHINA
TEL：+86-571-4299××××

（四）Shipper's Account Number（托运人账号）

此栏不需填写，除非承运人另有要求。

【操作解析】

此案例中，Shipper's Account Number 栏无须填写。

（五）Consignee's name and address 收货人名称和地址

此栏详细填写收货人全名和地址，地址应注明国家、城市、门牌号码及电话号码。此栏不得出现"To Order"字样。

【操作解析】

此案例中，根据装箱单，Consignee's Name and Address 栏应填写：
RUSSIA PARAT INTERNATIONAL IMP. & EXP. TRADING CO.LTD
MALAYA ORDYNKA ULITSA, ×××, MOSCOW, RUSSIA, 119×××
TEL:+7-495-740-××××

（六）Consignee's Account Number（收货人账号）

此栏仅供承运人使用，一般不需填写，除非最后的承运人另有要求。

【操作解析】

此案例中，Consignee's Account Number 栏无须填写。

（七）Issuing Carrier's Agent Name and City（承运人代理人名称和城市）

此栏填写向出票航空公司收取佣金的货运代理人的名称和所在城市。

【操作解析】

此案例中，货运代理是分运单的承运人，因此 Consignee's Account Number 栏应填写：
AAA INTERNATIONAL FREIGHT FORWARDING CO., LTD, HANGZHOU

（八）Agent's IATA Code（代理人的 IATA 代号）

航空公司为便于内部系统管理，要求其代理人在此处填制相应数字代码。采用货物财务结算系统（CASS－Cargo Accounts Settlement System）清算的代理人按规定填入相应代号。

【操作解析】

此案例中，Agent's IATA Code 栏无须填写。

（九）Account Number（代理人账号）

本栏一般无须填写，除非有必要。

【操作解析】

此案例中，Account Number 栏无须填写。

（十）Airport of Departure（始发站机场）

此栏填写始发站机场或所在城市的英文全称，不得简写或使用代码。

【操作解析】

此案例中，根据邮件信息，起运地机场是杭州萧山国际机场，Airport of Departure 栏应填写：HANGZHOU。

（十一）To（至）

此栏填写目的站或者第二中转站机场的 IATA 三字代码。常见机场三字代码见表 4-9。

表 4-9　常见机场三字代码

机场名称	所在城市	三字代码	机场名称	所在城市	三字代码
亚洲主要机场					
北京首都国际机场	北京	PEK	上海浦东国际机场	上海	PVG
北京大兴国际机场	北京	PKX	深圳宝安国际机场	深圳	SZX
南京禄口国际机场	南京	NKG	广州白云国际机场	广州	CAN
成田国际机场	东京	NRT	大阪关西国际机场	大阪	KIX
仁川国际机场	首尔	ICN	新德里国际机场	新德里	DEL
新加坡樟宜国际机场	新加坡	SIN	吉隆坡国际机场	吉隆坡	KUL
阿布扎比国际机场	阿布扎比	AUH	迪拜国际机场	迪拜	DXB
北美洲主要机场					
渥太华国际机场	渥太华	YOW	洛杉矶国际机场	洛杉矶	LAX
蒙特利尔多尔瓦国际机场	蒙特利尔	YUL	芝加哥奥黑尔国际机场	芝加哥	ORD
温哥华国际机场	温哥华	YVR	亚特兰大国际机场	亚特兰大	ATL
多伦多皮尔森国际机场	多伦多	YYZ	布什国际机场	休斯敦	IAH
杜勒斯国际机场	华盛顿	IAD	西雅图-塔科马国际机场	西雅图	SEA
肯尼迪国际机场	纽约	JFK	三番市旧金山国际机场	旧金山	SFO
欧洲主要机场					
伦敦希思罗机场	伦敦	LHR	哥本哈根凯斯楚普机场	哥本哈根	CPH
利物浦雷侬国际机场	利物浦	LPL	泰格尔机场	柏林	TXL
曼彻斯特机场	曼彻斯特	MAN	法兰克福-莱茵-美因国际机场	法兰克福	FRA
布鲁塞尔国际机场	布鲁塞尔	BRU	戴高乐机场	巴黎	CDG
卢森堡国际机场	卢森堡	LUX	里昂机场	里昂	LYS
大洋洲主要机场					
堪培拉机场	堪培拉	CBR	悉尼金斯福国际机场	悉尼	SYD
墨尔本国际机场	墨尔本	MEL	惠灵顿机场	惠灵顿	WLG
非洲					
开罗国际机场	开罗	CAI	约翰内斯堡国际机场	约翰内斯堡	JNB
南美洲					
墨西哥城机场	墨西哥城	MEX	哈瓦那-何塞马蒂机场	哈瓦那	HAV
巴西利亚国际机场	巴西利亚	BSB	圣保罗国际机场	圣保罗	SAO
里约热内卢国际机场	里约热内卢	RIO/GIG	埃塞萨国际机场	布宜诺斯艾利斯	EZE

【操作解析】

此案例中,根据邮件信息,飞行路线是从杭州直飞莫斯科,因此 To 栏应填写谢列梅捷沃国际机场三字代码:SVO。

（十二）By First Carrier（第一承运人）

此栏填写第一承运人的全称或者IATA两字代码见表4-10。

表4-10 常见航空公司二字代码

代码	航空公司	航空运单代码	代码	航空公司	航空运单代码
	中国			大洋洲	
CA	中国国际航空公司 Air China	999	QF	澳洲航空 Qantas Airway	081
CZ	中国南方航空公司 China Southern Airlines	784	NZ	新西兰航空公司 Air New Zealand Airlines	086
HU	海南航空有限公司 Hainan Airlines	880		欧洲	
MU	中国东方航空公司 China Eastern Airlines	781	QY	欧洲航空运输公司 European Air Transport	615
CX	国泰航空公司 Cathay Pacific Airways	160	LH	德国汉莎航空公司 Lufthansa Airlines	020
KA	港龙航空公司 Dragon Airlines	043	SK	北欧航空公司 Scandinavian Airlines	117
	亚洲		HX	汉堡航空公司 Hamburg Airlines	099
KE	大韩航空公司 Korean Airlines	180	AF	法国航空公司 Air France	057
OZ	韩亚航空公司 Asiana Airlines	988	BA	英国航空公司 British Airways	125
JL	日本航空公司 Japan Airlines	131	KL	荷兰皇家航空公司 KLM Royal Dutch Airlines	074
NH	全日本航空公司 All Nippon Airways	206		美洲	
EK	阿联酋航空公司 Emirates Airlines	176	AC	加拿大航空公司 Air Canada	014
	非洲		AA	美利坚航空公司 American Airlines	001
KQ	肯尼亚航空公司 Kenya Airways	706	UA	美国联合航空公司 United Airlines	016
ET	埃塞俄比亚航空公司 Ethiopian Airlines	071	DL	达美航空公司 Delta Air Lines	006

【操作解析】

此案例中，根据邮件信息，承运人是国航，因此"By First Carrier"栏应填写：CA。

（十三）Airport of Destination（目的站机场）

本栏填写目的站城市的英文全称，不得简写或使用代码。如有必要，注明机场和国家名称。

【操作解析】

此案例中，根据邮件信息，目的地机场是莫斯科的谢列梅捷沃国际机场，Airport of Destination 栏应填写：MOSCOW。

（十四）Requested Flight/Date（航班/日期）

本栏填写托运人已经定妥的续程的航班/日期。

【操作解析】

此案例中，根据邮件信息，航班号码是CA××××，预计离港时间是2020年7月20日，因此 Requested Flight/Date 栏应填写：CA××××/ JULY 20, 2020。

（十五）Accounting Information（相关财务信息）

此栏填制有关财务说明事项，例如，付款方式：现金支票或其他方式。

【操作解析】

此案例中，"Accounting Information"栏可不填写。

（十六）Currency（币种）

本栏填写始发站所在国家货币的三字代码（由国际标准化组织，即 ISO 规定）。

【操作解析】

此案例中，始发站所在国家是中国，人民币的三字代码是CNY，因此"Currency"栏应填写：CNY。

（十七）CHGS Code（运费代号）

本栏填写运费代号。

【操作解析】

此案例中，"CHGS Code"栏无须填写。

（十八）WT/VAL Other（航空运费/声明价值附加费、其他费用的付款方式）

在相应的栏目"PPD"（预付）栏或"COLL"（到付）栏内填写"PP"或"CC"，或在对应的支付方式下用"×"表示。

【操作解析】

此案例中，贸易术语是CIP，运费支付方式为预付，因此"WT/VAL, Other"栏应在"PPD"栏下填写"PP"或"×"。

（十九）Declared Value for Carriage（供运输用声明价值）

本栏填写托运人向承运人办理货物声明价值的金额。若托运人未办理货物声明价值，则本栏必须填写"NVD"（No Value Declaration）字样。

【操作解析】

此案例中，由于未向承运人声明货物价值，因此"Declared Value for Carriage"栏应填写：NVD。

（二十）Declared Value for Customs（供海关用声明价值）

本栏填写托运人向海关申报的货物价值。若托运人未办理声明价值，则本栏必须填写"NCV"（No Customs Valuation）字样。

【操作解析】

此案例中，由于未向海关申报货物价值，因此"Declared Value for Customs"栏应填写：NCV。

（二十一）Amount of Insurance（保险金额）

托运人委托航空公司代办保险时填写本栏。若航空公司不代理国际货物的保险业务，则此栏填写"NIL"或者"×××"等字样。

【操作解析】

此案例中，因中国民航不代理国际货物的保险业务，所以"Amount of Insurance"栏应填写："NIL"或者"×××"。

（二十二）Handling Information（处理情况）

此栏可填写以下内容。

（1）必须首先填写危险货物（如有）的情况：其一，需要附托运人危险货物申报单的，则本栏填写"Dangerous Goods as per Attached Shipper's Declaration"字样，对于要求装货机上的危险货物，还应加注"Cargo Aircraft Only"字样；其二，不需要附托运人危险货物申报单的，则本栏填写"Shipper's Declaration Not Required"字样。

（2）被通知人：Also Notify。

（3）货运单所附文件。

（4）包装情况。

（5）发货人对货物在途中的特别指示，或对第二承运人的要求等。

【操作解析】

此案例中，"Accounting Information"栏可不填写。

（二十三）No. of Pieces（件数）

本栏填写货物的包装件数，如果所使用的货物运价种类不同，应分别填写。

【操作解析】

此案例中，根据装箱单，货物的件数是80件，因此"No. Of Pieces"栏应填写：80。

（二十四）Gross Weight（毛重）

本栏填写货物的毛重，保留至小数点后一位。

【操作解析】

此案例中，根据装箱单，货物的毛重是488.0 kgs，因此"Gross Weight"栏应填写：488.0。

（二十五）kg/lb 毛重的计量单位

本栏填写货物毛重的计量单位，"K"和"L"分别表示"千克"和"磅"。

【操作解析】

此案例中，根据装箱单，毛重的计量单位是千克，因此"Kg / Lb"栏应填写：K。

（二十六）Rate Class（运价种类）

本栏填写所采用的货物运价种类代号：M——minimum charge，最低运费；N——normal rate，普通货物标准运价；Q——quantity rate，等级货物运价；C——specific commodity rate，指定商品运价；R——class rate surcharge，附加等级运价；S——class rate reduction，附减等级运价。

【操作解析】

此案例中，计算货物的体积重量为533.3 kgs，货物的毛重为488.0 kgs，两者取大作为货物的计费重量，货物的计费重量为：533.5 kgs，因此运价等级为等级货物运价，"Rate Class"栏应填写：Q。

（二十七）Commodity Item No.（商品代号）

本栏应根据下列情况分别填写：使用指定商品运价时，填写指定商品代号；使用等级货物运价时，填写所适用的普通货物运价的代号及百分比。

【操作解析】

此案例中，"Commodity Item No."栏无须填写。

（二十八）Chargeable Weight（计费重量）

本栏填写据以计收航空运费的货物重量。

【操作解析】

此案例中，"Chargeable Weight"栏需填写：533.5。

（二十九）Rate/Charge（费率／费用）

本栏填写所适用的货物运价。当使用最低运费时，此栏与运价代号"M"对应填写最低运费，当使用"N""Q""C"运价代号时，填写相对应的运价。当货物为等级货物时，此栏填写与运价代号"S"或"R"对应的附加或附减后的运价。

【操作解析】

此案例中，根据费用清单，航空运价为 15.50 元/千克，因此"Rate/Charge"栏应填写：15.50。

（三十）Total（航空运费）

本栏填写计费重量与适用运价相乘后的运费金额。如果是最低运费，本栏与 Rate/Charge 栏填写一致。

【操作解析】

此案例中，根据费用清单，航空运价为 15.50 元/千克，航空运费为：533.5×15.50= 8 269.25，因此"Total"栏应填写：8 269.25。

（三十一）Nature and Quantity Goods（货物品名及数量）

本栏填写货物的品名（用英文大写字母）和每件货物的外包装尺寸或体积。当一票货物中含有危险货物时，应分列填写，危险货物应列在第一项。对于集合货物，本栏应填写"Consolidation as Per Attached List"。外包装尺寸和体积的单位分别用厘米和立方米表示，货物尺寸按其外包装的长 × 宽 × 高填写。

【操作解析】

此案例中，根据装箱单，货物品名为：HANDBAG，尺寸为：40 cm×40 cm×25 cm×80 CTNS，体积为：3.20 CBM，因此"Nature and Quantity Goods"栏应填写：HANDBAG，DIMS: 40 cm×40 cm×25 cm×80 CTNS，VOL: 3.20 CBM

（三十二）件数、毛重、运费栏下方空白栏

三个栏分别填写货物总件数、总毛重、总运费。

【操作解析】

此案例中，三个栏应分别填写：80、488.0、8 269.25。

（三十三）Other Charges（其他费用）

本栏填写其他费用的项目名称（代码）和金额。

【操作解析】

此案例中，根据费用清单，其他费用包含代理制单费 AWA，收费标准为 200.00 元/票，共计 200.00 元，因此"Other Charges"栏应填写：AWA 200.00。

（三十四）Weight Charge（航空运费）

本栏填写航空运费总额，可以预付或者到付，根据付款方式分别填写。

【操作解析】

此案例中，航空运费为 8 269.25 元，支付方式为预付，因此应在本栏填写：8 269.25。

（三十五）Valuation Charge（声明价值费）

当托运人声明货物运输声明价值时，此栏填入声明价值附加费金额。该费用必须与航空运费同步付款，即同时预付或同时到付。

【操作解析】

此案例中，由于未向承运人声明货物价值，因此并未产生声明价值费，"Valuation Charge"栏无须填写。

（三十六）Total Other Charges Due Agent（交代理人的其他费用总额）

本栏填写交代理人的其他费用总额，可以预付或者到付，根据付款方式分别填写。

【操作解析】

此案例中，由代理收取的其他费用共计1项，即AWA，费用金额为200.00，因此"Total Other Charges Due Agent"栏需填写：200.00。

（三十七）Total Other Charges Due Carrier（交承运人的其他费用总额）

本栏填写交承运人的其他费用总额，可以预付或者到付，根据付款方式分别填写。该费用与"Total Other Charges Due Agent"须同步付款，即同时预付或同时到付。

【操作解析】

此案例中，没有产生由承运人收取的其他费用，因此"Total Other Charges Due Carrier"栏无须填写。

（三十八）Total Prepaid（全部预付货物费用的总额）

本栏填写合计的预付货物运费的总额。

【操作解析】

此案例中，总预付费用包含两项：航空运费（8 269.25）与代理收取的制单费（200.00），因此"Total Prepaid"栏应填写：8 469.25。

（三十九）Total Collect（全部预付货物费用的总额）

本栏填写合计地到付货物运费的总额。

【操作解析】

此案例中，由于费用的支付方式是预付，因此"Total Collect"栏无须填写。

（四十）Signature of Shipper or His Agent（托运人或其代理人签字）

表示托运人同意承运人的装运条款。

【操作解析】

此案例中，托运人是思明贸易，因此"Signature of Shipper or His Agent"栏应填写：HANGZHOU SIMING INTERNATIONAL TRADE CO., LTD.

（四十一）Executed on（Date）at（place）（日期、地点）

本栏填写填开航空运单的日期、地点、所在机场或城市，签发日期应为飞行日期，如航空运单在飞行日期前签发，则应以飞行日期为货物装运期。

【操作解析】

此案例中，签发日期与起运日期保持一致，为 2020 年 7 月 20 日，地点为货运代理所在城市杭州，因此"Executed on（Date）at（place）"栏应填写：JULY 20,2020 HANGZHOU, CHINA。

（四十二）Signature of Issuing Carrier or its Agent（承运人或其代理人签字）

由承运人或其代理人在此栏签字，航空货运单才能生效。

【操作解析】

此案例签发分运单，货运代理是分运单的承运人，因此"Signature of Issuing Carrier or its Agent"栏应填写：AAA INTERNATIONAL FREIGHT FORWARDING CO., LTD。

（四十三）其他栏目

以下栏目仅供有关承运人、目的地机场等在目的站使用。

Currency Conversion Rates（货币兑换比价）：本栏填入将运输始发地货币换算成目的地国家货币的比价（银行卖出价）。

CC Charges in Destination Currency（用目的地国家货币表示的付费金额）：本栏填写用目的地国家货币表示的付费金额。

Charges at Destination（目的站费用）：本栏由最后一个承运人填入目的站发生的费用金额。

Total collect Charges（到付费用总额）：本栏填写到付费用总额。

根据以上分析，填写思明贸易航空运单，具体见表 4-11。

表 4-11 思明贸易航空运单

AAA	8373××××		AAA -8373××××
Shipper's name and address		Account no.	NOT NEGOTIABLE AIR WAYBILL (AIR CONSIGNMENT NOTE) ISSUED BY AAA INTERNATIONAL FREIGHT FORWARDING CO., LTD
HANGZHOU SIMING INTERNATIONAL TRADE CO., LTD. NO.××, WEIYE STREET, BINJIANG DISTRICT, HANGZHOU, ZHEJIANG, CHINA TEL: +86-571-4299××××			
Consignee's name and address		Account no.	It is agreed that the goods described herein are accepted in apparent good order and condition (except as noted) for carriage SUBJECT TO THE CONDITIONS OF CONTRACT ON THE REVERSE HEREOF, ALL GOODS MAY BE CARRIED BY ANY OTHER MEANS. INCLUDING ROAD OR ANY OTHER CARRIER UNLESS SPECIFIC CONTRARY INSTRUCTIONS ARE GIVEN HEREON BY THE SHIPPER. THE SHIPPER'S ATTENTION IS DRAWN TO THE NOTICE CONCERNING CARIER'S LIMITATION OF LIABILITY. Shipper may increase such limitation of liability by declaring a higher value of carriage and paying a supplemental charge if required.
RUSSIA PARAT INTERNATIONAL IMP. & EXP. TRADING CO.LTD MALAYA ORDYNKA ULITSA, ×××, MOSCOW, RUSSIA, 119××× TEL: +7 -495 -740 -××××			

续表

Issuing Carrier's Agent and city AAA INTERNATIONAL FREIGHT FORWARDING CO., LTD, HANGZHOU						Accounting Information						
Agent's IATA code		Account no.										
Airport of Departure(Add. of First Carrier) and Requested Routing HANGZHOU												
To SVO	By first Carrier CA	to	by	to	By	Currency CNY	CHGS code	Wt/Val		OHTER		Declared Value for Carriage NVD	Declared Value for Customs NCV
								PPD ×	COLL	PPD ×	COLL		
Airport of Destination MOSCOW		Flight/Date CA××××/ JULY 20, 2020				Amount of Insurance NIL		INSURANCE-If carrier offers insurance and such insurance is requested in accordance with the conditions thereof indicate amount to be insured in figures in box marked Amount of Insurance.					

Handling Information

No. of Pieces	Gross Weight	Kg/lb	Rate Class		Chargeable Weight	Rate/Charge	Total	Nature and Quantity of Goods （incl. Dimensions or Volume）
80	488.0	K	Q	Commodity item no.	533.5	15.50	8 269.25	HANDBAG DIMS: 40 cm×40 cm×25 cm×80 CTNS VOL: 3.20 CBM
80	488.0						8 269.25	

Prepaid	Freight Weight	Charge	Collect	Other Charges
8 269.25				AWA 200.00
Valuation Charge				
Tax				
Total Other Charges Due Agent				Shipper certifies that the particulars on the face hereof are correct and that insofar as any part of the consignment contains dangerous goods, such part is properly described by name and is in proper condition for carriage by air according to the applicable Dangerous Goods Regulations.
200.00				
Total Other Charges Due Carrier				
				HANGZHOU SIMING INTERNATIONAL TRADE CO., LTD.
Insurance Premium				
				Signature of Shipper or his agent
Total Prepaid		Total Collect		
8 469.25				JULY 20,2020 HANGZHOU,CHINA AAA INTERNATIONAL FREIGHT FORWARDING CO., LTD
Currency Conversion Rates		CC Charges in des. Currency		Executed on (Date) at (Place) Signature of issuing Carrier or as Agent
For Carrier's Use Only at Destination		Charges at Destination		Total Collect Charges	AAA-8373 ××××

二、国际航空运单签发注意事项

国际航空运单要求用英文大写字母打印，各栏内容必须准确、清楚、齐全，不得随意涂改。国际航空运单已填内容在运输过程中需要修改时，必须在修改项目的近处盖章，注明修改国际航空运单的空运企业名称、地址和日期。修改航空运单时，还应将所有剩余的联一同修改。

在国际航空运单的各栏中，有些栏是有阴影的。其中，有标题的阴影栏仅供承运人填写，设有标题的阴影栏一般不需填写，除非承运人特殊需要。

第三节　技能实训

任务一　正确缮制海运主提单

【案例导入】

浙江 AAA 国际货运代理有限公司是一家大型的国际物流企业，主营国际海运整箱、国际海运拼箱、国际空运、国际铁路、国际多式联运等进出口代理业务，提供仓储、陆运、订舱、代理报关报检、制单等多项服务。

顾佳是浙江 AAA 国际货运代理有限公司单证部的员工，单证部刘经理发送邮件给顾佳，要求顾佳结合客户信息缮制海运主提单。

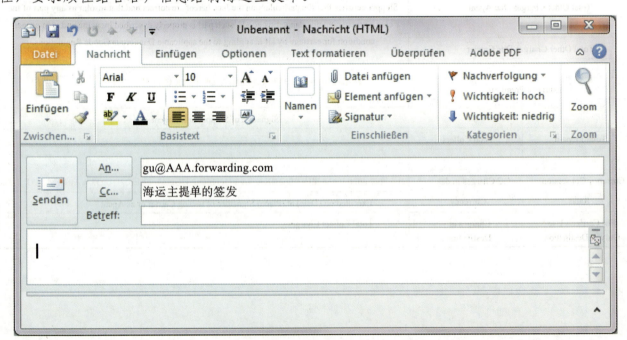

顾佳,

你好!请根据附件中曙光玩具提供的托运单,为曙光玩具缮制海运主提单。我们已经向中远预订了舱位,预订信息如下:

承运人:COSCO SHIPPING LINES(SHANGHAI)CO., LTD

船名航次:COSCO MALTA/ 0002E

海运提单号码:SH73635××××

装船日期:2020.7.22

集装箱箱号/封志号:TGHU904××××/ CNB20××××

以上,祝好!

刘经理

AAA 国际货运代理有限公司

电话:+86-571-6711××××

邮箱:liu@AAA.forwarding.com

附件:托运单 _ 曙光玩具

托运单 _ 曙光玩具见表 4-12。

表 4-12 托运单 _ 曙光玩具

SHIPPER: NANJING SHUGUANG TOYS CO.,LTD NO.××, XIONGZHOU WEST ROAD,LIUHE DISTRICT,NANJING,JIANGSU,CHINA Tel: +86-25-6678××××		AAA INTERNATIONAL FREIGHT FORWARDING CO., LTD **BOOKING NOTE**	
CONSIGNEE: FISHER TRADING LLC ×× WEST ××RD STREET,SUITE 603, OH××××, COLUMBUS, OHIO, USA TEL:212-564××××		CONTACT PERSON:JACKIE TEL:025-5531××××	
		BOOKING NO:NJSG1308××××	
NOTIFY PARTY: SAME AS CONSIGNEE		ISSUE DATE:2020-7-7	
		TYPE OF SHIPPING:BY VESSEL	
		TERMS OF TRANSPORTATION:CY TO CY	
PORT OF LOADING: SHANGHAI,CHINA	PORT OF DISCHARGE: BOSTON,USA	BOOKING DETAILS: 1*20GP 2020-7-22 ON BOARD	
		TRADE TERM:CFR	
		NOS. ORIGNAL B/L: 3	
MARKS&NOS	NO.OF PACKAGE	DESCRIPTION	GROSS WEIGHT	MEASUREMENT
N/M	100 CTNS	BARBIE DOLL	1 750.000 KGS	21.000CBM 70 cm×50 cm×60 cm×100 CTNS
SAY TOTAL: ONE HUNDRED CTNS ONLY.				

第四章 单证岗——海运单证、航空运输单证及多式联运单证

任务实施

请顾佳根据刘经理邮件提供的信息,以及曙光玩具的托运单信息,缮制表4-13所示海运主运单。

表 4-13　空白海运主运单

Shipper		B/L No.		
Consignee		ORIGINAL Port-to-Port or Combined Transport **BILL OF LADING**		
Notify Party				
Pre - carriage by	Place of Receipt			
Ocean Vessel Voy. No.	Port of Loading			
Port of Discharge	Place of Delivery			
Marks & Nos. Container / Seal No.	Number and kind of packages	Description of goods	Gross Weight (mgs)	Measurement (CBM)
Total No. of Packages or Containers				
Freight & Charges	Revenue Tons	Rate	Per	Prepaid	Collect
Ex. Rate:	Prepaid at	Payable at	Place and date of issue		
	Total Prepaid	No. of Original B(s)/L	Onboard date		
			Signed for and on behalf of the Carrier		

任务二　正确缮制海运分提单

【案例导入】

浙江 AAA 国际货运代理有限公司是一家大型的国际物流企业，主营国际海运整箱、国际海运拼箱、国际空运、国际铁路、国际多式联运等进出口代理业务，提供仓储、陆运、订舱、代理报关报检、制单等多项服务。

顾佳是浙江 AAA 国际货运代理有限公司报关部的员工，报关部刘经理发送邮件给顾佳，要求顾佳结合客户信息缮制海运分提单。

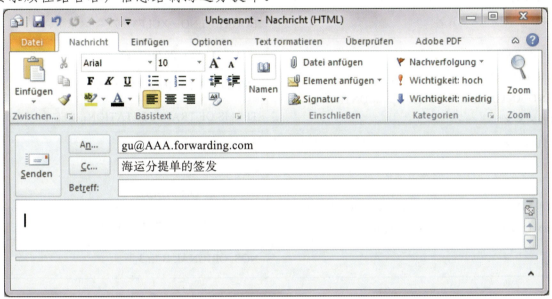

顾佳，

你好！我们收到美国 COALLSSION INC 的委托，从宁波以拼箱方式海运运输一批货物至美国西雅图，货物信息详见 COALLSSION INC 托运单。订舱信息如下：

船名航次：BOMAR SPRING / 0XK4RS1NC

装船日期：2020.7.25

起运港：NINGBO, CHINA

目的港：SEATTLE, USA

请结合以上信息，为 COALLSSION INC 签发海运提单号为 0505RA 的海运分提单。

以上，祝好！

刘经理

AAA 国际货运代理有限公司

电话：+86-571-6711××××

邮箱：liu@AAA.forwarding.com

附件：托运单—COALLSSION INC

托运单_COALLSSION INC 见表 4-14。

表 4-14 托运单__COALLSSION INC

SHIPPER: NINGBO SPORTECH GARMENT CO., LTD NO. ××-×, BEIPING ROAD, BEILUN DISTRICT, NINGBO, ZHEJIANG,CHINA TEL: +86-574-7466××××		AAA INTERNATIONAL FREIGHT FORWARDING CO., LTD BOOKING NOTE	
CONSIGNEE： COALLSSION INC (US) ×× EAST 8TH STREET, SUITE A TACOMA,WA ×××× US TEL: +425-×××-××××		CONTACT PERSON: Lina TEL: 0574-7566××××	
		BOOKING NO：XCLF3737××××	
NOTIFY PARTY： COALLSSION INC ××× ST-ANTOINE EST SUITE ×× MONTREAL, QC H4Y ××× TEL: +514-×××-××××		ISSUE DATE：2020-7-12	
		TYPE OF SHIPPING：BY VESSEL	
		TERMS OF TRANSPORTATION：CFS TO CFS	
		BOOKING DETAILS: LCL 2020-7-25 ON BOARD	
PORT OF LOADING NINGBO, CHINA	PORT OF DISCHARGE: SEATTLE, USA	TRADE TERM: FOB NINGBO	
		NOS. ORIGNAL B/L: 3	
MARKS&NOS	NO.OF PACKAGE	DESCRIPTION	GROSS WEIGHT	MEASUREMENT
COALLSSION INC SEATTLE, USA CTN1-4	4 CTNS	WOMEN KNIT DRESS WOMEN KNIT T-SHIRT	50.16 KGS	0.28 CBM
SAY TOTAL: ONE HUNDRED CTNS ONLY.				
REMARKS: 1. Freight Collect to Coallssion Inc (US) 2. Please ship this shipment by Sea as LCL on July 25,2020. 3. Please advise the sailing schedule (With the cutoff date) by return. 4. PO NO. (013951) must be indicated on the BL.				

任务实施

请顾佳根据刘经理邮件提供的信息,以及 COALLSSION INC 的托运单信息,缮制如表 4-15 所示海运分提单。

表 4-15 空白海运分提单

Shipper		B/L No.	
Consignee		**ORIGINAL**	
Notify Party		Port-to-Port or Combined Transport **BILL OF LADING**	
Pre-carriage by	Place of Receipt		
Ocean Vessel Voy. No.	Port of Loading		
Port of Discharge	Place of Delivery		
Marks & Nos. Container / Seal No.	Number and kind of packages	Description of goods	Gross Weight (mgs)	Measurement (CBM)
Total No. of Packages or Containers				
Freight & Charges	Revenue Tons	Rate	Per	Prepaid	Collect
Ex. Rate:	Prepaid at	Payable at	Place and date of issue		
	Total Prepaid	No. of Original B(s)/L	Onboard date		
			Signed for and on behalf of the Carrier		

第四章 单证岗——海运单证、航空运输单证及多式联运单证

任务三　正确缮制航空运单

【案例导入】

浙江 AAA 国际货运代理有限公司是一家大型的国际物流企业，主营国际海运整箱、国际海运拼箱、国际空运、国际铁路、国际多式联运等进出口代理业务，提供仓储、陆运、订舱、代理报关报检、制单等多项服务。

顾佳是 AAA 国际货运代理有限公司报关部的员工，宁波体育服装有限公司业务员 Julia 通过邮件向顾佳发送了货物信息，要求顾佳结合信息缮制航空分运单。

顾佳，

你好！感谢贵司一直以来提供的优质的航空运输服务！我司空运至加拿大蒙特利尔的相关货物信息如下：
货物：100% COTTON SKIRTS
件数：1200 pcs
包装：Packed in 1 carton of 40 pcs each
毛重：10.0 kgs/ctn
尺寸：40 cm×50 cm×60 cm/ctn
托运人：
NINGBO SPORTECH GARMENT CO., LTD
NO.××-×, BEIPING ROAD, BEILUN DISTRICT, NINGBO, ZHEJIANG, CHINA
TEL：+86-574-7466××××
收货人：
VERATEX JEANS LTD
×××× AVENUE CASGRAIN, MONTRÉAL, CANADA
TEL：+1-514274××××
贸易术语：CPT Montreal
无须向承运人声明货物价值，无须向海关声明货物价值。
请根据以上信息签发航空分运单。
以上，祝好！
Julia
宁波体育服装有限公司
电话：+86-574-7466××××
邮箱：Julia@SPORTECH.com

收到邮件后，顾佳查询了此票货物的航班信息，得到信息如下：
MAWB：880-20210724
HAWB No.：SJH-8373××××
Flight No.：HU××××
Airport of Departure：Ningbo Lishe International Airport（NGB）
Airport of Destination：Aéroport international Pierre-Elliott-Trudeau de Montréal（YUL）
Flight Date：2020.07.23
Air Freight Rate：CNY 24.50
顾佳需根据客户邮件提供的信息以及查询到的航班信息，签发航空分运单。

任务实施

请顾佳根据客户邮件提供的信息以及查询到的航班信息，缮制航空分提单，如表4-16所示。

表4-16　空白航空分提单

Shipper's name and address			Account no.			NOT NEGOTIABLE AIR WAYBILL (AIR CONSIGNMENT NOTE) ISSUED BY						
Consignee's name and address			Account no.			It is agreed that the goods described herein are accepted in apparent good order and condition (except as noted) for carriage SUBJECT TO THE CONDITIONS OF CONTRACT ON THE REVERSE HEREOF, ALL GOODS MAY BE CARRIED BY ANY OTHER MEANS. INCLUDING ROAD OR ANY OTHER CARRIER UNLESS SPECIFIC CONTRARY INSTRUCTIONS ARE GIVEN HEREON BY THE SHIPPER. THE SHIPPER'S ATTENTION IS DRAWN TO THE NOTICE CONCERNING CARRIER'S LIMITATION OF LIABILITY. Shipper may increase such limitation of liability by declaring a higher value of carriage and paying a supplemental charge if required.						
Issuing Carrier's Agent and city						Accounting Information						
Agent's IATA code			Account no.									
Airport of Departure(Add. of First Carrier) and Requested Routing												
To	By first Carrier	to	by	to	By	Currency	CHGS code	Wt/Val		OHTER		Declared Value for Carriage	Declared Value for Customs
								PPD	COLL	PPD	COLL		
Airport of Destination			Flight/Date			Amount of Insurance		INSURANCE-If carrier offers insurance and such insurance is requested in accordance with the conditions there of indicate amount to be insured in figures in box marked Amount of Insurance.					
Handling Information													
No. of Pieces	Gross Weight	Kg/lb	Rate Class		Chargeable Weight	Rate/Charge		Total		Nature and Quantity of Goods（inco. Dimensions or Volume）			
			Commodity item no.										
Prepaid Freight Weight Charge Collect					Other Charges								
Valuation Charge													
Valuation Charge													
Tax													
Total Other Charges Due Agent					Shipper certifies that the particulars on the face hereof are correct and that insofar as any part of the consignment contains dangerous goods, such part is properly described by name and is in proper condition for carriage by air according to the applicable Dangerous Goods Regulations.									
Total Other Charges Due Carrier													
Insurance Premium													
					Signature of Shipper or his agent								
Total Prepaid			Total Collect										
Currency Conversion Rates			CC Charges in des. Currency			Executed on (Date) at (Place) Signature of issuing Carrier or as Agent							
For Carrier's Use Only at Destination			Charges at Destination			Total Collect Charges							

第五章
报关报检岗——进出口报关与报检

【知识目标】

○ 了解报关的定义
○ 掌握报关的分类
○ 掌握报关所需的单据
○ 了解报检的定义
○ 熟悉报检的作用
○ 掌握报检的范围及时限
○ 掌握报检提供的单据
○ 熟悉报关的流程、时限、注意事项
○ 熟悉报检的流程
○ 掌握进出口报关单填制规范
○ 掌握出入境报检单填制规范
○ 了解退关改配漏装处理的一般程序

【技能目标】

◇ 能正确缮制进出口报关单
◇ 能正确缮制出入境报检单

【思维导图】

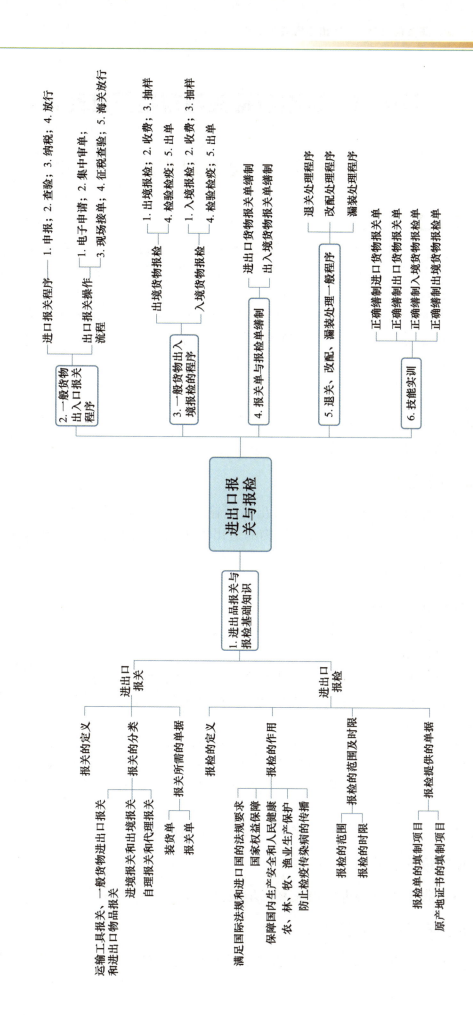

第五章 报关报检岗——进出口报关与报检

第一节 进出口报关与报检基础知识

任务一 进出口报关

【案例导入】

浙江AAA国际货运代理有限公司是一家大型的国际物流企业，主营国际海运整箱、国际海运拼箱、国际空运、国际铁路、国际多式联运等进出口代理业务，提供仓储、陆运、订舱、代理报关报检、制单等多项服务。

顾佳是浙江AAA国际货运代理有限公司报关报检部的员工。这段时间，公司让顾佳跟进宁波蓝星贸易公司一批货物的出口代理业务。货物经过检验检疫获得通关单后，顾佳准备通过报关行进行报关。

（1）什么是报关？
（2）报关有哪些分类？
（3）报关的流程怎么样？
（4）报关需要提供哪些单据？

一、报关的定义

报关是指进出口货物收发货人、进出境运输工具负责人、进出境物品所有人或者他们的代理人向海关办理货物、运输工具或物品进出境手续及相关海关事务的过程。

二、报关的分类

（一）按照报关的对象

按照对象，报关可分为运输工具报关、货物报关和物品报关。

1. 运输工具报关

运输工具报关是指所有进出我国关境的运输工具必须经由设有海关的港口、空港、车站、国界孔道、国际邮件交换司（站）及其他可办理海关业务的场所申报进出境。

2. 一般货物进出口报关

一般进出口货物是指在进出境时已缴纳税费，放行后海关不再进行监管的进出口货物。一般货物进出口报关主要包括申报、配合查验、缴纳税费、提取或装运货物四个环节。海关对应工作分别为海关审单（决定是否受理申报）、查验、征税和放行。

3. 进出口物品报关

主要是进出境旅客携带的行李物品、快递和邮递物品报关。

（二）按照报关的目的

按照目的，报关可分为进境报关和出境报关。

（三）按照报关的行为性质

按照行为性质，报关可分为自理报关和代理报关。自理报关是指进出口货物收发货人自行处理报关业务；代理报关是指报关企业接受进出口收发货人的委托代理其办理报关业务的行为。

三、报关所需的单据

报关时需要准备的单据包括报关单、报关委托书、合同、发票、装箱单、装货单、通关单（非必需）、产地证等，下面主要介绍装货单和报关单。

（一）装货单

装货单也称下货纸，是接受托运人（实践中通常是货运代理人）提出装运申请的船公司签发给托运人的用以要求船长将货物装船承运的凭证。装货单格式见表 5-1。

表 5-1 装货单

CHINA OCEAN SHIPPING AGENCY
装货单
SHIPPING ORDER   S/C NO

船名
S/S
托运人
Shipper
收货人
Consignee
通知方
Notify Party

兹将下列完好状况之货物装船并签署收货单据。
Received on board the under-mentioned goods apparent in good order and condition and sign the accompanying receipt for the same.

标记及号码 MARKS&NO.	货名 Description	件数 quantity	Weight（毛净重千克）		体积 measurement
			net	gross	
共计件数（大写） Total number of packages in writing					

日期   时间
Date   Time
装入何舱
Stowed
实收
Received
理货员签名   经办员签名
Tallied By   Approved By

（二）报关单

进出口货物报关单是指进出口货物收发货人或其代理人，按照海关规定的格式对进出口货物的实际情况作出书面声明，以此要求海关对其货物按适用的海关制度办理通关手续的法律文书。

报关单的填制必须符合海关的要求。

（1）报关单的填制必须真实，要做到"两个相符"：一是单证相符，即报关单与合同、批文、发票、装箱单等相符；二是单货相符，即报关单中所报内容与实际进出口货物情况相符。

（2）不同合同的货物，不能填在同一份报关单上。同一批货物中有不同贸易方式的货物，也须用不同的报关单向海关申报。

（3）一张报关单上如果有多种不同商品，应分别填报清楚，但一份报关单上最多不能超过五十项海关统计商品编号的货物。

（4）进料加工、来料加工的料及进口后经批准转内销或作为资产顶进，也应填写进口货物报关单。

（5）报关单中填报的项目要准确、齐全。

（6）计算机预录入的报关单，其内容必须与原始报关单上的内容完全一致。

（7）向海关递交的报关单，如事后发现差错，须立即填写报关单更正单，并向海关办理更正手续。

（8）对于海关放行后的出口货物，由于运输工具配载等原因，全部或部分未能装载上原申报的运输工具的，出口货物发货人应向海关递交《出口货物报关单修改/撤销表》。

【知识拓展】

截关时间也叫作截放行条时间，是指截止报关放行的时间，货物必须要在此时间之前做好报关放行工作，递交海关放行条给船公司。如在此时间之后才递交海关放行条，则船公司将视该货物未能清关放行，不允许上船。截关时间一般是开船日期前1～2天（散货是提前5～7天），而且一般是在截港时间后半个工作日。

截港时间也叫作载重时间，是指该时间之前，装好货的货柜可以入码头或仓库，该时间之后就不可以再进入码头或仓库。截港时间一般是开船日期前1～2天（散货是提前5～7天）。

必须在截单时间之前确认好提单，否则会产生改单费。

报关时限：根据《中华人民共和国海关法》的规定，出口货物的发货人除海关特批外，应当在装货24小时以前向海关申报；进口货物的报关期限为自运输工具申报入境起14天内。

想一想

（1）什么是报关？
（2）出口通关的流程是什么？
（3）填制报关单时应注意哪些事项？

任务二　进出口报检

【案例导入】

浙江AAA国际货运代理有限公司是一家大型的国际物流企业，主营国际海运整箱、国

际海运拼箱、国际空运、国际铁路、国际多式联运等进出口代理业务，提供仓储、陆运、订舱、代理报关报检、制单等多项服务。

顾佳是浙江 AAA 国际货运代理有限公司的报关报检部新员工。这段时间公司让顾佳跟进宁波蓝星贸易公司一批货物的出口代理业务。顾佳很快就顺利地完成了租船订舱等工作。货物进港后，顾佳联系客户和报关行安排报关事项。因为该批货物需要商检，因此，顾佳首先准备报检的事项。

（1）什么是报检？
（2）为什么报检？
（3）报检的范围是哪些？
（4）怎样报检？
（5）报检需要提供哪些单据？

一、报检的定义

进出口商品报检是指进出口商品的收发货人或者其代理人，根据《商检法》等有关法律法规，对法定检验的进出口商品，在商检机构规定的时限和地点，向商检机构办理申请检验、配合检验、付费、取得商检单等手续的全过程。在法定报检范围内的货物必须报检获得通关单才能进出口。

二、报检的作用

商品检验是国际货物买卖过程中一个重要的组成部分，它具有以下几个方面的作用。

（一）满足国际法规和进口国的法规要求

出入境检验检疫机构作为执法机构根据法律授权对列入应实施出口检验检疫对象和范围的人员、货物、危险品包装和装运易腐易变的食品、冷冻品的船舱、集装箱等按照中国的、进口国的，或与中国签有双边检疫议定书的外国的或国际性的法规、标准的规定实施必要的检验检疫。

（二）国家权益保障

出入境检验检疫是国家维护根本经济权益与安全的重要技术贸易壁垒措施，是保证中国对外贸易顺利进行和持续发展的需要。

（三）保障国内生产安全和人民健康

加强对进口商品的检验是为了保障国内生产安全与人民身体健康，维护国家对外贸易的合法权益。

> **想一想**
> （1）是否有进出口贸易就需要报检？
> （2）如有需要，何时报检？
> （3）如报检不合格怎么办？

（四）农、林、牧、渔业生产保护

出入境动植物检疫的主要目的是保护农、林、牧、渔业生产安全，促进农畜产品的对外贸易和权益保护。

（五）防止检疫传染病的传播

国境卫生检疫是防止检疫传染病传播、保护人民身体健康重要的屏障。

三、报检的范围及时限

(一) 报检的范围

(1) 国家法律法规规定必须由出入境检验检疫机构检验检疫。具体包括：
①列入《出入境检验检疫机构实施检验检疫的进出境商品目录》内的货物；
②入境废物、进口旧机电产品；
③出口危险货物包装容器的性能检验和使用鉴定；
④进出境集装箱；
⑤进境、出境、过境的动植物、动植物产品及其他检疫物；
⑥装载动植物、动植物产品和其他检疫物的装载容器、包装物、铺垫材料、进境动植物性包装物、铺垫材料；
⑦来自动植物疫区的运输工具；装载进境、出境、过境的动植物、动植物产品及其他检疫物的运输工具；
⑧进境拆解的废旧船舶；
⑨出入境人员、交通工具、运输设备以及可能传播检疫传染病的行李、货物和邮包等物品；
⑩旅客携带物（包括微生物、人体组织、生物制品、血液及其制品、骸骨、骨灰、废旧物品和可能传播传染病的物品以及动植物、动植物产品和其他检疫物）和携带伴侣动物；
⑪国际邮寄物（包括动植物、动植物产品和其他检疫物、微生物、人体组织、生物制品、血液及其制品以及其他需要实施检疫的国际邮寄物）；
⑫其他法律、行政法规规定须经检验检疫机构实施检验检疫的其他应检对象。
(2) 输入国家或地区规定必须凭检验检疫机构出具的证书方准入境的。
(3) 有关国际条约规定须经检验检疫的。
(4) 对外贸易合同约定凭检验检疫机构签发的证书进行交接、结算的。
(5) 申请签发一般原产地证明书、普惠制原产地证明书等原产地证明书的。

(二) 报检的时限

1. 入境报检时限

由于货物种类、性质、索赔有效期和品质保证期的不同，报检的时间也不同。
(1) 申请货物品质检验和鉴定的，一般以到货后不少于索赔有效期满前 20 天报检。
(2) 输入动植物、动植物产品和其他检疫物的，应当在检疫物进境前或者进境时报检。输入种畜及其精液、胚胎的，应当在进境前 30 天报检；输入其他动物的，应当在进境前 15 天报检；输入植物种子、种苗及其他繁殖材料的，应当在进境前 7 天报检；动植物性包装物、铺垫材料进境时应当及时报检；运输动植物、动植物产品和其他检疫物过境的应当在进境时报检。
(3) 入境的集装箱、货物、废旧物品在到达口岸时，必须向检验检疫机构报检并接受卫生检疫，经检疫或实施消毒、除鼠、除虫或其他必要的卫生处理合格的，方准入境。

2. 出境报检时限

出境货物最迟应于报关或装运前 7 天报检，对于个别检验检疫周期较长的货物，应留有相应的检验检疫时间；出境的运输工具和人员应在出境前向口岸检验检疫机构报检或申报；需隔离检疫的出境动物在出境前 60 天预报，隔离前 7 天报检。

四、报检提供的单据

出入境报检时,报检人员需要提交的单据有报检单、合同、商业发票、信用证、装箱单等。对涉及人类健康和安全,动植物生命和健康,以及环境保护和公共安全的产品,须提交强制认证申请(如"3C"认证)。部分国家和地区,如美国、日本、韩国、欧盟等,对木质包装要求提供官方机构认可的熏蒸证明。

下面主要说明报检单和原产地证的填制项目。

(一)报检单的填制项目

报检单也称检验申请单,是指针对需要检验的进出口货物向指定商检机关填制和申报货物检验的申请单。报检单是出入境报检时必要的单据之一,主要包含了以下几个方面的内容:

(1)发货人和收货人的名称。
(2)货物名称、HS编码、产地、数/重量、货物总值、包装种类及数量。
(3)运输工具的名称号码。
(4)贸易方式。
(5)货物存放地点。
(6)合同号和信用证号。
(7)发货日期。
(8)输往国家(地区)、起运地、到达口岸。
(9)许可证/审批号、生产单位注册号。
(10)集装箱规格、数量及号码。
(11)标记及号码。
(12)报检人签字。
(13)报检单位、报检单位登记号、联系人、电话。

【知识链接】

(1)国家市场监督管理总局对涉及人类健康和安全,动植物生命和健康,以及环境保护和公共安全的产品实行强制性认证制度。按照《强制性认证产品目录》的规定,进口商品应向指定认证机构提交认证申请书、必要的技术文件和样品,进行"中国强制认证"(如"3C"认证)。

(2)以下进口产品需要"3C"认证:电线电缆、电路开关及保护或连接用电器装置、低压电器、小功率电动机、电焊机、电动工具、家用和类似用途设备、电子产品及安全附件、照明电器、车辆及安全附件、农机产品、消防产品、安全防范产品、建材产品、儿童用品、防爆电气、家用燃气器具。

(3)货主在委托代理报检时,应向代理提供上述产品的"3C"认证。进口商品如没有取得"3C"认证,货主可委托代理代为申请"3C"认证。

(二)原产地证的填制项目

在入境和出境报检中,当客户有要求时,经常需要提供原产地证。原产地证(CERTIFICATE OF ORIGIN)是出口商应进口商要求而提供的,由公证机构、政府或出口商出具的证明货物原产地或制造地的一种证明文件。原产地证有不同的种类,常见的有一般原产地证(C/O)、普惠制原产地证(FORM A)、区域性经济集团互惠原产地证等。

下面以一般原产地证为例说明原产地证的填制项目。

一般原产地证书包括以下内容：

（1）产地证书的编号；

（2）出口方；

（3）收货方；

（4）运输方式和路线；

（5）目的地；

（6）运输标志；

（7）商品描述、包装数量及种类；

（8）商品编码；

（9）数量；

（10）发票号码及日期；

（11）出口方声明；

（12）签证机构签字、盖章。

一般原产地证书见表5-2。

表5-2　一般原产地证书

EXPORTER（FULL NAME AND ADDRESS） （2）		CERTIFICATE NO.（1） CERTIFICATE OF ORIGIN OF THE PEOPLE'S REPUBLIC OF CHINA		
CONSIGNEE（FULL NAME，ADDRESS，COUNTRY） （3）				
MEANS OF TRANSPORT AND ROUTE （4）		FOR OFFICIAL USE ONLY		
DESTINATION （5）				
MARKS&NOS. OF PACKAGES （6）	DESCIRPTION OF GOODS,NUMBER AND KIND OF PACKAGE （7）	H.S.CODE （8）	QUANTITY OR WEIGIHT （9）	NUMBER AND DATE OF INVOICES （10）
DECLARATION BY THE EXPORTER THE UNDERSIGNED HEREBY DECLARES THAT THE ABOVE DETAILS AND STATEMENTS ARE THAT THEY COMPLY WITH THE RULES OF ORIGIN OF THE PEOPLE'S REPUBLIC OF CHINA （12） PLACE AND DATE SIGNATURE AND STAMP OF AUTHORIZED SIGNATORY		CERTIFICATION IT IS HEREBY CERTIFIED THAT DECLARATION BY THE EXPORTER IS CORRECT （11） PLACE AND DATE SIGNATURE AND STAMP OF AUTHORIZED		

【知识拓展】

为了降低检疫风险，木质包装应该用永久性的处理方法进行处理或者临时消毒，但临时和不长久的消毒处理只能在处理的有效期限内抑制害虫的传播。如果货物使用的是木质包装，只有在下列的情况下确保此木质包装没有病害痕迹、没有传播病虫害可能性时才可以实行即时放行：

（1）所有的木质包装材料都预先用进口国检验检疫局认可的方式处理过，并出具相关处理证书；

（2）所有的木质包装材料都盖有符合ISPM15标准的印章，而且在包装声明中也要陈述出此印章的有效性。

对木质包装进行处理不是强制性的，但是如果有使用未处理过的木质包装，入境货物将接受专门的隔离检疫以及跟踪检疫。

在有木质包装的货物入境时，每一个包装声明中都必须包含有无树皮的声明，表明此次货物的木质包装所用木料中是否有树皮。

第二节 一般货物进出口报关程序

任务一 一般货物进口报关程序

【案例导入】

浙江AAA国际货运代理有限公司是一家大型的国际物流企业，主营国际海运整箱、国际海运拼箱、国际空运、国际铁路、国际多式联运等进出口代理业务，提供仓储、陆运、订舱、代理报关报检、制单等多项服务。

顾佳是浙江AAA国际货运代理有限公司的报关报检部新员工。报关报检部门李经理交给顾佳一个任务，跟进杭州星辉贸易公司一批货物的进口代理业务。星辉贸易公司的预计下周抵达上海港，请顾佳联系客户和报关行安排报关事项。因此，顾佳赶紧准备报关的相关操作流程。

（1）一般货物的进口报关程序有哪些步骤？
（2）一般货物的进口报关有哪些流程？
（3）进口报关涉及到哪些单据？

一、进口报关程序

通常情况下，一般货物进口报关程序分为申报、查验、纳税及放行四步。

1. 申报

在报关时，报关人除填写进口货物报关单外，还必须向海关交验下列单证：提货单、装货单、运单、发票、装箱单、保险单、进口货物许可证。必要时，还应向海关交验订货合同、产地购运证明及其他文件。

2. 查验

海关以经过审核的单证为依据,在海关监管场所(包括口岸码头、车站、机场、邮局等)对所申报的进口货物进行检查,以核对单、物是否相符。海关查验时,报关人应派人到现场协助海关工作。

3. 纳税

进口货物的收货人或其代理人收到海关的税款缴纳证书后,应在规定的期限内缴纳进口税款。

4. 放行

海关对报关的进口货物,只有审核所提交的报关单据,查验实际货物,并依法办理征收货物税费手续或减免税手续,最后在有关单据上签盖放行章,货物的所有人或其代理人才能提取或装运货物。此时,海关对进口货物的监管才算结束。另外,进口货物因各种原因需海关特殊处理的,可向海关申请担保放行。海关对担保的范围和方式均有明确的规定。

二、进口报关操作流程

一般情况下,进口报关的具体操作流程如下:

(1)委托报关单预录入:由报关行根据客户信息进行报关单的预录入。

(2)电子数据发送至海关:将报关预录入形成的 EDI 数据发送至海关。

(3)审单:海关审单中心集中审理该出口船舶所有货物的单据。

(4)接收回执,打印纸质报关单:报关行接到海关回执后打印书面的报关单。

(5)现场递交纸质单据:报关员至海关现场递交所有纸质报关单据,包括合同、发票、装箱单、装货单、报关单、通关单(非必需)、报关委托书等。

(6)海关接单:海关工作人员接受报关资料,检查单据是否齐全、正确,并登记,打印税单。

(7)海关征税:海关对出口货物,根据《中华人民共和国关税条例》的规定和《中华人民共和国海关进出口税则》规定的税率,征收出口税。为了方便纳税人,对于进出口货物应当缴纳的税费,也由海关在货物进口的环节同时代征。

(8)企业缴纳税费:企业根据海关要求缴纳税费,包含关税、代缴增值税和消费税。

(9)海关查验(非必需环节):海关到货物堆场打开集装箱进行现场查验,查验合格的予以放行货物。

(10)海关放行:海关对核准报关的商品进行放行。

(11)提货:根据放行单据安排车辆联系堆场在要求时间内提货,卸货后及时还箱。

【知识链接】

(1)根据《中华人民共和国进出口商品检验法》以及《出入境检验检疫机构实施检验检疫的进出境商品目录(2017)》规定,凡列入《种类表》的均为需法定检验的商品,应在报关前向商品检验机构报验。法检货物需要先在商检局办理入(出)境货物通关单,然后凭入(出)通境关单办理报关手续,即通关单是通关单据之一。

（2）进口报关时海关要求提交商检证书，一是监督法定检验商品是否已经接受法定的商检机构检验；二是取得进口商品征税、免税、减税的依据。海关对进口商品凭商检机构签发的检验证书或在进口货物报关单上加盖的印章验收。

任务二　一般货物出口报关程序

【案例导入】

浙江 AAA 国际货运代理有限公司是一家大型的国际物流企业，主营国际海运整箱、国际海运拼箱、国际空运、国际铁路、国际多式联运等进出口代理业务，提供仓储、陆运、订舱、代理报关报检、制单等多项服务。

作为报关报检部新员工顾佳很快适应了报关报检的工作，表现优秀。这段时间报关报检部门李经理交给顾佳一个任务，跟进杭州星辉贸易公司一批货物的出口代理业务。星辉贸易公司的出口货物预计下周准备好，顾佳须跟进联系客户和报关行安排报关事项。因此顾佳赶紧准备出口报关的相关操作流程。

（1）一般货物的出口报关有哪些流程？
（2）出口报关需要提交哪些单据？

出口报关是指发货人或其代理人向海关申报出口货物的详细情况，海关据以审查，合格后放行，准予出口。一般货物出口的报关程序由五个环节构成，即电子申请、集中审单、现场接单、征税查验和海关放行。

一般情况下，出时报关的具体操作流程如下：

（1）委托预录入单位进行报关单录入：由报关行根据客户信息进行报关单的预录入。

（2）发送电子数据：将报关预录入形成的 EDI 数据发送至海关。

（3）审单中心集中审单：海关审单中心将集中审理该出口船舶所有货物的单据。

（4）接收回执，打印纸质报关单：报关行接到海关回执后打印书面的报关单。

（5）现场递交纸质单据：报关员至海关现场递交所有纸质报关单据，包括合同、发票、装箱单、装货单、报关单、通关单（非必需）、报关委托书等。

（6）海关接单：海关工作人员接受报关资料，检查单据是否齐全、正确，并登记，打印税单。

（7）海关征税：海关对出口货物，根据《中华人民共和国关税条例》的规定和《中华人民共和国海关进出口税则》规定的税率，征收出口税。为了方便纳税人，对于进出口货物应当缴纳的税费，也由海关在货物进口的环节同时代征。

（8）企业缴纳税费：企业根据海关要求缴纳税费，包含关税、代缴增值税和消费税。

（9）海关查验（非必需环节）：海关到货物堆场打开集装箱进行现场查验，查验合格的予以放行货物。

（10）海关放行：海关对核准报关的商品进行放行。

（11）装运货物：码头工作人员对完成报关的货物进行装船出运。

第五章 报关报检岗——进出口报关与报检

第三节 一般货物出入境报检的程序

任务一 一般货物出境报检程序

【案例导入】

浙江 AAA 国际货运代理有限公司是一家大型的国际物流企业，主营国际海运整箱、国际海运拼箱、国际空运、国际铁路、国际多式联运等进出口代理业务，提供仓储、陆运、订舱、代理报关报检、制单等多项服务。

顾佳在报关报检部的工作开展很顺利，报关报检部门李经理又交给顾佳一个新任务，杭州星辉贸易公司一批货物在办理出境报检时由于缺少单据被退单，要求顾佳跟进处理。因此，顾佳赶紧准备出境报检的相关操作准备工作。

（1）申报货物出境报检时，企业应提供哪些单据和资料？
（2）检验检疫机构一般通过哪些方法进行货物检验检疫？

凡属法定检验检疫商品或合同规定需要检疫机构进行检验并出具检验证书的商品，对外贸易关系人均应及时提请检疫机构检验，我国进出口商品的检验程序主要包括报检、缴纳费用、抽样、检验检疫和出单五个环节。

（一）报检

检验检疫机构的受理报检人员应审核报检人提交的报检单内容填写是否完整、规范，应附的单据资料是否齐全、符合规定，索赔或出运是否超过有效期等，审核无误的，方可受理报检。对报检人提供的资料不齐全或不符合有关规定的，检验检疫机构不予受理报检。

1. 填写出境货物报验单

每份出境货物报验单仅限填报一个合同、一份信用证的商品。对同一合同、同一信用证，但标记号码不同者，应分别填写。

2. 应提供的单证和资料

出口报验时应提供下列资料：对外贸易双方签订的贸易合同及合同附件，信用证，生产经营部门自验合格后出具的检验单正本；法定检验出口商品报验时，提供商检机构签发的运输包装容器性质检验合格单正本；实行卫生注册的商品，提供商检机构签发的卫生注册证书；实行质量许可证的出口商品，必须提供检验机构质量许可证书；凭样成交的应提供双方确认的样品。

（二）缴纳费用

为促进外贸稳定增长和发展，我国自 2012 年起，取消海关监管手续费，免征所有法定检验检疫物出入境检验检疫费，减轻进出口企业经济负担。但查验过程中要满足查验的条件，货主及代理必须把货物移到海关指定的查验场地，按海关要求拆分、包装，在此过程中利用查验场地资源和人工所产生相关运输、吊柜、掏箱、装卸等费用由货主承担。

须注意的是，此费用是指因海关检验检疫机构查验而产生的费用，而不是指海关检验检疫机构征收的检验检疫费用。

（三）抽样

海关对出入境货物以现场检验检疫为主，对需检验检疫并出具结果的出入境货物，检验检疫人员需要现场抽取样品和制样，作实验室检验检疫。

（四）检验检疫

检验检疫机构对已报检的出入境货物，通过感官、物理、化学、微生物等方法进行检验检疫，以判定所检对象的各项指标是否符合有关强制性标准或合同及买方所在国官方机构的有关规定。

（五）出单

经检验检疫合格的，检验检疫机构签发《出境货物通关单》作为海关核放货物的依据；经检验检疫不合格的，签发《出境货物不合格单》。

任务二　一般货物入境报检程序

【案例导入】

浙江 AAA 国际货运代理有限公司是一家大型的国际物流企业，主营国际海运整箱、国际海运拼箱、国际空运、国际铁路、国际多式联运等进出口代理业务，提供仓储、陆运、订舱、代理报关报检、制单等多项服务。

顾佳在报关报检部的工作进展很顺利。公司客户杭州星辉贸易公司一批货物在办理入境报检时由于缺少单据被退单，要求顾佳跟进处理。因此顾佳赶紧准备入境报检的相关操作准备工作。

（1）入境报检程序和出境报检程序有什么不同？

（2）申报货物入境报检时，企业应提供哪些单据和资料？

入境报检程序与出境报检程序基本相同，除了第一步报检与最后一步出单有差别，因此，这里对报检和出单做具体介绍。

（一）报检

进口商品的报检人应在一定期限内填写入境货物报验单，填明申请检验鉴定项目的要求，并附合同、发票、海运提单（铁路、航空、邮包运单）、品质证书、装箱单、接、用货部门已验收的应附验收记录等资料，向当地检验部门申请检验。如货物有残损、短缺，还须附理货公司与轮船大副共同签署的货物残损报告单、大副批注或铁路商务记录等有关证明材料。

（二）出单

检验检疫机构受理报检并进行必要检验检疫之后签发《入境货物通关单》，海关据以验放货物后，经检验检疫合格的，签发《入境货物检验证明》；不合格的，签发检验检疫证书，供有关方面使用。

第四节　报关单与报检单缮制

任务一　一般货物进出口报关单缮制

【案例导入】

浙江 AAA 国际货运代理有限公司是一家大型的国际物流企业，主营国际海运整箱、国际海运拼箱、国际空运、国际铁路、国际多式联运等进出口代理业务，提供仓储、陆运、订舱、代理报关报检、制单等多项服务。

顾佳是浙江 AAA 国际货运代理有限公司报关报检部的员工。这段时间公司让顾佳跟进宁波蓝星贸易公司一批货物的出口代理业务。在该批货物报检之后，顾佳还要跟进报关事项，根据以下资料，制作出口报关单。

2020 年 8 月 17 日，顾佳收到船代公司的订舱确认凭证，航期为 2020 年 8 月 30 日，船名航次为 DONGFENG YH V.S006，提单号为 HJCB8122145，集装箱箱号为 BK938780。

2020 年 8 月 19 日，报关部顾佳将《出境货物换证凭单》交至口岸检验检疫中心，并顺利换取《出境货物通关单》，开始办理货物的报关业务。顾佳向宁波海关（3100）申请报关，办理出口货物通关业务。该批货物 900 箱，毛重 17 100 KGS，净重 16 650 千克，体积为 24 CBM。出口商品为 GOLF CAPS（高尔夫球帽），18 000 打，20 打装一箱，存放于工厂仓库。商品海关编码为 59019091，用一个 20 尺集装箱装运，运费为 USD300，保费为 1%。宁波蓝星贸易公司的海关登记备案号为 3300294708。

（一）合同和信用证

根据销售确认书（表 5-3）和信用证（表 5-4）制作出口报关单（表 5-5）。

表 5-3 销售确认书

售货确认书

SALES CONFIRMATION

卖方（Sellers）:   Contract No.:   03TG28711

NINGBO LANXING CO.,LTD   Date: JULY 22,2020

ROOM 2501,JIAFA MANSTION,
QIANHU NORTH ROAD, NINGBO   Signed at: NINGBO

买方（Buyers）:

EAST AGENT COMPANY

3-72,OHTAMACHI,NAKA-KU,YOKOHAMA,JAPAN231

This Sales Contract is made by and between the Sellers and Buyers, whereby the sellers agree to sell and the buyers agree to buy the under-mentioned goods according to the terms and conditions stipulated below:

品名及规格 NAME OF COMMODITY & SPECIFICATION	单价 UNIT PRICE	数量 QUAN	金额及术语
H6-59940BS GOLF CAPS	CIF AKITA USD 8.10	18 000 DOZS	CIF AKITA USD 145 800.00
10% more or less both in amount and quantity allowed		TOTAL	USD 145 800.00

Packing: CARTON
Delivery: From NINGBO to AKITA
Shipping Marks: V.H

                    LAS PLAMS

                    C/NO.
Time of Shipment: Within 30 days after receipt of L/C. allowing transshipment and partial shipment.
Terms of Payment: By 100% Irrevocable Letter of Credit on favor of the Sellers to be available. By sight draft to be opened and to reach China before   JULY 30, 2020   and to remain valid for negotiation in China until the 15th days after the foresaid Time of Shipment.

L/C must mention this contract number L/C advised by BANK OF CHINA NINGBO BRANCH.

TLX: 44U4K NBBC, CN. ALL banking Charges outside China (the mainland of China) are for account of the Drawer.

Insurance: To be effected by Sellers for 110% of full invoice value covering   F.P.A up to   AKITA

THE SELLER: THE BUYER:

表5-4 信用证

ISSUE OF DOCUMENTARY CREDIT

ISSUING BANK	METITABANK LED., JAPAN
DOC. CREDIT NUMBER	LTR0505457
DATE OF ISSUE	2020727
EXPIRY	DATE 2020908 PLACE NINGBO, CHINA
APPLICANT	EAST AGENT COMPANY
	3-72,OHTAMACHI,NAKA-KU,YOKOHAMA,JAPAN 231
BENEFICIARY	NINGBO LANXING CO.,LTD
	ROOM 2501,JIAFA MANSTION,
	QIANHU NORTH ROAD, NINGBO
AMOUNT	CURRENCY USD AMOUNT 145800.00
POS. /NEG. TOL. (%)	5/5
AVAILABLE WITH/BY	ANY BANK IN ADVISING COUNTRY
	BY NEGOTIATION
DRAFT AT…	DRAFTS AT SIGHT FOR FULL INVOICE VALUE
PARTIAL SHIPMENTS	ALLOWED
TRANSSHIPMENT	ALLOWED
LOADING IN CHARGE	NINGBO
FOR TRANSPORT TO	AKITA
SHIPMENT PERIOD	AT THE LATEST AUG 30,2020
DESCRIPT. OF GOODS	
	1,800 DOZS OF H6-59940BS GOLF CAPS,USD 8.10 PER DOZ AS PER SALES CONTRACT 03TG28711 DD 22,7,20 CIF AKITA
DOCUMENTS REQUIRED	
	*COMMERCIAL INVOICE 1 SIGNED ORIGINAL AND 5 COPIES
	*PACKING LIST IN 2 COPIES
	*FULL SET OF CLEAN ON BOARD BILL OF LOADING,MARKED "FREIGHT PREPAID" AND NOTIFY APPLICANT (AS INDICATE ABOVE)
	*GSP CERTIFICATE OF ORIGIN FORM A, CERTIFYING GOODS OF ORIGIN IN CHINA, ISSUED BY COMPETENT AUTHORITIES
	*INSURANCE POLICY/CERTIFICATE COVERING F.P.A. OF PICC. INCLUDING WARWHOUSE TO WAREHOUSE CLAUSE UP TO FINAL DESTINATION AT AKITA, FOR AT LEAST 110 PCT OF CIF-VALUE.
	*SHIPPING ADVICES MUST BE SENT TO APPLICANT WITH 2 DAYS AFTER SHIPMENT ADVISING NUMBERE OF PACKAGES, GROSS & NET WEIGHT, VESSEL NAME,BILL OF LADING NO. AND DATE, CONTRACT NO., VALUE.
PRESENTATION PERIOD	21 DAYS AFTER ISSUANCE DATE OF SHIPPING DOCUMENT
CONFIRMATION	WITHOUT
INSTRUCTIONS	THE NEGOTIATION BANK MUST FORWARD THE DRAFTS AND ALL DOCUMENTS BY REGISTERED AIRMAIL.DIRECT TO US IN TWO CONSECUTIVE LOTS, UPON RECEIPT OF THE DRAFTS AND DOCUMENTS IN ORDER, WE WILL REMIT THE PROCEEDS AS INSTRUCTED BY THE NEGOTIATING BANK.

表 5-5　出口报关单

中华人民共和国海关出口货物报关单			
预录入编号：（1）　　海关编号：（2）			
出口口岸（3）	备案号（4）	出口日期（5）	申报日期（6）
经营单位（7）	运输方式（8）	运输工具名称（9）	提运单号（10）
发货单位（11）	贸易方式（12）	征免性质（13）	结汇方式（14）
许可证号（15）	运抵国（地区）（16）	指运港（17）	境内货源地（18）
批准文号（19）	成交方式（20）	运费（21）	保费（22）　　杂费（23）
合同协议号（24）	件数（25）　包装种类（26）	毛重（千克）（27）	净重（千克）（28）
集装箱号（29）	随附单据（30）	生产厂家（31）	
标记唛码及备注（32）			
项号　商品编号　商品名称、规格型号　数量及单位　最终目的国（地区）　单价　总价　币制　征免 （33）　（34）　　（35）　　　　（36）　　　　（37）　　　　（38）（39）（40）（41）			
税费征收情况（42）			
录入员（43） 录入单位（44）	兹声明以上申报无讹并承担法律责任	海关审单、批注及放行日期（签章）（47） 审单　　　　　　　审价	
报关员 单位地址 邮编　　　电话　　　填制日期（46）	申报单位（签章）（45)	征税　　　　　　　统计 查验　　　　　　　放行	

（二）出口报关单填制规范

现行的纸质出口报关单上共设有47栏，除"税费征税情况"及"海关审单、批注及放行日期（签章）"等栏外，其余均由发货人或其代理人填写。

1. 预录入编号

预录入编号指申报单位或预录入单位填制录入的报关单的编号。报关单预录入编号的规则由申报单位自行编制。预录入报关单及 EDI 报关单的预录入编号由接受申报的海关决定。

2. 海关编号

海关编号指海关接受申报时给予报关单的编号，由系统生成。现行海关编码为 18 位数字，其中第 1—4 位为申报海关的编号，第 5—8 位为海关接受申报的公历年份，第 9 位为进出口标志（"1"为进口，"0"为出口），后 9 位为顺序编号。

3. 出口口岸

出口口岸指货物实际出我国关境口岸海关的名称。填报时口岸海关的名称和代码都不能缺少，并且填写的是口岸海关的名称而不是港口的名称。本栏应根据货物实际出口的口岸海关选择填报《关区代码表》中相应的口岸海关名称+（代码）。

【操作解析】

此案例中，在信用证和合同中要求货物：LOADING IN CHARGE NINGBO，再根据《进出口口岸代码查询》，此栏可填：宁波海关（3100）。

4. 备案号

备案号指进出口企业在海关办理加工贸易合同备案或征、减、免税审批备案等手续时，海关所发的《登记手册》等有关备案审批文件的编号。

5. 出口日期

出口日期是指申报货物所载的运输工具办结出境手续的日期，也是船舶开航的日期。一般报关时由系统自动生成八位数字。

6. 申报日期

申报日期指海关接受出口货物的发货人或受其委托的报关企业申请办理货物出口手续的日期，为八位数字，比出口日期早。

【操作解析】

此案例中，相关说明中提示：2020 年 8 月 19 日，报关部顾佳将《出境货物换证凭单》交至口岸检验检疫中心并顺利换取《出境货物通关单》，开始办理货物的报关业务。要求 8 位日期填写，所以此栏填写：20200819。

7. 经营单位

经营单位指对外签订并执行出口贸易合同（协定）的中国境内企业、单位或个体工商户。本栏应填写经营单位中文名称+（经营单位编码）。经营单位编码是经营单位在海关办理注册登记手续时，海关给予的 10 位编码。

【操作解析】

此案例中，相关说明中提示：宁波蓝星贸易公司的海关登记备案号为 3300294708，要求填报经营单位中文名称+（经营单位编码）。因此本栏填写：宁波蓝星贸易公司（3300294708）。

8. 运输方式

运输方式指载运货物出境时所使用的运输工具的分类，包括实际运输方式和海关规定的特殊运输方式。本栏应根据实际运输方式按海关规定的《运输方式代码表》选择填报相应的运输方式。常用的实际运输方式代码表见表 5-6。

表 5-6　常用的实际运输方式代码表

代码	名称	代码	名称	代码	名称	代码	名称
0	非保税区	4	汽车运输	8	保税仓库	W	物料中心
1	监管仓库	5	航空运输	9	其他运输	X	物料园区
2	江海运输	6	邮件运输	A	全部运输	Y	保税港区
3	铁路运输	7	保税区	H	边境特殊	Z	出口加工

9．运输工具名称

本栏填写该批货物所使用的运输工具的名称和编号。一份报关单只允许填报一个运输工具名称。

【操作解析】

此案例中，在相关说明中，船名航次为 DONGFENG YH V.S006，因此此栏填写：DONGFENG YH V.S006。

10．提运单号

提运单号指出口货物提单或运单的编号，一份报关单只允许填报一个提运单号，一票货物对应多个提运单时，应分单填报。江海运输，填报进出口提运单号；有分提运单，填报进出口提运单号＋"＊"＋分提运单号；航空运输，填报总运单号＋"_"（下画线）＋分运单号；无分运单的填报总运单号。

【操作解析】

此案例中，根据相关说明中提示，此栏填写 HJCB8122145。

11．发货单位或收货单位

本栏填写出口货物在境内生产或销售的单位。可与经营单位相同或不同。若与经营单位不同，需要写明具体的发货单位，如外贸代理业务中的委托人。备有海关注册编号的发货单位，本栏必须填写发货单位中文名称＋（编码）。收货单位是指已知的进口货物在境内的最终消费、使用单位，如自行从境外进口货物的单位、委托有外贸进出口经营权的企业进口货物的单位等，填写格式同上。

【操作解析】

此案例中，没有说明与经营单位不同，因此此栏填写宁波蓝星贸易公司（3300294708）。

12．贸易方式

根据实际情况并按海关规定的《贸易方式代码表》选择填报相应贸易方式简称或代码。贸易方式代码表见表 5-7。

表 5-7　贸易方式代码表（部分）

代码	贸易方式代码简称	代码	贸易方式代码简称	代码	贸易方式代码简称
0110	一般贸易	2600	暂时进出口货物	3612	捐赠物资
0214	来料加工	2700	展览品	4400	来料成品兑换
0513	补偿贸易	3010	货样广告品 A	4561	退运货物
0615	进料对口	3039	货样广告品 B	9700	后续退补税
2025	合资合作设备	3100	无代价抵偿	9739	其他贸易
2225	外资设备物品	3511	援助物资	9800	租赁征税

【操作解析】

此案例中，出口的是高尔夫帽子，为一般贸易。

13．征免性质

征免性质指海关对出口货物实施征、减、免税管理的性质类别。本栏目应填报征免性质简称或代码。征免性质代码表见表 5-8。

表 5-8　征免性质代码表（部分）

代码	简称	全称
101	一般征税	一般征税进出口货物
201	无偿援助	无偿援助进出口物资
301	特定区域	特定区域进口自用物资及出口货物
307	保税区	保税区进口自用物资
501	加工设备	加工贸易中外商提供的不作价进口设备
502	来料加工	来料加工装配和补偿贸易中的进口料件及出口成品
503	进料加工	进料加工贸易进口

【操作解析】

此案例中，出口的是高尔夫帽子，为一般贸易，按照一般进出口货物征税，因此本栏填写一般征税。

14．结汇方式

结汇方式即进出口货物的收发货人或其代理人收结外汇的方式。根据海关规定的《结汇方式代码表》选择填报相应的结汇方式名称。结汇方式代码表见表 5-9。

表 5-9　结汇方式代码表

代码	结汇方式	英文缩写	英文名称
1	信汇	M/T	Mail Transfer
2	电汇	T/T	Telegraphic Transfer
3	票汇	D/D	Remittance by Banker's Demand Draft
4	付款交单	D/P	Documents against Payment
5	承兑交单	D/A	Documents against Acceptance
6	信用证	L/C	Letter of Credit

【操作解析】

此案例中，根据合同要求，此栏填写 L/C 或信用证或 6。

15．许可证号

应申领出口许可证的货物，必须在此栏填报商务部及其授权发证机关签发的进口货物许可证的编号；非许可证管理商品本栏空白不填。一张报关单只允许填报一个许可证号。

【操作解析】

此案例中，相关信息、合同、信用证都未说明，因此留空不填。

16．运抵国（地区）/起运国（地区）

运抵国（地区）指出口货物直接运抵的国家（地区），直接运抵或者在运输中转国（地）

未发生任何商业性交易的情况下最后运抵国（地区）。本栏应按海关规定的《国别（地区）代码表》选择填报相应的运抵国（地区）中文名称或代码，如"日本（116）"。主要国家（地区）代码表见表5-10。

起运国（地区）是指进口货物起始发出的国家（地区），填报格式同上。

表5-10 主要国家（地区）代码表

国家（地区）代码	中文名称	国家（地区）代码	中文名称
110	中国香港	116	日本
133	韩国	142	中国
143	台澎金马关税区	303	英国
304	德国	502	美国
305	法国	344	俄罗斯联邦

【操作解析】

案例中，进口商所在地为日本，目的港是日本，因此此栏填写输往国家（地区）为日本。

17. 指运港/装货港

指运港指出口货物运往境外的最终目的港。本栏应根据实际情况按海关规定的《港口航线代码表》选择填报相应的港口中文名称或代码。

装货港是指进口货物在运抵我国关境前的最后一个境外装运港，填报格式同上。

【操作解析】

此案例中，信用证FOR TRANSPORT TO：AKITA，因此本栏填写：秋田。

18. 境内货源地/境内目的地

境内货源地指出口货物在我国关境内的产地或原始发货地。本栏应根据出口货物生产厂家或发货单位所属国内地区，并按海关规定的《国内地区代码表》选择填报相应的国内地区名称或代码。如"宁波（33029）"。国内地区代码表见表5-11。

境内目的地是指已知的进口货物在国内的消费、使用地区或最终运抵的地点，填报格式同上。

表5-11 《国内地区代码表》（部分）

地区代码	地区名称	地区代码	地区名称
11079	石景山	23039	鸡西
12059	河北区	31019	黄浦
13019	石家庄其他	33012	杭州经济技术开发区
13079	张家口	33049	嘉兴
14029	大同	33109	丽水

【操作解析】

此案例中，根据合同和信用证的相关说明，本栏填写：宁波或33029。

19．批准文号

本栏填报"出口收汇核销单"编号，进口货物本栏免填。

【操作解析】

此案例中，出口商品是高尔夫帽子，为一般贸易。在旧版报关单上的"批准文号"主要填写"收汇核销单编号"，资料未提供，因此本栏空白不填写。

海关总署公告第20号（关于修订《中华人民共和国海关进出口货物报关单填制规范》的公告）已取消收汇核销单，在新版报关单无需填写此栏内容。

20．成交方式

本栏应根据实际成交价格条款按海关规定的《成交方式代码表》选择填报相应的成交方式代码。无实际出境的，出口填报FOB价，进口填报CIF价。常用成交方式代码见表5-12。

表5-12　常用成交方式代码

成交方式代码	成交方式名称	成交方式代码	成交方式名称
1	CIF	4	C&F
2	CFR	5	市场价
3	FOB	6	垫仓

【操作解析】

此案例中，根据合同CIF AKITA，此栏填写：CIF。

21．运费

运费是指进出口货物从始发地到目的地的国际运输所需要的各种费用。

（1）该栏填报该份报关单所含全部货物的国际间运输费用，包括成交价格中不包含运费的进口货物的运费和成交价格中含有运费的出口货物的运费，即进口成交方式为FOB或出口成交方式为CIF、CFR的，应在本栏填报运费。

（2）本栏可按运费单价、总价或运费率三种方式之一填报，同时注明运费标记，并按海关规定的《货币代码表》选择填报相应的货币代码。

（3）运保费合并计算的，本栏填写运保费。运费标记"1"表示运费率，"2"表示每吨货物的运费单价，"3"表示运费总价。填写形式为货币代码/费用数字/费用代号。例如，20美元运费单价表示为502/20/2；2 000美元运费总价表示为502/2 000/3。

【操作解析】

此案例中，根据相关说明，可以得出总运费为USD300，所以此栏填写502/300/3。

22．保费

本栏用于成交价格中包含保险费的出口货物，应填报该份报关单所含全部货物国际运输的保险费用。可按保险费总价或费率两种方式之一填报，填制方式同运费一样，如成交价格不含有保险费，则此栏空白不填。例如，400欧元保费总价表示为：300/400/3。

【操作解析】

此案例中，根据相关说明，可以得出保费为1%，因此本栏填写：1/1。

23．杂费

杂费指成交价格以外的、应计入完税价格或应从完税价格中扣除的费用，如手续费、佣金、回扣等。本栏要按杂费总价或杂费率两种方式之一填报，同时注明杂费标记，杂费标记"1"表示杂费率，"3"表示杂费总价，并按海关规定的《货币代码表》选择填报相应的币种代码。若无杂费，则此栏空白不填。

例如：应计入完税价格的 1.5% 的杂费率，可直接填报杂费率的数值，为"1.5"；又如应扣除的杂费 1%，填报为：–1。

【操作解析】

此案例中，合同、信用证等背景资料中均未说明有杂费，因此本栏空白不填写。

24．合同协议号

本栏应填报出口货物合同（协议）的全部字头和号码。

【操作解析】

此案例中，合同中说明 Contract No. 为：03TG28711，因此本栏填写：03TG28711。

25．件数

本栏应填报有外包装的出口货物的实际件数，可以单独计数的一个包装称为一件，不得填报为零。裸装和散装货物的件数填报"1"。

【操作解析】

此案例中，由相关信息可得货物件数为 900 箱，则此栏填写 900。

26．包装种类

本栏应根据进出口货物的实际外包装种类，选择填写相应的包装种类。常见包装种类有木箱、纸箱、桶装、托盘、包等。若散装货物或裸装货物，此栏填报为"散装或裸装"。

【操作解析】

此案例中，合同说明 Packing CARTON，因此此栏填写：纸箱。

27．毛重

毛重指货物及其包装材料的重量之和。实际毛重计量单位为千克，不足 1 千克的填报"1"，按小数点后 4 位保留，本栏不得为空，数值应大于 1 或等于 1。

【操作解析】

此案例中，根据相关说明中提示，此栏填写：17100 KGS。

28．净重

净重指货物的毛重减去外包装材料后的重量，即商品本身的实际重量，计量不足"1"的填报为"1"，如 0.02 千克，此栏填报为"1"。

【操作解析】

此案例中，根据相关说明中提示，此栏填写：16650 KGS。

29．集装箱号

集装箱编号全球唯一，在集装箱箱体的两侧标示。集装箱号组成规则：箱主代号（3 位字母）+ 设备识别号（U）+ 顺序号（6 位数字）+ 校验码（1 位数字），如 TEXU3605232。在填制纸质报关单时，集装箱号以"集装箱号"+"/"+"规格"+"/"+自重的方式填报。有多个集装箱的，第一个集装箱号填报在"集装箱号"栏中，其余的依次填报在"标记唛码及备注"栏中。例如，一个 20 英尺的集装箱，箱号为 TGHU8497992，自重 2 280 千克，则本栏应填报为 TGHU8497992/20/2280；非集装箱货物，填报为"0"。

【操作解析】

此案例中，根据相关说明，此栏填写：BK938780/20/2280。

30．随附单据

随附单据是指随进出口货物报关单一并向海关递交的单证，随附单据一般为进出境货物通关单、原产地证、各种进出口许可证和监管物品证明等。本栏目根据海关规定的《监管证件代码表》选择填报除本规范第十八条规定的许可证件以外的其他进出口许可证件或监管证件代码及编号。合同、发票、装箱单、进出口许可证等必备的随附单证不在本栏填报。

【操作解析】

此案例中，出口为一般贸易，非实施出口许可制度或监管管理物品，资料中也未说明有进出境货物通关单、原产地证、各种进出口许可证和监管物品证明等单据，因此本栏空白不填写。

31．生产厂家／用途

本栏填报出口货物的境内生产厂家／用途。出口货物的境内生产厂家用途代码见表5-13。

表5-13　出口货物的境内生产用途代码表

用途代码	用途	用途代码	用途	用途代码	用途
1	外贸自营内销	5	加工返销	9	作价提供
2	特区内销	6	借用	10	货样、广告品
3	其他内销	7	收保证金	11	其他
4	企业自用	8	免费提供	13	以产顶进

【操作解析】

此案例中，作为一般贸易此栏空白不用填写。

海关总署公告第20号（关于修订《中华人民共和国海关进出口货物报关单填制规范》的公告）已取消"生产厂家／用途"，在新版报关单无需填写此栏内容。

32．标记唛码及备注

标记唛码是运输标志的俗称，填制装船标记唛码中除图形以外的文字、数字；备注是指填制报关单时需要备注的事项。如无则填"N/M"。

【操作解析】

此案例中，在销售确认中已明确运输的标记唛码为 V.H/LAS PLAMSC/NO.，因此本栏填写：V.H/LAS PLAMSC/NO.

33．项号

项号是指申报货物在报关单中的商品排列序号及该项商品在加工贸易手册、征免税证明等备案单证中的顺序编号。本栏分两行填报，第一行填报报关单中的商品排列序号，第二行专用于加工贸易、减免税等已备案、审批的货物，填报该货物在《登记手册》中的项号，如"01"。

【操作解析】

此案例中，本栏直接填写项号：01。

34．商品编号

根据《中华人民共和国海关统计商品目录》中所列明的商品编码填写。不同商品编号与项号对齐。

【操作解析】

此案例中，相关说明中提示商品海关编码为 59019091，因此本栏填写：59019091。

35．商品名称、规格型号

本栏分两行填写，第一行按信用证和合同填制出口货物规范的中文商品名称，第二行填报规格型号，必要时可加注外文原文。

【操作解析】

此案例中，信用证和合同中说明货物为 H6-59940BS GOLF CAPS，相关说明中提示货物的中文名称为高尔夫球帽，因此此栏填写：高尔夫球帽。

36．数量及单位

本栏填报出口商品的实际总数量及计量单位。

【操作解析】

此案例中，信用证 45A 货物描述 18 000 DOZS OF H6-59940BS GOLF CAPS,USD 8.10 PER DOZ AS PER SALES CONTRACT 03TG28711 DD 22,7,20 CIF AKITA，因此本栏填写：18 000 打。

37．最终目的国（地区）/原产国（地区）

本栏应按海关规定的《国别（地区）代码表》选择填报出口货物的最终实际消费、使用或进一步加工制造国家（地区）的中文名称或代码。

原产国（地区）是指进出口货物的生产、开采或加工制造的国家（地区）。

【操作解析】

此案例中，目的港是日本，因此本栏填写：日本。

38．单价

本栏应填报同一项号下出口货物实际成交的商品单位价格，一般按发票单价金额填报其数值即可。无实际成交价的，填报货值。

【操作解析】

此案例中，合同、信用证中说明单价 8.10 美元每打，因此此栏填写：8.10。

39．总价

本栏应填报同一项号下出口货物实际成交的商品总价，一般按发票总价金额填报其数值即可。若无实际成交价格，则填报货值。

【操作解析】

此案例中，相关说明中提示数量成交 18 000 打，合同、信用证中说明单价 8.10 美元每打，因此总金额为 18 000×8.10=145 800.00（美元），因此此栏填写：145 800.00。

40．币制

币制指出口货物实际成交价格的币种。常用的货币表见表 5-14。

表 5-14 常用的货币表（部分）

代码	符号	货币名称	代码	符号	货币名称	代码	符号	货币名称
110	HKD	港币	142	CNY	人民币	501	CAD	加拿大元
116	JPY	日元	300	EUR	欧元	502	USD	美元
132	SGD	新加坡币	303	GBP	英镑	601	AUD	澳大利亚元

【操作解析】

此案例中，信用证说，AMOUNT CURRENCY USD AMOUNT 145 800.00，因此此栏填写：USD。

41．征免

征免指海关依照《海关法》《关税条例》及其他法律、法规，对出口货物进行征税、减税、免税或特案处理的实际操作方式。本栏应根据海关核发的征免税证明或有关政策规定填写。征减免税方式代码表见表 5-15。

表 5-15 征减免税方式代码表

代码	名称	代码	名称	代码	名称
1	照章征税	4	特案	7	保函
2	折半征税	5	征免性质	8	折半补税
3	全免	6	保证金	9	全额退税

加工贸易报关单应根据"加工贸易手册"中备案的征免规定填报。其中备案的征免规定为"保金"或"保函"的，不能按备案的征免规定填报，而应填报"全免"。

【操作解析】

此案例中，由于此货物为一般商品的进出贸易，因此此栏填写照章征税。

42．税费征收情况

本栏供海关批注出口货物税费征收及减免情况。

43．录入员

本栏用于记录并打印预录入和 EDI 报关单操作人员的姓名。

44．录入单位

本栏用于记录并打印预录入和 EDI 报关单录入单位的名称。

45．申报单位（签章）

对申报内容的真实性直接向海关负责的企业或单位加盖其报关专用章。

46．填制日期

报关单的填制日期，预录入和 EDI 报关单位由计算机自动打印。

47．海关审单批注栏

本栏目指供海关内部作业时签注的总栏目。

根据以上分析填写海关出口货物报关单，具体见表 5-16。

表 5-16 海关出口货物报关单

中华人民共和国海关出口货物报关单			
预录入编号：（1）		海关编号：（2）	
出口口岸 （3） 宁波海关（3100）	备案号（4）	出口日期（5）	申报日期（6） 20200819
经营单位（7） 宁波蓝星贸易公司 （3300294708）	运输方式（8） 江海运输	运输工具名称（9） DONGFENG YH V.S006	提运单号（10） HJCB8122145
发货单位（11） 宁波蓝星贸易公司 （3300294708）	贸易方式（12） 一般贸易	征免性质（13） 一般征税	结汇方式（14） L/C
许可证号（15）	运抵国（地区） （16）日本	指运港（17） 秋田	境内货源地（18） 宁波（33029）
批准文号（19）	成交方式（20） CIF	运费（21） 502/300/3	保费（22） 1/1	杂费（23）
合同协议号（24） 03TG28711	件数（25） 900	包装种类（26） 纸箱	毛重（千克）（27） 17100	净重（千克）（28）16650
集装箱号（29） BK938780*1（1）	随附单据（30）		生产厂家（31）	
标记唛码及备注（32） V.H/LAS PLAMS/C/NO.				
项号 商品编号 商品名称、规格型号 数量及单位 最终目的国（地区） 单价 总价 币制 征免				
01　59019091 高尔夫球帽　18 000 打 16 650 KGS　日本　8.10　145 800.00 USD 照章征税				
税费征收情况（42） ×××				
录入员（43） 录入单位（44） ××××	兹声明以上申报无讹并承担法律责任		海关审单批注及放行日期（签章）（47） 审单　　审价	
报关员 顾佳 申报单位（签章）（45） 单位地址 邮编　　　电话　　　填制日期（46）				征税　　统计
^				查验　　放行

任务二　一般货物出入境报检单缮制

【案例导入】

浙江 AAA 国际货运代理有限公司是一家大型的国际物流企业，主营国际海运整箱、国际海运拼箱、国际空运、国际铁路、国际多式联运等进出口代理业务，提供仓储、陆运、订舱、代理报关报检、制单等多项服务。

顾佳是浙江 AAA 国际货运代理有限公司报关报检部的员工。这段时间公司让顾佳跟进宁波蓝星贸易公司一批货物的出口代理业务。因为该批货物需要检验检疫证书，顾佳根据下面所给资料制作了报检单。

2020 年 8 月 12 日，顾佳替宁波蓝星贸易公司填写出境货物报检单，随附合同、信用证、发票、箱单等申请报检，要求签发出境货物换证凭单与品质证书。出口商品为 GOLF CAPS（高尔夫球帽），18 000 打，20 打装一箱，存放于工厂仓库。商品海关编码为 59019091，用一个 20 尺集装箱装运。

请根据第四节报关单与报检单缮制（任务一）提供的合同、信用证及上述资料，制作出境货物报检单，要求格式清楚、内容完整。

（一）出境货物报检单

空白出境货物报检单见表 5-17。

表 5-17　出境货物报检单

中华人民共和国出入境检验检疫
出境货物报检单

报检单位（加盖公章）：___（27）_____　　＊编号：___（28）_____
报检单位登记号：__（29）___联系人：_（30）__电话：　报检日期：（31）年　月　日

发货人	（中文）（1）				
	（外文）				
收货人	（中文）（2）				
	（外文）				
货物名称（中/外文）	H.S. 编码	产地	数/重量	货物总值	包装种类及数量
（3）	（4）	（5）	（6）	（7）	（8）
运输工具名称号码	（9）	贸易方式	（10）	货物存放地点	（11）
合同号	（12）	信用证号	（13）	用途	（14）
发货日期	（15）	输往国家（地区）	（16）	许可证/审批号	（17）
起运地	（18）	到达口岸	（19）	生产单位注册号	（20）
集装箱规格、数量及号码	（21）				
合同、信用证订立的检验检疫条款或特殊要求	标记及号码		随附单据（打"√"或补填）（24）		

（22）	（23）	☐ 合同 ☐ 信用证 ☐ 发票 ☐ 换证凭单 ☐ 装箱单 ☐ 厂检单	☐ 包装性能结果单 ☐ 许可/审批文件 ☐ ☐ ☐ ☐

需要证单名称（打"√"或补填）（25）		*检验检疫费	
☐ 品质证书 ___正 ___副 ☐ 质量证书 ___正 ___副 ☐ 数量证书 ___正 ___副 ☐ 兽医卫生证书 ___正 ___副 ☐ 健康证书 ___正 ___副 ☐ 卫生证书 ___正 ___副 ☐ 动物卫生证书 ___正 ___副	☐ 植物检疫证书 ___正 ___副 ☐ 熏蒸/消毒证书 ___正 ___副 ☐ 出境货物换证凭单 ___正 ___副 ☐ 出境货物通关单 ☐ ☐ ☐	总金额 （人民币元）	
		计费人	
		收费人	

报检人郑重声明： 1. 本人被授权报检。 2. 上列填写内容正确属实，货物无伪造或冒用他人的厂名、标志、认证标志，并承担货物质量责任。 　　　　签名：____（26）____	领取证单	
	日期	
	签名	

注："*"号栏由出入境检验检疫机关填写　　国家出入境检验检疫局制

（二）出境报检表填制规范

报检单位应加盖公章，并准确填写本单位在检验检疫机构登记的代码，所列各项必须完整、准确、清晰，不得涂改。

出境货物报检单缮制的要求如下。

1. 发货人

本栏按照合同、信用证中所列卖方名称填写中英文名称，经营单位应填写执行合同的经营单位名称。

【操作解析】

此案例中，本栏应填写信用证的受益人（卖方），即宁波蓝星贸易公司 NINGBO LANXING CO.，LTD。

2. 收货人

本栏按照合同、信用证中所列买方名称填写中英文名称。

【操作解析】

此案例中，本栏应填写信用证的开证申请人（买方），即 EAST AGENT COMPANY。

3. 货物名称

本栏填写本批货物的品名及规格，应与合同、发票所列一致。货物的具体特性应在货物的名称中得到反映，名称不得笼统，也不得使用与客户约定的代码。

【操作解析】

此案例中，信用证和合同中说明货物为 H6-59940BS GOLF CAPS，相关说明中提示货物的中文名称为高尔夫球帽。因此此栏填写：高尔夫球帽 H6-59940BS GOLF CAPS。

4. H.S. 编码

H.S. 编码是指按《进出口税则》确定的税则号列，以及符合海关监管要求的附加号码组成的 10 位编号。本栏应填写所报检货物的 8 位税则号列，以及第 9、第 10 位附加编号。此编码以海关公布的最新的商品税则编码分类为准，与货物报关时申报的编码一致。

【操作解析】

此案例中，相关说明中提示商品海关编码为 6505002000，因此此栏填写：6505002000。

5. 产地 / 原产国

出境报检时，本栏填写产地，即商品产地，省、市、县名。

入境报检时，本栏填写原产国，即商品的原产国。

【操作解析】

此案例中，出口商所在地、装运港都是在宁波，且题目无特殊说明，因此推断出产地为宁波，因此此栏填写：浙江宁波。

6. 数 / 重量

本栏按实际申请检验检疫数 / 重量填写，重量还应注明毛 / 净重及皮重。

【操作解析】

此案例中，信用证 45A 货物描述 18 000 DOZS OF H6-59940BS GOLF CAPS,USD 8.10 PER DOZ AS PER SALES CONTRACT 03TG28711 DD 22,7,20 CIF AKITA，因此本栏填写：18 000 打。

7. 货物总值

本栏按照合同或发票所列货物总值填写，需注明币种。合同或者信用证数量或金额有时有一定的溢短装，因此在计算总值时，应根据实际数量乘以单价，得出货物总值或者商业发票金额，而不能直接按信用证总金额照抄。

【操作解析】

此案例中，相关说明中提示数量成交 18 000 打，合同、信用证中说明单价 8.10 美元每打，因此总金额为 18 000×8.10=145 800.00（美元），因此本栏填写：145 800.00。

8. 包装种类及数量

本栏填写包装材料的种类 / 包件数量。通常应以提运单或装箱单所显示的货物处于运输状态时的最外层包装（运输包装）作为"包装种类"申报，并计算相应的包装件数，注明包装的材质。

【操作解析】

此案例中，相关说明中提示 18 000 打，20 打装一箱，因此本栏填写：900 箱。

9．运输工具名称号码

本栏填写该批货物所使用的运输工具的名称和号码。

【操作解析】

此案例中，没有运输工具的相关信息，但是因为用 CIF 贸易术语，所以可以确定用的是海洋运输，因此此栏填写：江海运输。

10．贸易方式

本栏填写该批货物出口的贸易方式。

进出口贸易方式一般有以下 5 种。

（1）一般贸易是与加工贸易相对而言的贸易方式，指在中国境内有进出口经营权的企业单边进口或单边出口的贸易。

（2）补偿贸易是指国际贸易中以产品偿付进口设备、技术等费用的贸易方式。

（3）来料加工装配贸易是指外商提供全部原材料、辅料、零部件、元器件、配套件和包装物料，必要时提供设备，由承接方加工单位按外商的要求进行加工装配。

（4）进料加工贸易是指我方用外汇购买进口的原材料、辅料、零部件、元器件、配套件、包装物料等，经加工成品或半成品后再外销出口的交易形式。

（5）寄售、代销贸易是指寄售人把货物运交事先约定的代销人，由代销人按照事先约定或根据寄售代销协议规定的条件，在当地市场代为销售。

【操作解析】

此案例中，出口高尔夫球帽，是一般贸易，因此本栏填写：一般贸易。

11．货物存放地点

本栏填写货物存放具体地点、厂库。

【操作解析】

此案例中，相关说明中提示商品存放在工厂仓库中，因此此栏填写：工厂仓库。

12．合同号

本栏根据对外贸易合同填写合同订单或形式发票的号码。

【操作解析】

此案例中，合同中说明 Contract No. 为 03TG28711，因此本栏填写：03TG28711。

13．信用证号

本栏填写信用证号码。

【操作解析】

此案例中，信用证中 DOC. CREDIT NUMBER 一栏为 LTR0505457，因此本栏填写：LTR0505457。

14．用途

用途是指进出口货物在境内的实际应用范围。本栏填写该批货物的使用用途，根据实际情况填写（表 5-18）。

第五章 报关报检岗——进出口报关与报检

表 5-18 出入境货物用途代码表

代码	用途	代码	用途	代码	用途
1	种用或繁殖	4	观赏或演艺	7	药用
2	食用	5	伴侣动物	8	饲用
3	奶用	6	试验	9	其他

【操作解析】

此案例中，出口的商品为 GOLF CAPS 高尔夫球帽，参考上表选择填写：9/ 其他。

15．发货日期

本栏填写实际发货日期。

【操作解析】

此案例中，相关说明中提示申请报检的时间为 2020 年 8 月 12 日，因此本栏填写：2020 年 8 月 12 日。

16．输往国家（地区）/ 启运国家

出境时本栏填写输往国家，即出口货物的最终销售国。

入境时本栏填写起运国家，即进口货物的启运国家。

【操作解析】

此案例中，进口商所在地为日本，目的港也是日本，因此此栏填写：日本。

17．许可证 / 审批号

对出入境实施许可证制度或者审批制度管理的货物，报检时填写许可证编号或审批单编号。

【操作解析】

此案例中，出口的商品为一般贸易，非实施许可证制度或者审批制度管理的货物，因此本栏空白不填写。

18．起运地

货物最后离境的口岸及所在地。

【操作解析】

此案例中，信用证 LOADING IN CHARGE：NINGBO，即装运港为宁波，因此本栏填写：宁波。

19．到达口岸

本栏填写货物入境口岸。

【操作解析】

此案例中，信用证 FOR TRANSPORT TO:AKITA，即目的港为秋田，因此本栏填写：秋田。

20．生产单位注册号

本栏填写出入境检验检疫机构签发的卫生注册证书号或加工厂库注册号码等。

21．集装箱规格、数量及号码

货物若以集装箱运输本栏应填写集装箱的规格、数量及号码。

22．合同订立的特殊条款以及其他

合同中订立的有关检验检疫的特殊条款是指对本批货物约定的有关质量、卫生等条款。合同订立的特殊条款及报检单位对本批货物检验检疫的其他要求应填入此栏。

23．标记及号码

本栏填写货物的标记号码，应与合同、发票等有关外贸单据保持一致，若没有标记或号码，则填写"N/M"。

24．随附单据

随附单据是指按实际向检验检疫机构提供的单据，报检时在随附单据种类前画"√"或补填。

【操作解析】

此案例中，相关说明中提示报检时随带合同、信用证、发票、箱单等申请报检，所以，这一栏打钩的应该是这四个单据。

25．需要证单名称

填写由检验检疫机构出具的证单，报检时需要在证单名称前画"√"，并注明所需证单的正、副本数量，亦可补填所需的检验检疫机关可以出具的相关证单名称。

【操作解析】

此案例中，相关说明中提示要求签发出境货物换证凭单与品质证书，因此，这一栏打钩的应该是品质证书。

26．签名

由持有《报检员证》的报检人员手签。

27．报检单位

本栏填写报检的单位，并加盖公司的公章。

【操作解析】

此案例中，报检公司是宁波蓝星贸易公司，因此本栏填写：宁波蓝星贸易公司。

28．编号

本栏填写报检单的编号。

29．报检单位登记号

本栏填写报检单位的登记号。

30．联系人、电话

本栏填写报检的联系人以及电话。

【操作解析】

此案例中，报检人为顾佳，因此，此栏填写顾佳的名字以及联系方式，方便联系。

31．报检日期

本栏填写报检的具体时间。

【操作解析】

此案例中，报检日期为2020年8月12日，因此本栏填写：2020年8月12日。

根据以上分析，填写出入境检验检疫出境货物报检单，具体见表5-19。

表 5-19 出入境检验检疫出境货物报检单

中华人民共和国出入境检验检疫
出境货物报检单

报检单位（加盖公章）：___宁波蓝星贸易公司___　　*编号：_____
报检单位登记号：_____　联系人：顾佳　电话：_____　报检日期：2020 年 8 月 12 日

注："*"号栏由出入境检验检疫机关填写　　　　国家出入境检验检疫局制

发货人	（中文）（1）宁波蓝星贸易公司				
	（外文）NINGBO LANXING CO.，LTD.				
收货人	（中文）（2）				
	（外文）EAST AGENT COMPANY				
货物名称（中/外文）	H.S.编码	产地	数/重量	货物总值	包装种类及数量
（3）高尔夫球帽 H6-59940BS GOLF CAPS	（4）59019091	（5）NINGBO	（6）18000 打	（7）USD145080.00	（8）900 箱
运输工具名称号码	（9）海运	贸易方式	（10）一般贸易	货物存放地点	（11）工厂仓库
合同号	（12）03TG28711	信用证号	（13）LTR0505457	用途	（14）其他
发货日期	（15）2020-08-12	输往国家（地区）	（16）日本	许可证/审批号	（17）
起运地	（18）宁波	到达口岸	（19）秋田	生产单位注册号	（20）
集装箱规格、数量及号码			（21）1*20'		

合同、信用证订立的检验检疫条款或特殊要求	标记及号码	随附单据（打"√"或补填）（24）	
（22）	（23）V.H LAS PLAMSC/NO.	☑合同 ☑信用证 ☑发票 ☐换证凭单 ☑装箱单 ☐厂检单	☐包装性能结果单 ☐许可/审批文件 ☐ ☐ ☐ ☐

需要证单名称（打"√"或补填）（25）		*检验检疫费	
☑品质证书　___正___副 ☐质量证书　___正___副 ☐数量证书　___正___副 ☐兽医卫生证书　___正___副 ☐健康证书　___正___副 ☐卫生证书　___正___副 ☐动物卫生证书　___正___副	☐植物检疫证书　___正___副 ☐熏蒸/消毒证书　___正___副 ☐出境货物换证凭单　___正___副 ☐出境货物通关单 ☐ ☐ ☐	总金额（人民币元）	
		计费人	
		收费人	

报检人郑重声明：	领取证单	
1.本人被授权报检。 2.上列填写内容正确属实，货物无伪造或冒用他人的厂名、标志、认证标志，并承担货物质量责任。 签名：____（26）___顾佳_____	日期	
	签名	

第五节　退关、改配、漏装处理一般程序

任务一　退关处理程序

出口货物退关是指已申报出口的货物，在海关查验放行后，因故未能装入出境运输工具，出口申报人申请办理退运出海关监管区而不再出口的行为。

申报退关货物发货人应当在退关之日起 3 天内向海关申报退关，经海关核准后方能将货物运出海关监管场所。已征出口税的退关货物，可以在缴纳税款之日起 1 年内，提出书面申请，陈述理由，提交纳税收据向海关申请退税。

对海关接受申报并放行后，由于运输工具配载等原因，全部货物或部分货物未能装载上原申报的运输工具的，出口货物发货人应向海关递交"出口货物报关单更改申请"。其中对全部未出口的，海关审批后，按退关处理，重新办理出口报关手续。对部分货物未出口的，海关对原申报出口的货物作全部退关处理，然后再对实际出口的货物办理重新报关手续。

退关处理包括单证处理、货物及集装箱设备处理。

任务二　改配处理程序

改配是指除去船公司原因导致集装箱货物未能配载上船的，进行的重新订舱操作。具体原因有未报关、未放行、货未好、未按时进港等。

改配处理的具体操作流程如下：
（1）在本航次船开后，立即到船公司开具未上船证明，一式三份；
（2）让客户出具情况说明正本，并重寄一套报关资料；
（3）与船公司联系，派人抽取场站收据；
（4）把盖有海关放行章的场站收据与客户提供的情况说明，以及船公司出具的未上船证明，交由报关行，让报关行及时办理注销；
（5）向港区办理申请手续，安排重箱拉出；
（6）办理完注销手续后，把客户重新提供的报关资料与新的配舱回单，交报关行重新报关。

任务三　漏装处理程序

漏装是指由于船公司的原因导致集装箱货物未能配载上船，进行的重新订舱操作。具体原因有爆仓、船体损坏等。一般来说，只有船公司原因才进行漏装。只有在进港报关之后才知道是否漏装，不需要提供新的报关资料，只需要更改船名航次，关单号不变。船公

司自己会更改关信息，承担产生的费用。虽然漏装是船公司原因，但还是会有部分漏装费用和超期用箱费用项产生。

货代操作起来比较简单，但要及时与船公司取得联系，把报关预录单正本送到船公司，不用重新报关，可以签原船的提单。所以当货物本航次没运输成功时，要尽量申请漏装。

漏装处理的具体操作流程如下：

（1）货代向船公司申请；

（2）船公司批准后汇总向船代发漏装清单；

（3）船代根据清单收齐场站收据向海关申请；

（4）海关批准后船代凭海关签章的漏装清单到码头和理货更改船名航次，码头并做放关装船，并向船代收取改配费用，这一步就相当于做改配；

（5）漏装成功后船公司出提单，收取漏装费用，同时海关也会批量在海关系统内根据漏装清单更改船名航次，并打印漏装报关单给船代。

第六节　技能实训

任务一　正确缮制进口货物报关单

【案例导入】

浙江AAA国际货运代理有限公司是一家大型的国际物流企业，主营国际海运整箱、国际海运拼箱、国际空运、国际铁路、国际多式联运等进出口代理业务，提供仓储、陆运、订舱、代理报关报检、制单等多项服务。

顾佳是AAA国际货运代理有限公司报关部的员工，杭州康佳食品公司业务员Anna通过传真，要求顾佳结合信息缮制进口报关单。

一、进口报关单缮制

杭州康佳食品公司（经营代码：3309923497）委托舟山海洋渔业公司（经营代码：3309913303）从孟加拉国进口一批带鱼（H.S. CODE: 03033300，法定第一计量单位：千克，法定第二计量单位为箱）。舟山渔业委托宁波北仑货代有限公司（海关代码：3309913349）代为办理进口手续，境内目的地：杭州（33019）。货物于2019年4月10日进境。杭州康佳食品公司是NEPTUNE SEAFOODS LTD的国内销售的独家代理。

（一）发票资料

发票资料见表5-20。

表 5-20　商业发票 COMMERCIAL INVOICE

NEPTUNE SEAFOODS CO., LTD.			
COMMERCIAL INVOICE			
For A/C and Risk of Messrs:		Invoice No.NS-E030517	
ZHOUSHAN MARINE FISHERIES CORPORATION		Contract No.:　ZMF03029 Doc Credit No.: ZJLC03312	
Description of Goods			
FROZEN TONGUE SOLE W/R		PACKING:　10 KGS BLOCK WITH POLY WRAPPED. 20.0 KGS IS MASTER.	
Size	Quantity	Unit Price	Amount
			CFR NINGBO
50-100	204 CTNS/4 080.00 KGS	USD0.68/KG	USD2 774.40
100-150	117 CTNS/2 340.00 KGS	USD1.05/KG	USD2 457.00
130-300	130 CTNS/3 600.00 KGS	USD1.12/KG	USD4 032.00
TOTAL	451 CTNS/10 020.00 KGS		USD9 263.40
TOTAL:　UNITED STATES DOLLARS NINE THOUSAND TWO HUNDRED AND SIXTY-THREE AND CENTS FORTY ONLY.			
PACKING:　10 KG BLOCK WITH POLY WRAPPED. 20.00 KG IS MASTER			
NET WEIGHT：10 020.00 KGS			
GROSS WEIGHT：10 521.00 KGS			
WE DO HEREBY CERTIFY THAT THE MERCHANDISE IS OF BANGLADESH ORIGIN.			

（二）提单资料

提单资料见表 5-21。

表 5-21　海运提单 B/L

1. Shipper Insert Name and Address and Phone	
NEPTUNE SEAFOODS CO., LTD.	B/L No. COSU708000513
102 MURADPUR MUNICIPAL HOUSING ESTATE,	
CHITTAGONG, BANGLADESH	中远集装箱运输有限公司
2. Consignee Insert Name and Address and Phone	COSCO CONTAINER LINES
TO ORDER OF BANGLADESH KRISHI BANK	ORIGINAL TLX：33057 COSCO CO
	ORIGINAL
AGRABAD BRANCH, FINLAY HOUSE,	FAX：+86（0532）6545 8984

续表

CHITTAGONG, BANGLADESH	Port-to-Port or Combined Transport
3. Notify Party Insert Name and Address and Phone	BILL OF LADING
ZHOUSHAN	
MARINE FISHERIES CORPORATION	
FAX: 0086-580-33093477	

4. Pre-carriage by	5. Place of receipt	
6. Ocean vessel	7. Port of loading	
LUO BAHE V.0004E	CHITTAGONG	
8. Discharge	9. Place of Delivery	
NINGBO	NINGBO	

Marks & Nos. Container/Seal No.	No of Containers or Packages	Description of goods	Gross Weight (mgs.)	Measurement (m³)
CBHU2604819/ C70270 1*20' TARE: 2280	451CTNS FROZEN TONGUE	"GOODS ARE STOWED IN REFRIGE RATED CONTAINER SETTEMP AT-18 DEG. CELSIVES"	10521.00 KGS	17.50CBM

10. Total Number of container and /or packages (in words)

Subject to Clause 7 Limitation 01×20 reefer=FIVE HUNDRED ONE MASTER CARTON ONLY

11. Freight & Charges Revenue Tons Rate Per Prepaid Collect

Declared Value Charge	FREIGHT PREPAID

Ex. Rate: Prepaid at Payable at Place and date of Issue

CHITTAGONG CHITTAGONG: 22 MARCH2 019

Total Prepaid No. of Original B (s) /L

3 (THREE) Signed for the Carrier: COSCO CONTAINER LINES	
LADEN ON BOARD THE VESSEL	
DATE MAR. 25, 2019 BY	
(COSCO STANDARD FORM9801) JP00 059958	COSCO JAPAN CO., LTD.AS AGENT

2019年4月10日，宁波北仑货代收到电放提单后，持电放提单换取提货单，货物由前方码头运至堆场。并于2019年4月11日，宁波北仑货代持舟山渔业提交的全套单据进行报检、报关操作。2019年4月12日，宁波北仑货代向宁波海关（4301）申报，保险费率为0.27%，已办进口检疫。经确认，该批带鱼的价格接近于国内其他买家的成交价格，该商品不存在特许权使用费。

二、任务实施

顾佳根据以上提供的信息缮制海关进口报关单（表5-22）。

表5-22 海关进口货物报关单

中华人民共和国海关进口货物报关单			
预录入编号：（1）		海关编号：（2）	
进口口岸（3）	备案号（4）	进口日期（5）	申报日期（6）
经营单位（7）	运输方式（8）	运输工具名称（9）	提运单号（10）
发货单位（11）	贸易方式（12）	征免性质（13）	征税比例（14）
许可证号（15）	起运国（地区）（16）	转货港（17）	进内目的地（18）
批准文号（19）	成交方式（20）	运费（21）	保费（22）0.27	杂费（23）
合同协议号（24）	件数（25）	包装种类（26）	毛重（千克）（27）	净重（千克）
集装箱号（29）	随附单据（30）	用途（31）	
标记唛码及备注（32） N/M			
项号 商品编号 商品名称、规格型号 数量及单位 原产国（地区） 单价 总价 币制 征免 （33） （34） （35） （36） （37） （38）（39）（40）（41）			
税费征收情况（42）			
录入员（43） 录入单位（44）	兹声明以上申报无讹并承担法律责任	海关审单批注及放行日期（签章）（47） 审单　　　　审价	
报关员 单位地址 邮编　　　电话	申报单位（签章）（45） 填制日期（46）	征税　　　　统计 查验　　　　放行	

205

任务二　正确缮制出口货物报关单

【案例导入】

广州恒大物流中心（以下简称"恒大物流"）是集国际空海运、国内陆运、仓储、贸易物流为一体的国内综合性第三方物流中心，为广州天蓝玩具提供全方位的第三方物流服务。2019年7月25日，恒大物流客户经理张军收到广州天蓝玩具有限公司（海关注册编号4401920051）的货运代理，委托其将一批电动玩具飞机运到国外荷兰INTE，装船日期为2019年8月10日。张军根据销售确认书确定此票货物为国际运输业务后，与货代部联系，要求顾佳根据以下信息准备办理本批货物的出口运输业务。

一、出口报关单缮制

（一）合同资料

销售合同见表5-23。

表5-23　销售合同

CONTRACT

合　　同

合同号（CONTRACT NO）：INVAC03　　　　　日期（DATE）：2019-07-15

卖方：广州天蓝玩具有限公司 GUANGZHOU HUANGPU TOY CO., LTD.）

兹经买卖双方同意，由买方购进，卖方出售下列货物，按下列条款签订本合同：

1. 货物名称、规格、数量、单价、总价

Name of Commodity, Specifications 商品名称、规格	Quantity 数量	Unit Price 单价	Total Amount 总价
电动玩具飞机 ELECTRIC TOY	4 000件	USD10.00	USD40 000.00
总值 Total Value	USD40 000		

2. 价格术语：　　CIF ROTTERDAM
3. 唛头：　　INVAC03
    MADE IN CHINA
    C/NO.：1-200
4. 装运口岸：　　深圳港（7900）
5. 目的港：　　荷兰鹿特丹
6. 付款方式：电汇
7. 装船日期：　　2019年8月10日

广州天蓝玩具有限公司　　　　　　　　　　　　荷兰INTE玩具有限公司

（二）发票资料

商业发票见表5-24。

表5-24　商业发票

广州天蓝玩具有限公司 INVOICE

TO：HOLLAND INTE TOY Co.，LTD.　　　　NO.OF INVOICE：000996

Sailing on or about 10 AUG，2019

L/C No.:　　　　SALES CONFIRMATION.：INVAC03

B/L NO.：HACB8122145 VESSEL：DANU BHUM V.S009

Description of Goods	Unit Price	Amount
ELECTRIC TOY 电动玩具飞机 PACKAGES：200 CASES	USD10.00/PC	CIF ROTTERDAM USD40 000.00 F：USD400（总运费） I：USD0.37%（保险费）

（三）装箱清单资料

装箱清单见表5-25。

表5-25　装箱清单

广州天蓝玩具有限公司
PACKING LIST

TO：HOLLAND INTE TOY Co.，LTD.　　NO.OF INVOICE：00099　DATE：18 JULY，2019

Sailing on or about 1 AUG，2019

Country of origin：CHINA　　　Country of destination：HOLLAND

Marks&Nos.	Number and Kind of Packages Description OF Goods	Quantity	Gross Weight	Net Weight
INVAC03 MADE IN CHINA C/NO.：1—200	ELECTRIC TOY TOTAL：200 CASES ONLY	4 000 PCS	3 000 KGS	2 944 KGS

CONTAINER NO.：TEXU8676881，1*20'（200 PACKAGES）HS CODE：95031000

二、任务实施

顾佳根据张军提供的信息，缮制海关出口报关单（表5-26）。

表5-26　海关出口报关单

中华人民共和国海关出口货物报关单			
预录入编号：（1）　　　　　　　海关编号：（2）			
出口口岸（3）	备案号（4）	出口日期（5）	申报日期（6）
经营单位（7）	运输方式（8）	运输工具名称（9）	提运单号（10）
发货单位（11）	贸易方式（12）	征免性质（13）	结汇方式（14）
许可证号（15）	运抵国（地区）（16）	指运港（17）	境内货源地（18）
批准文号（19）	成交方式（20）	运费（21）	保费（22）	杂费（23）

续表

合同协议号（24）	件数（25）	包装种类（26）	毛重（千克）（27）	净重（千克）
集装箱号（29）	随附单据（30）		生产厂家（31）	
标记唛码及备注（32）				
项号 商品编号 商品名称、规格型号 数量及单位 最终目的国（地区） 单价 总价 币制 征免				
（33）　（34）　　　（35）　　　　（36）　　　　（37）　　　　（38）（39）（40）（41）				
税费征收情况（42）				
录入员（43） 录入单位（44）	兹声明以上申报无讹并承担法律责任		海关审单批注及放行日期（签章）（47） 审单　　　审价	
报关员 单位地址 邮编　　　电话	申报单位（签章）（45） 填制日期（46）		征税　　　统计 查验　　　放行	

任务三　正确缮制入境货物报检单

【案例导入】

广州市进出口有限公司是一家以进出口业务为主的综合性贸易公司，成立当年国家外经贸部批准赋予进出口经营权。2019年10月25日，广州市进出口有限公司与意大利索夫贸易有限公司签订采购合同，合同号为BTNU0945，采购货物卡司诺三合一咖啡150 g×24盒/箱，H.S.CODE为68510000。2019年11月18日，该批货物从意大利安科纳港装船运出，成交价格为EUR 1.875 PER PCS FOB ANCONA；总价值EUR9 000.00；包装种类：纸箱；贸易方式为一般贸易；结算方式为信用证；用途为销售。2019年11月18日，广州市进出口有限公司收到意大利索夫贸易有限公司的电放提单。

一、入境货物报检单缮制

（一）提单资料

海运提单见表5-27。

货物存放在1个20英尺的集装箱里，集装箱号为CCLU3512532。2019年11月22日，广州市进出口有限公司外贸部在审核好全套单据（单据有合同、发票、装箱单和许可文件）之后，填写入境货物报检单，报检登记单号为52500006328，许可证/审批号为

20190308136，报检联系人是孙玉，联系电话为13600147445。

表5-27 海运提单 BILL OF LADING

Shipper ITALY SKYFUL TRADING CORPORATION CO.，LTD. CORSO DUCA DEGLI ABRUZZI，24，10129 TORINO，ITALY		BILL OF LADING B/L No.： SNLJP62912356	
Consignee GUANGZHOU PURE TASTE IMPORT AND EXPORT CO.，LTD. 308 DADE ROAD，YUEXIU ZONE，GUANGZHOU DISTRICT，GUANGDONG CHINA		MCS	
Notify Party SAME AS CONSIGNEE			
*Pre carriage by	*Place of Receipt		
Ocean Vessel Voy. No.	Port of Loading：		
CSCL LONG BEACH/31	ANCONA		
Port of discharge	*Final destination		
SHENZHEN			
Marks and Numbers	Number and kind of packages；Description	Gross weight	Measurement m³
N/M	CARD DIVISION NOVO THREE-IN-ONE COFFEE HS CODE：68510000 NET WEIGHT：750.00 KGS QUANTITY：200 CTNS FREIGHT PREPAID TELEX RELEASE	800.00 KGS	10.00 m³
TOTAL PACKAGES（IN WORDS）		SAY TWO HUNDRED CARTONS ONLY	
Freight and charges			
			Place and date of issue
ANCONA			
Signed for the Carrier			
As agent for the carrier MCS container lines			
*Applicable only when document used as a Through Bill of Loading			

二、任务实施

请根据以上信息缮制入境货物报检单（表5-28）。

表5-28 出入境检验检疫入境货物报检单

中华人民共和国出入境检验检疫
入境货物报检单

报检单位（加盖公章）：　　　　　　　　　　　　　　*编号
报检单位登记号：　　联系人：　　电话：　　报检日期

收货人	（中文）		企业性质（打"√"）		□合资 □合作 □外资
	（外文）				
发货人	（中文）				
	（外文）				

货物名称（中/外文）	H.S.编码	原产国（地区）	货物总值	包装种类及数量

运输工具名称号码			合同号	
贸易方式		贸易国别（地区）	提单/运单号	
到货日期		启运国家（地区）	许可证/审批号	
卸毕日期		启运口岸	入境口岸	
索赔有效期至		经停口岸	目的地	
集装箱规格、数量及号码				
合同订立的特殊条款以及其他要求			货物存放地点	
			用　　途	

随附单据（打"√"或补填）		标记及号码	*外商投资财产（打"√"）	□是 □否
□合同 □发票 □提/运单 □兽医卫生证书 □植物检疫证书 □动物检疫证书 □卫生证书 □原产地证	□到货通知 □装箱单 □质保书 □理货清单 □磅码单 □验收报告 □许可/审批文件	总金额（人民币元） 计费人 收费人	*检验检疫费	

报检人郑重声明： 1. 本人被授权报检。 2. 上列填写内容正确属实。 签名： _____	领取证单
	日期
	签名

注：有"*"号栏由出入境检验检疫机关填写　　　　◆国家出入境检验检疫局制

任务四 正确缮制出境货物报检单

【案例导入】

河北器械贸易有限公司（HEBEI EQUIPMENT TRADE CO., LTD.）是一家经营大型器械的企业，2020年4月12日与印度DTW有限公司（INDIA DTW CO., LTD.）签订一份贸易合同，合同约定出口一台型号为QX03212的履带式挖掘机（H.S.CODE：8429521200）。2020年5月5日，河北器械贸易有限公司（该公司具有自主报检资质，报检登记号为1301012350）向天津检验检疫局发出报检申请。河北器械贸易有限公司的联系人是王燕，联系方式为13412345678。

货物产地：河北石家庄；包装种类及数量：1箱；贸易方式：一般贸易；

运输船名/船次：TAGFRT 08574。

一、出境货物报检单缮制

（一）合同资料

销售合同见表5-29。

表5-29 销售合同

销售确认书（SALE CONTRACT）

S/C NO：QXCK234 DATE：2020-04-12

1. 货物名称、规格、数量、单价、总价

Name of Commodity, Specifications 商品名称、规格	Unit	Quantity 数量	Unit Price 单价	Total Amount 总价
HYDRAULIC CRAWLER EXCAVATOR QX03212	CASE	1	USD23 500	USD23 500.00
总值 Total Value	USD23 500.00			

2. 唛头（SHIPPING MARKS）：DTW

3. 装运港：天津新港（XINGANG）

4. 卸货港：印度清奈（CHENNAI）

发票（INVOICE）NO：QX0387-05

DATE：MAY.05.2020 CONSIGNEE：河北器械贸易有限公司

PORT OF LOADING：XINGANG, TIANJINDESTINATION：CHENNAI, INDIATRANSPORTATION WAY：BY SEA

DELIVERY TERMS：CFR CHENNAI 成交方式：CFR PAYMENT TERMS：L/C

续表

Name of Commodity, Specifications	Unit	Quantity	Unit Price	Total Amount
HYDRAULIC CRAWLER EXCAVATOR QX03212	CASE	1	USD23 500.00	USD23 500.00
总值 Total Value	SAY USD TWENTY THREE THOUSAND AND FIVE HUNDRED ONLY			

（二）装箱清单资料

装箱清单见表 5-30。

表 5-30　装箱清单

装箱清单（PACKING LIST）
NO: QX0387-05S/C NO: QXCK234 DATE: MAY.05.2020
CONSIGNEE: 河北器械贸易有限公司
PORT OF LOADING: TIANJIN, XINGANG DESTINATION: CHENNAI, INDIA
TRANSPORTATION WAY: BY SEA DELIVERY TERMS: CFR CHENNAI

Description	Unit	Quantity	G.W（KGS）毛重	N.W（KGS）净重
HYDRAULIC CRAWLER EXCAVATOR QX03212	CASE	1	2 450	2 400
Total Packing 总箱数	1			
Total Gross Weight	2 450 KGS			
Total Net Weight	2 400 KGS			

补充资料：请根据销售确认书、发票、箱单、补充资料完成出境货物报检单的填制。其中"货物存放地点""信用证号""发货日期""集装箱规格、数量及号码""用途""许可证/审批号"等内容本案未涉及，不用填写，其他栏均空白不填。

二、任务实施

请根据以上信息缮制出境货物报检单（表 5-31）。

表 5-31　出入境检验检疫出境货物报检单

中华人民共和国出入境检验检疫
出境货物报检单

报检单位（加盖公章）：　　　　　　　　　　　　　　*编号
报检单位登记号：　　联系人：　　电话：　　报检日期：　年　月　日

发货人	（中文）	
	（外文）	
收货人	（中文）	
	（外文）	

运输工具名称号码		贸易方式		货物存放地点	
合同号		信用证号		用途	
发货日期		输往国家（地区）		许可证/审批号	
起运地		到达口岸		生产单位注册号	
集装箱规格、数量及号码					

合同、信用证订立的检验检疫条款或特殊要求	标记及号码	随附单据（打"√"或补填）	
		□合同 □信用证 □发票 □换证凭单 □装箱单 □厂检单	□包装性能结果单 □许可/审批文件 □ □

需要证单名称（打"√"或补填）		*检验检疫费	
□品质证书　__正__副 □重量证书　__正__副 □数量证书　__正__副 □兽医卫生证书　__正__副 □健康证书　__正__副 □卫生证书　__正__副 □动物卫生证书　__正__副	□植物检疫证书　__正__副 □熏蒸/消毒证书　__正__副 □出境货物换证凭单　__正__副	总金额（人民币元）	
		计费人	
		收费人	

报检人郑重声明： 1. 本人被授权报检。 2. 上列填写内容正确属实，货物无伪造或冒用他人的厂名、标志、认证标志，并承担货物质量责任。 　　　　　　　　签名：_____	领取证单
	日期
	签名
注：有"*"号栏由出入境检验检疫机关填写	注：有"*"号栏由出入境检验检疫机关填写

参考文献

[1] 顾永才，高倩倩．国际物流与货运代理［M］．4版．北京：首都经济贸易大学出版社，2019．

[2] 田振中，王红梅，周惠昨．国际物流与货运代理［M］．2版．北京：清华大学出版社，2019．

[3] 苏兆河．货运代理(世界技能大赛项目实训指导)［M］．2版．北京：中国劳动社会保障出版社，2019．

[4] 何银星．货代高手教你做货代——优秀货代笔记［M］．2版．北京：中国海关出版社，2014．

[5] 牛鱼龙．国际货代实务案例［M］．上海：同济大学出版社，2008．

[6] 张荣，刘丽艳．国际货运代理［M］．北京：清华大学出版社，2017．

[7] 牛鱼龙．海运货代实务案例［M］．上海：同济大学出版社，2008．

[8] 闵亨锋．国际货代实务（第二版）［M］．2版．北京：高等教育出版社，2020．